신천지
백신
1

신천지의 실상을 알려주는 바른 계시록

신천지 백신 1

지은이 | 양형주
초판 발행 | 2020. 3. 18
2쇄 발행 | 2023. 2. 28
등록번호 | 제1988-000080호
등록된 곳 | 서울특별시 용산구 서빙고로 65길 38
발행처 | 사단법인 두란노서원
영업부 | 2078-3352   FAX | 080-749-3705
출판부 | 2078-3331

책값은 뒤표지에 있습니다.
ISBN 978-89-531-3706-6 04230
(SET) 978-89-531-3719-6 04230

독자의 의견을 기다립니다.
tpress@duranno.com   www.duranno.com

* 본문에 인용된 성경은 표기가 없는 한 개역개정임을 밝힙니다.

두란노서원은 바울 사도가 3차 전도여행 때 에베소에서 성령 받은 제자들을 따로 세워 하나님의
말씀으로 양육하던 장소입니다. 사도행전 19장 8-20절의 정신에 따라 첫째 목회자를 돕는 사역과
평신도를 훈련시키는 사역, 둘째 세계선교(TIM)와 문서선교(단행본·잡지) 사역, 셋째 예수문화 및 경배
와 찬양 사역, 그리고 가정·상담 사역 등을 감당하고 있습니다. 1980년 12월 22일에 창립된 두란
노서원은 주님 오실 때까지 이 사역들을 계속할 것입니다.

신천지의
실상을 알려주는
바른 계시록

신천지
백신
1

양형주 지음

두란노

목차

2권에 계속

《신천지 백신》은 제가 읽어 본 신천지 교리 비판서 중 가장 구체적이면서도 실제적인 책입니다. 신천지 교리를 철저히 분석하고 검증해 논리적으로 써 내려간 탁월한 반증서입니다. 이 책이 신천지 탈퇴를 고민하는 이에게 치유와 회복의 명약이자 바른길을 찾아가는 길잡이가 되어 주리라 확신합니다. 또한 이단 상담을 준비하는 목회자나 사역자에게는 영적 전쟁에서 '지피지기 백전불태'의 효과적인 무기가 될 것입니다. 나아가 성도들에게는 이단 바이러스를 이겨 내는 강력한 예방 백신이 될 것입니다.

이단과의 영적 전쟁은 안전지대도, 휴전도, 종전도 없는 싸움입니다. 한국교회의 시급한 과제는 이러한 영적 전쟁을 깊이 인식하고 발빠르게 대처하는 것입니다. 그런 점에서 이 책은 성도들을 건강한 그리스도인으로 세워 가는 지침서이자 필수 교본이기에 기쁜 마음으로 추천합니다. 저자의 집념과 인내가 만들어 낸 열매에 신천지의 피해자이자, 이단 사역자로서 깊이 감사드립니다.

권남궤 부산성시화운동본부 이단 상담실장

계시록은 그 단어의 의미가 '밝혀진 것'이라는 뜻이다. 마치 하나님이 커튼을 열어 우리에게 창밖에 펼쳐진 종말의 의미를 보여 주신 것과 같다. 다른 어떤 책보다 부분만을 보기보다 전체를 염두에 두고 부분을 보아야 한다. 구약의 상징을 많이 사용하기에 구약에 대한 이해도 필요하다. 동시에 구약에서 지닌 그 상징의 의미를 뛰어넘어 성경 전체의 관점에서 그 상징을 이해하는 것도 필요하다. 그래서 계시록은 무조건 어렵고, 그렇기 때문에 계시록에 대해 잘 모른다. 이단들이 바로 이러한 약점을 노린다. 우리의 무지함을 이용해 그럴듯하게 유혹한다. 그런 점에서 《신천지 백신》은 이단으로 혼탁한 시대를 살아가는 그리스도인들에게 필수다. 이단의 말에 현혹되지 말고 《신천지 백신》을 열심히 읽어라. 커튼이 서서히 열리듯 이단의 약점이 환하게 드러날 것이다. 오히려 이단에게 이 책을 선물하는 것도 아이디어다.

김윤희 횃불트리니티신학대학원대학교 총장

오늘날 한국교회는 위기에 직면해 있다. 특별히 신천지의 창궐은 기존 교회의 혼란을 가중시키고 있다. 신천지에 의해 가공, 살포된 정보들은 인터넷과 거리에 범람하는데, 이에 대한 대처는 '신천지의 출입을 금함'이란 처방이 전부다. 효과적인 예방책이 절실한 형편에서, 양형주 목사가 저술한 《신천지 백신》은 한국교회의 실정에 맞는 맞춤형 처방전을 제시한다. 양 목사가 영적 방역(防疫)에 든든한 양약(良藥)으로 제시하는 것은 무엇보다 '요한계시록에 대한 건전한 해설'이다. 위조지폐를 잘 감별하려면, 가짜들만 연구한다고 해서 되지 않는다. 새로운 가짜들은 얼마든지 등장할 수 있기 때문이다. 위폐(僞幣)는 진폐(眞幣)를 잘 알아야 감별할 수 있다. 양 목사는 《신천지 백신》을 통해 '진폐'라는 기준을 제시하면서, '위폐'를 분별할 수 있도록 독자들을 인도한다. 이 책이 선사하는 '바른 요한계시록 해설'을 통해 신천지의 교리적 오류를 잘 분별하고 극복할 수 있는 보약을 얻게 될 것이다.

김태섭 장로회신학대학교 신약학 교수

요한계시록은 이름에 담겨 있듯 계시된, 즉 하나님께서 감추어 놓으셨던 것을 예수 그리스도를 통해 밝혀 주신 책입니다. 그런데 많은 사람이 요한계시록을 여전히 어렵게 생각하기에 아직도 감추어져 있는 책으로 남아 있다는 사실이 안타깝습니다. 이단들이 이런 사실을 악용해 사람들을 미혹하는 경우가 늘어나고 있다는 소식은 매우 가슴 아픈 현실입니다. 이러한 시기에 《신천지 백신》의 등장은 시기적절합니다. '백신'이라는 단어 속에 이 책의 의도와 핵심이 담겨 있습니다. 이 책은 요한계시록에 대한 무지, 그렇기에 가질 수 있는 막연한 두려움이라는 질환에 대한 백신이고, 더 나아가 점점 더 번지고 있는 이단의 잘못된 가르침으로 인한 감염을 방지하는 백신이 될 것입니다. 백신의 특징답게 핵심을 짚을 뿐 아니라 그것을 잘 풀어내고 있습니다. 그렇기에 편하게 다가갈 수 있으며, 쉽게 대할 수 있습니다. 말씀을 깊이 연구할 수 있는 충분한 기초를 견고히 형성하게 도와줄 것입니다. 무엇보다 하나님의 말씀과 하나님 나라를 향한 저자의 믿음과 하나님의 백성들을 향한 사랑이 가득 배어 있는 이 책을 조금도 망설임 없이 추천합니다.

박성민 한국대학생선교회 대표

비성경적 한국 이단들은 서로를 벤치마킹하며 6·25전쟁을 전후해 본격적으로 발흥했다. 불확실한 세상을 살아가던 현대인들에게 이단들은 임박한 종말의 위기감을 조장하는 한편, 수많은 적그리스도의 등장을 자의적으로 합리화해 왔다. 그리고 왜곡의 근거로 요한계시록을 악용했다. 이러한 혹세무민의 비성경적 주장으로 인해 재산을 빼앗기고, 가정과 교회가 파괴되는 피해를 보아 왔다. 한국교회사에는 요한계시록의 진의를 훼손해 온 이단들의 계보가 존재해 오고 있으며, 최근 신천지의 활동은 그 절정을 보여 준다. 《신천지 백신》은 신천지의 역사와 교리에 대한 세밀한 분석을 통해, 그 허구성과 비성경적 오류를 분명하게 보여 주는 동시에 성경적 반증을 시도한다. 이단 대처의 궁극적인 목적은, 이단 비판을 넘어 이단 피해의 회복과 치유에 맞춰져야 한다. 양형주 목사의 《신천지 백신》은 신천지에 빠진 사람들을 회복시키기 위한 지침서인 동시에, 이단 예방을 위한 소중한 교육 자료다.

탁지일 부산장신대학교 교회사 교수

신천지에서 가장 자신있게 자신들을 소개하는 것은 "요한계시록의 실상이 이루어졌다"라는 말과 그에 대한 실상이 자신들에게 있다는 것입니다. 하지만 지난 10년간 신천지에 다녔을 때에도 그 실상이 추상적으로 존재한다고만 배웠지, 그 이름과 실체를 배웠던 적은 없었습니다. 그 안에서 실상이 무엇인지 구체적으로 물어 보면 믿음이 부족한 것이라 여기기 쉽습니다. 신천지 교리에 따르면 요한계시록의 비밀이 열렸기 때문에 비유 풀이와 요한계시록을 배우는 것이고, 이렇게 교리를 배우는 것 자체가 실상이 존재한다는 의미이기 때문입니다. 하지만 신천지에 오래 몸담았던 사람들은 그 실상이 일관성이 없고, 시시각각 바뀌며, 결국은 불명확하다는 것을 인지할 수밖에 없습니다. 신천지의 가장 큰 자랑인 '실상'이 역설적이게도 가장 큰 취약점인 것입니다. 하지만 이 사실을 알아채기는 생각보다 쉽지 않습니다. 신천지 역시 일종의 종교입니다. 종교에는 '믿음'이라는 요소가 작용하기에, 신천지인들은 신천지가 가르치는 왜곡된 실상의 모순을 믿음으로 의심없이 받아들이게 됩니다. 이런 면에서 신천지의 실체와 실상을 밝히는 증거를 일목요연하게 서술하고 알리는 자료들이 많지 않다는 점은 현 기독교계의 아쉬운 점 중의 하나였습니다. 이제라도 이렇게 좋은 책이 전파된다는 사실이 기쁩니다.

C 형제 신천지 12년 차 탈퇴자

신학교를 갓 졸업한 전도사 시절, 필자가 전에 섬기던 교회에서 요한계시록 성경공부반을 인도할 때였다. 어느 날 담임 목사님이 부르시더니, 신천지에 미혹된 성도가 있는데 필자가 인도하는 성경공부반에 갈 것이라며 요한계시록을 잘 가르쳐 보라고 하셨다. 순간 긴장이 되었다. 그러면서도 말로만 듣던, 신천지에서 성경공부를 하던 분에게 요한계시록을 가르칠 기회가 있다니 가슴이 콩닥콩닥 뛰었다.

며칠 후 정말 그 성도가 성경공부반에 왔다. 필자는 애써 태연하게 성경공부반에 모인 성도들에게 정통 요한계시록 해석을 역사적 배경을 곁들이며 차분하게 설명해 주었다. 그런데 신천지에 빠졌다는 그 성도의 표정이 좀 이상했다. 처음에는 '그래, 어떻게 가르치나 보자' 하며 경계하는 표정이었다. 그런데 시간이 갈수록 경계의 표정이 차츰 실망의 표정으로 변했다. 그러더니 끝에 가서는 무시와 경멸의 표정으로 바뀌었다. 마치, '여기서 말하는 요한계시록이 별거 아니네, 엉터리네' 하는 표정이었다. 요한계시록을 차분하게 잘 설명한 것 같은데 그가 왜 그런 표정을 짓는지 이해가 되지 않았다. 이후 그 성도는 필자가 인도하는 성경공부반에 다시 나타나지 않았다.

그 성도가 왜 그런 표정을 지었는지를 깨닫게 된 것은 한참 후의 일이었다. 알고 보니 필자가 가르치는 요한계시록에는 그 성도가 기대하던 두 가지가 빠져 있었다. 하나는 신천지가 강조하던 정교한 비유 풀이였고, 다른 하나는 요한계시록 안에 담겨 있다고 믿었던 실상이었다. 하지만 신천지의 요한계시록을 접해보지 않고는 이것들이 무엇인지 도무지 알 길이 없었다.

필자가 섬기는 대전도안교회에는 성도들의 필수적인 성경공부 과정으로 '바이블 백신'을 운영한다. 정통교리와 함께 이에 대한 이단 교리를 점검하고 이를 성경적으로 반증하며 견고한 교리를 확립하는 과정이다. 이런 과정을 진행하다 보니 자연스럽게 이단에 빠졌다 돌아오는 이들이 꽤 있다. 교회는 이들을 환대하며, '바이블 백신'을 통해 믿음을 다시 견고하게 세워가도록 돕는다.

그런데 이 과정에서 전에 신천지에 빠졌던 성도들이 요한계시록에 대해 불쑥불쑥 질문을 던질 때가 있다. 이들과 질문에 대해 깊이 이야기를 나누다 보니 이들이 비록 신천지가 이단 단체라는 것도 알고, 그 내부에 문제가 있다는 것도 알지만, 그래도 요한계시록 해석만큼은 신천지가 진짜가 아닐까 하는 일말의 두려움이 자리 잡고 있음을 알게 되었다. 이들은 비록 몸은 신천지에서 나왔지만, 여전히 한구석에는 신천지에는 기성교회에 없는 실상이 있다는 생각이 자리 잡고 있었다. 만약 신천지가 참된 요한계시록 해석을 하고 있다면, 신천지에서 나온 이들은 생명책에서 지워져 구원을 얻지 못하게 된다는 두려움이 여전히 있었다.

신천지에 빠진 이들이 약 24만이라고 한다. 이단 전문가들의 추산에 따르면 신천지에 빠졌다 나온 이들도 24만 정도 된다고 한다. 문제는 이들이 이단 단체를 나와서 무엇이 잘못되었는지 제대로 정리하지 못한 채, 다시 기성교회로 돌아갔다가 적응하지 못하는 경우가 많다는 것이다. 무엇보다 이들이 기성교회에 가서 이전에 신천지에 있을 때 그렇게 귀에 못이 박히도록 들었던 요한계시록 말씀을 들을 기회가 거의 없다. 기성교회가 성경의 최종 열매인 요한계시록을 가르치지 않으니, 이 교회가 정말 '바벨론 교회'가 아닐까 하는 의구심이 고개를 든다.

이제 한국교회는 건강한 요한계시록에 대한 성경공부는 물론이거니와, 이단들의 요한계시록 해석을 반증할 준비를 해야 한다. 그래야 쏟아져 나오는 이탈자들을 상대하고 이들을 올바로 세우고 인도할 수 있다. 게다가 영생불사라고 철석같이 믿고 있는 교주가 죽게 되면 이들의 이탈에 가속도가 붙을 것이다. 이제는 교회마다 이단들의 요한계시록 해석을 올바르게 반증하고 바른 요한계시록 해석을 제시하여 건강한 신앙으로 세울 수 있도록 준비해야 한다.

여기 《신천지 백신》(전 2권)을 내놓는다. 이는 이단 단체, 특히 신천지 교주 이만희 씨가 주장하는 요한계시록 전 장 해설의 핵심을 요약하고, 이들의 해석과 실상계시가 과연 이치에 타당한가를 점검한 후, 이에 대한 바른 해석과 대안을 제시한다. 이전에 출간된 《바이블 백신》이 이단 교리에 대한 거룩한 항체를 형성하는 것이었다면, 이번에 펴내는 《신천지 백신》은 요한계시록에 대한 치유력과 면역력을 기르는 것을 목표로 한다.

《신천지 백신》은 크게 세 가지 효과를 기대한다.

첫째, 치료제로서의 《신천지 백신》이다. 이는 신천지에 빠졌다가 나왔지만, 여전히 요한계시록은 신천지의 해석이 진짜가 아닐까 하는 의구심을 갖는 이들을 위한 것이다. 이들은 신천지에서 이탈을 감행하고 나서 신천지에 대한 유튜브 반증 자료도 보고, 나름대로 신천지 교리에 대한 혼란을 정리하려 한다. 그러나 요한계시록에 대해서만큼은 차분하게 정리할 수 있는 제대로 된 백신이 아직 부족하다. 《신천지 백신》은 이들이 배웠던 요한계시록 해석을 하나하나 차분하게 검토하고, 무엇이 문제인가를 분석한 후, 바른 해석과 건강한 대안을 제시한다.

둘째, 신천지에 빠진 가족이나 친구와 씨름하고 있는 이들에게 저항할 수 있는 무기로서의 《신천지 백신》이다. 신천지에 빠진 이들의 주장에 논리 정연하게 반박하고 싶을 때, 《신천지 백신》은 구체적인 대안을 제시할 것이다. 신천지가 주장하는 요한계시록의 장, 절을 듣고 그 자리에서 《신천지 백신》을 펼쳐 보라. 그러면 그들이 주장하는 바의 핵심이 무엇이고 이를 어떻게 반박하고 반증할 것인지가 제시되어 있을 것이다. 《신천지 백신》은 신천지가 주장하는 요한계시록의 비유해석과 실상해석에 대하여 효과적으로 대항할 수 있는 치명적인 무기를 제공하는 것을 목표로 한다.

셋째, 기성교회 성도들의 신앙 예방 차원으로서의 《신천지 백신》이다. 성도들이 신천지가 가르치는 요한계시록에 쉽게 미혹되는 이유는 바른 요한계시록 해석과 더불어 신천지가 가르치는 거짓된 요한계시록이 무엇인지를 모르기 때문이다. 따라서 교회는 바른 요한계시록 해석과 더불어 이단의 요한계시록에 대해서도 함께 알려 줄 필요가 있다. 신천지가 요한계시록을 이해하는 방식은 정통교회와 크게 다르다. 이들은 매우 독특한 요한계시록 이해를 갖고 있다.

- 요한계시록은 사도 요한이 성령에 감동되어 장래사를 보고 듣고 기록한 예언서다.
- 요한계시록은 성경의 최종 목적지이자 열매이고, 성경 전체를 푸는 핵심 열쇠다.
- 계시는 환상계시와 실상계시가 있다.
- 참 계시와 거짓 계시를 가르는 기준은 성취 실상의 여부다.
- 성경은 약속의 책으로, 구약은 신약으로, 신약은 요한계시록으로 성취된다.
- 성경은 선과 악의 세계로 나뉘어 있다.
- 영은 육을 들어 역사한다.
- 육의 분별을 통해 배후의 영을 분별해야 한다.
- 성경의 내용은 역사, 교훈, 예언, 실상이다.
- 성경의 모든 예언은 배도, 멸망, 구원으로 기록되었고 성취된다.

이처럼 이들이 갖고 있는 요한계시록에 대한 전반적인 이해가 있어야 이들이 주장하는 요한계시록 이해에 접근하기가 쉽고, 이에 대한 건강한 저항력을 형성할 수 있다. 만약 이와 같은 신천지 요한계시록 해석이 생소하거나, 신천지의 태동 배경이나 이들의 주장에 대해 선이해가 부족하다면 이 책을 더 효과적으로 읽기 위해 본서의 〈부록〉을 먼저 정독하길 추천한다.

부디《신천지 백신》이 신천지에 빠졌다 돌아온 24만의 이탈자들과 현재 이탈을 고민하는 이들에게 효과적인 치료제가 되기를 기대한다. 더 나아가 지금도 신천지에 미혹된 가족들과 친구들을 위해 고군분투하는 성도들과 성도들을 바른길로 인도하기 위해 몸부림치는 사역자들을 위해 유용하게 쓰임 받길 기도한다.

이 책을 집필하기 위해 필자는 신천지 교주 이만희 씨가 썼던 여러 요한계시록 해석서들과 신천지에서 발간한 책들을 꼼꼼히 살펴보았다. 이만희 씨가 쓴 요한계시록 책들은 10여 권이 넘는다. 이렇게 책이 여러 권 나온 이유는 끊임없이 요한계시록 해석과 실상을 수정, 보완했기 때문이다. 필자는 이 책들을 검토하며 필요한 경우, 이만희 씨의 책 중에 바뀐 해석들과 실상들도 가능한 한 자세하게 추적하려 했다. 때로 서로 다른 주장들이 상충하는 것 같고, 이만희 씨의 수정된 주장들이 잘 정리되지 않을 때는 신천지에 몸담았다 나온 이들에게 그것이 무슨 뜻인지, 이들이 어떻게 배웠는지 직접 물어보며 그 진의를 추적하기도 했다.

이 책을 집필하며 특별히 소중한 도움을 주신 분들이 계시다. 먼저, 전 신천지 강사 및 신천지 금천교회 담임을 역임했던 부산성시화운동본부 이단 상담실장 권남궤 전도사다. 권 전도사는 젊은 시절 이만희 씨와 가까이 지내며 오랫동안 신천지 교리를 가르쳤고, 신천지 금천교회를 개척해서 700명까지 성장시키며 신천지 교리가 어떻게 바뀌어왔는지를 직접 몸소 경험했던 분이다. 그는 필자가 신천지 요한계시록을 이해하는데 헷갈리는 부분들을 잘 이해할 수 있도록 유용한 도움과 자료를 제공해 주었다. 또한 이 책을 집필하는 동안 거의 매주 매일 집요하게 쏟아내는 필자의 질문에 친절하게 대답해 주었다.

장로회신학대학교에서 요한계시록을 가르치는 김태섭 교수께도 감사드린다. 바쁜 가운데도 원고를 꼼꼼히 살피며 유용한 조언을 해 주셨다. 진용식 목사께도 감사드린다. 진용식 목사의 요한계시록 반증 강의는 필자가 《신천지 백신》의 뼈대를 세울 때 유용한 도움을 주었다. 부산장신대학교 탁지일 교수께서는 접근하기 어려웠던 고(故) 탁성환 목사의 청지기교육원 사역에 대한 자료에 대해 백방으로 알아보시며 도움을 주셨다.

고(故) 원세호 목사의 사위 이태경 장로께도 감사드린다. 원세호 목사는 신천지가 주장하는 일곱 머리 중 하나였다. 이태경 장로는 필자가 바이블 백신 세미나를 인도하기 위해 미국 달라스에 갔을 때 만나, 장인의 사역 이야기와 함께 그가 남기셨던 저작들을 아낌없이 기증해 주셨다. 덕분에 원세호 목사가 저술한 청지기교육원의 교재인 《청지기론》과 더불어 청지기교육원에 대한 유용한 정보를 얻을 수 있었다. 또한 《신천지 백신》을 집필하는 동안 필자를 격려하고 중보해 준 아내에게 깊이 감사드린다. 대전도안교회의 사랑하는 성도들께도 깊이 감사드린다. 이들은 부족한 목사와 더불어 천국을 이루어가는 그리스도의 몸으로 고군분투하며 필자를 위해 열심히 중보해 주셨다.

요즈음 신천지는 코로나19 사태로 인해 국민들뿐만 아니라 전 세계인들에게 알려졌다. 점점 그 실체가 드러나면서 모두에게 큰 충격을 주고 있다. 신천지 내부의 충격도 적지 않으리라 생각한다. 이럴 때 일수록 한국교회는 신천지 요한계시록 해석에 변증할 수 있도록 제대로 준비해야 한다. 부디 《신천지 백신》이 한국교회를 건강하게 세우는 데 조금이나마 도움이 되었으면 좋겠다. 이 모든 과정을 인도하신 진리와 은혜의 하나님께 감사와 찬송과 영광을 올려드린다.

2020년 3월
양형주

1부

계시를
바르게 알아야
분별할 수 있다

1장

요한계시록은
봉함된 책인가?

(1:1-3)

예수 그리스도의 계시라
이는 하나님이 그에게 주사
반드시 속히 일어날 일들을
그 종들에게 보이시려고
그의 천사를 그 종
요한에게 보내어
알게 하신 것이라

≡ 요한계시록은 어떤 책인가?

신천지는 요한계시록에 대한 자부심이 있다. 그 이유는 지난 2천 년간 봉함되어 있던 요한계시록의 비밀(?)을 자신들의 단체만이 소유하고 있다고 믿기 때문이다. 이들은 이렇게 주장한다. 이전에는 읽어도 문자적으로만 어렴풋이 이해할 뿐 영적으로는 그 깊은 뜻을 깨닫지 못했다. 들어도 듣지 못하고, 읽어도 깨닫지 못하는 일이 계속되었다. 하지만 여기 기쁜 소식이 있다! 이것이 오늘날 하나님이 보내신 특별한 말씀의 대언자인 사도 요한 격 목자 또는 보혜사에 의해 풀어졌기 때문이다. 그래서 그들은 그 특별한 계시의 말씀이 있는 곳, 진리의 성읍으로 가서 그 봉함되었던 진리의 말씀을 들어야 산다고 주장한다.

그렇다면 이들이 주장하는 것처럼 요한계시록은 과연 봉함된 책인가? 요한계시록에 담겨 있는 계시는 2천 년간 봉함된 책이 결코 아니다. 요한계시록이 처음 기록되었을 때부터 예수님은 이 말씀을 인봉하지 말라고 하셨다(22:10). 요한계시록은 1차적으로 그 당시에 "속히 일어날 일들"(1절)이었다. 2천 년간 감추어졌다가 이후 어느 특정인에게만 열린 책이 아니다. 이는 그 당시의 모든 교회가 읽고, 듣고, 깨달아야 할 말씀이었다.

그렇다면 성경이 봉함되었던 것은 언제까지이고, 언제부터 이 봉함된 말씀이 해제되었을까? 그것은 예수 그리스도의 십자가와 부활 사건 이후 성령이 강림하시면서부터다(요 2:22, 20:22; 롬 16:25-26). 성령이 강림하시면서 말세, 곧 종말이 시작되었고(행 2:17), 이때부터 감추었던 복음의 말씀이 성령의 능력으로 열리기 시작했다(고전 2:10; 참조, 행 2:36-41). 이 비밀은 하나님의 성령을 받은 성도에게 열렸다(고전 2:12; 엡 3:4, 9, 6:19; 골 1:27). 따라서 요한계시록 말씀도 지금까지 열려 있었고, 지금도 열려 있다. 요한계시록이 감추어졌다는 오해는 요한계시록이 어떤 책인가에 대한 편견에서 비롯된다.

　　그렇다면 요한계시록은 어떤 책일까? 2천 년 전, 핍박 가운데 있던 성도들을 향해 사도 요한이 보낸 예언의 말씀이자, 계시의 말씀이요, 그리고 역사성을 갖는 편지다. 조금 더 구체적으로 설명하자면, 부활 승천하신 예수 그리스도를 주로 믿고 고백하는 성도들에게 환난과 핍박 가운데서도 인내하며 하나님의 통치를 신뢰하며 나아갈 것을 권고하는 계시의 편지다. 이는 편지라는 형식을 통해 계시의 말씀이 전달됨을 뜻한다. 하지만 신천지는 요한계시록이 편지라는 말에 발끈(?)한다.

　　그렇다면 신천지에게 요한계시록은 어떤 책일까? 이들에게 요한계시록은 장래사를 기록한 예언의 책이지 편지가 아니다. 조금 더 구체적으로 요한계시록은 하나님이 2천 년 전에 요한에게 보여 주신 환상의 계시에 빗대어 오늘날 어떻게 요한계시록이 자신들의 단체를 통해 성취되었는지 그 실상을 보여 주는 특별한 책이다. 성취의 내용의 핵심은 자신이 이전 전임자의 이탈(배도)을 수습하고 새롭게 자신들의 단체를 세웠다는 내용이다.[1] 장엄한 우주적 계시가 한국에 있는 한 단체, 즉 자신들의 단체의 설립을 위한 내용으로 전락한 기이한 해석이다.

≡ 왜곡된 계시 이해

어떻게 이런 황당한 내용을 당당하게 주장하고, 또 그런 내용을 믿고 따를 수 있을까? 이는 요한계시록에 나타난 계시관을 교묘하게 왜곡시켰기 때문이다. 이들은 계시를 크게 두 가지로 나눈다.

첫째는 환상계시다. 환상계시란 하나님이 보여 주신 것을 그대로 기록한 것이다. 그러나 그 환상이 무엇인지는 잘 모르고, 언제 어떤 실체로 이루어질지도 모른 채 예수님이 보여 주신 것을 단순히 기계적으로 옮겨 적었을 뿐이다.[2]

둘째는 실상계시다. 이는 환상계시가 마지막 때에 특정한 인물과 사건을 통해 성취된다는 것을 깨닫고 이것이 어떻게 성취되었는지를 실제로 보여 주는 계시다. 요한계시록이 성취될 때는 사도 요한이 다시 살아나서 요한계시록의 말씀과 실상을 전하는 것이 아니라, '사도 요한과 같은 입장의 목자'(이하 '새 요한')가 나타나서 실상계시를 증거한다고 주장한다.[3]

따라서 이들은 요한계시록이 성취될 때에는 모든 성도가 요한계시록의 실상계시를 보고, 듣고, 깨달은 새 요한에게 요한계시록의 실상을 들어야 한다고 주장한다. 여기서 새 요한이 누구일까? 바로 신천지의 교주다. 이렇게 구분하는 것은 교주야말로 요한계시록을 깨달은 유일무이한 존재라는 거짓 주장을 강화하기 위함이다.

이러한 실상계시를 주장하는 것은 '계시'에 대한 오해 때문이다. 이들은 '계시'란 '열어 보인다'는 뜻으로, 봉해진 말씀을 열어서 2천 년 후 이루어지는 실상을 나타내 보이는 것으로 주장한다. 이렇게 되면 요한계시록은 2천 년간 아무도 그 뜻을 모르고 있다가 마지막 때에 요한계시록이 성취될 때 그것이 어떻게 교주 한 사람을 통해 성취되는지를 보여 주는 신천지만을 위한 책이 된다.

하지만 성경은 그 어느 곳에서도 환상계시와 실상계시를 구분하지 않는다. 다니엘의 예언이 이루어질 때 실상계시를 받은 다니엘 격 목자가 있던가? 예레미야의 예언이 이루어질 때 실상계시를 받은 예레미야 격 목자가 있었나(참조, 렘 26:12)? 요셉 격 목자, 아브라함 격 목자가 있던가? 성경의 모든 예언은 두 번씩 계시받아 이루어지지 않는다.

이들이 주장하는 요한계시록 성취의 핵심 내용이 무엇일까? 바로 자기 교주가 세운 단체가 기존의 배도하고 타락한 전임자의 단체를 대신해 새롭게 성취한 마지막 시대의 증거장막이자 새 하늘과 새 땅이라는 것이다. 요한계시록의 성취가 전 지구적인 성취가 아니라 그저 하나의 모임인 자신들의 단체의 설립 스토리를 축소시켜 보여 준다고 주장한다.

여기서 우리는 계시의 성격을 깊이 생각해 볼 필요가 있다. 계시는 먼 미래사에 관한 말씀만이 아니다. 계시는 그 스펙트럼이 넓은 단어다. 요한계시록에서 계시는 1차적으로 "속히 일어날 일들"(1절)에 관한 것이다(참조, 22:10). 이는 1-2세기 초대교회 성도들이 겪는 박해의 상황이 어떻게 하나님의 개입하심으로 대반전이 일어날 것인가에 관한 일들을 말한다. 이것이 '속히 일어날 일들'에 관한 것이다. 또한 계시는 전 지구적 재앙과 회복에 관한 말씀이다. 공간적 스펙트럼이 넓다. 로마 제국의 모든 영역과 생태계를 포함한다. 이를 비유 풀이로 축소해 한낱 우리나라의 작은 이단 단체가 무너진 후에 그 단체에서 배웠던 사람이 다시 교주가 되어서 새로운 이단 단체를 세운 것을 빗대어 설명한 것이 아니다.

더 나아가 계시는 예언의 말씀이다. 예언은 묵시와 구분된다. 묵시가 앞으로 다가올 미래의 종말에 대한 예고라면, 예언은 현재 성도의 숨은 일들을 드러내고 책망하며 위로하기 위한 것이다(고전 14:24-25). 예언은 하나님의 백성을 향한 뜻을 선포하는 것이다. 물론 여기에는 가까운 장래의 일도 포함될 수 있다. 그러나 장래의 일조차도 먼 미래의 세대를 위한 말씀이 아니라 바로 이 말씀을 받는 초대 일곱 교회의 성도들을 위한 것임을 기억할 필요가 있다. 즉 이 모든 말씀은 결국 소아시아 일곱 교회가 하나님의 뜻을 바로 분별해 주님의 몸 된 공동체의 덕을 세우도록 하기 위한 것이다. 따라서 이 예언의 말씀은 1차적으로 소아시아 일곱 교회에게 주시는 말씀이고, 이 말씀은 오늘날 우리에게도 적용된다.

☰ 사람은 보혜사가 될 수 없다 (1절)

신천지는 자신들이 붙들고 있는 요한계시록 해석이 특별한 것임을 강조하기 위해 계시의 전달 경로에 주목한다. 1장 1절은 요한계시록이 "예수 그리스도의 계시라 이는 하나님이 그에게 주사 반드시 속히 일어날 일들을 그 종들에게 보이시려고 그의 천사를 그 종 요한에게 보내어 알게 하신 것"이라고 진술한다. 주목할 것은 이들은 여기서의 '천사'를 다니엘서와 같이 계시를 전달하는 심부름꾼이 아니라 성령으로 여긴다는 것이다. 어떻게 이런 해석이 가능할까?

이들은 처음 성경 개론을 가르칠 때 선과 악의 구분은 하나님께 속했느냐, 사탄에게 속했느냐의 기준으로 판단해야 한다고 주장한다.[4] 그러면서 하나님께 속한 것은 성령, 사탄에게 속한 것은 악령이라고 가르치며 삼위 하나님 중 하나이신 성령 하나님의 개념을 슬쩍 바꾸어 놓는다. 이런 구분에 따르면, 하나님께 속한 천사는 하나님께 속했으니 천사도 성령이다.

이러한 내용을 전제로 이들은 1장 1절에 등장하는 사도 요한에게 임했던 천사가 요한복음 14-16장에서 예수님이 약속하신 성령, 곧 보혜사의 영이며, 2천 년 전 임했던 보혜사의 영이 오늘날 약속한 사도 요한 격 대언의 목자인 교주에게 임해 다시 계시를 전달했다고 주장한다.[5] 따라서 교주는 영이 들어 쓰는 목자요, 성령을 받아 영과 육이 하나 된 존재인데, 그렇게 되면 영생불사한다고 주장한다. 이를 신인합일 또는 영육합일이라고 하며, 교주는 신인합일한 특별한 존재임을 주장한다. 이런 교주야말로 마지막 때 성취될 실상을 제대로 계시

받고 깨달아 요한계시록의 비밀을 알려 주는, 그야말로 특별한 존재인 것이다.

우리는 이들의 주장을 냉정하게 살펴볼 필요가 있다. 교주가 사도 요한 격, 곧 사도 요한과 같이 천사의 영, 곧 성령을 받아 신인합일했다고 주장하지만, 성경은 그 어느 곳에서도 사도 요한이 신인합일했다고 말하지 않는다. 만약 신인합일했다면 영생불사, 곧 늙어 죽지 않아야 한다.

그러나 요한은 100세가 넘는 나이까지 살다 늙어 죽었다. 또 그동안 자신이 신인합일, 또는 영육합일한 존재라고 주장했던 수많은 가짜 보혜사도 늙어 죽었다. 그리고 지금도 자신이 영육합일했다고 주장하는 교주들이 계속해서 늙어 가고 있다. 어떤 교주는 스스로 보혜사라 주장해 놓고서 사후세계가 불안했던지 무당을 찾고 굿판을 벌이는 등 어처구니없는 일까지 감행했다.[6] 또 어떤 단체는 자신들의 교주가 영생불사의 존재라 죽고서도 부활할 것이라고 믿어 그 시신을 7일 동안 방치했다가 시체가 부패한 냄새를 견디지 못하고 다시 묻었다고 한다. 요컨대, 사람은 보혜사가 될 수 없다.

≡ 천사는 누구인가? (1절)

그렇다면 천사는 누구인가? 얼마나 특별하기에 이들의 주장대로 신인합일하는 역사를 이루는 성령으로까지 주장하는가? 이들은 성령은 하나님께 속한 영으로, 선한 영이라고 주장한다. 이런 카테고리 안에 천사도 성령이라고 주장한다. 그러나 성령은 단지 하나님께 속한 선한 영, 곧 선령(善靈)이 아니다. 성령은 삼위 하나님 중 한 분으로 하나님이시다. 이들은 천사가 교주에게 계시를 전해 주었기에 계시의 영, 곧 보혜사의 영이 머물기에 교주가 곧 보혜사라고 주장한다.

여기서 보혜사란 '보호하고 은혜를 베풀어 가르치는 선생'을 말한다. 그래서 이들은 교주를 '선생님'이라고도 부른다. 하지만 이는 성경 원문의 뜻보다는 한문으로 만든 용어를 우리 식으로 풀어 쓴 설명이다. 참된 보혜사의 역할은 '대언자'의 역할이다(요일 2:1). 대언자란 하나님의 심판대 앞에서 우리의 죄를 변호할 자를 말한다. 예수 그리스도의 보혈로 구원받은 백성은 정죄함이 없기에 보혜사가 우리를 대신해 변호하는 역할을 하는 것이다.

보혜사란 헬라어로 '파라클레토스'다. 이는 '파라'(곁에)와 '클레토스'(부르는 사람, 외치는 사람)가 결합된 단어인데, '곁에서 부르는 사람', '곁에서 보호하는 사람'을 의미한다. 그렇다면 묻겠다. 교주가 하나님의 심판대 앞에서 나의 죄를 변호해 줄 수 있는가? 불가능한 일이다.

천사가 성령이라는 억지 주장은 성경이 말하는 천사가 무엇인지를 살펴볼 때 분명해진다. 천사는 하나님이 창조하신 영적 피조물로, 하나님의 메시지를 전달하기 위해 보내심을 받은 종에 불과하다. "모든 천사들은 섬기는 영으로서 구원받을 상속자들을 위하여 섬기라고 보내심"(히 1:14)을 받은 이들일 뿐이다.

천사를 의미하는 헬라어 '앙겔로스'는 '소식을 전하다'라는 뜻의 '앙겔로'와 '사람', '남자'를 뜻하는 '오스'가 결합된 단어다. 즉 천사는 '소식을 전하는 사람', 곧 '전령'이라는 뜻이다. 왕의 소식을 전달하기 위해 보냄 받은 존재다. 기억하라. 천사는 결코 성령이 아니다. 단지 하나님의 심부름꾼에 불과하다. 그 이상도, 그 이하도 아니다. 그래서 19장 10절에서는 요한이 천사에게 경배하려 하자 천사가 만류하며 이렇게 말한다. "이러지 말아라, 나도 예수님의 증언을 간직하고 있는 네 동료들 가운데 하나요, 너와 같은 종이다. 경배는 하나님께 드려라"(새번역 성경). 더 나아가 천사들보다 성도의 권세가 더하다는 것을 아는가? 성도들은 나중에 주님의 심판에 참여해 천사를 판단, 곧 심판하기까지 한다(고전 6:3).

천사가 요한에게 계시를 전달한 것이 요한이 신인합일을 한 특별한 사건이 아님을 기억할 필요가 있다. 만약 그렇다면 모세도 신인합일을 했을 것이고, 바울도 신인합일을 했을 것이다.

갈라디아서 3장 19절은 율법이 "천사들을 통하여" 모세에게 전해진 것이라고 말한다. 그렇다면 모세는 여러 천사들과 신인합일했는가? 결코 그렇지 않다. 게다가 신약시대에 이런 환상과 계시는 요한만이 받은 것이 아니다. 바울도 받았다(고후 12:1). 베드로도 받았다(행 10:10-16). 베드로는 이 환상의 뜻이 무엇인지 어리둥절했지만 곧이어 그 뜻을 깨달았다(행 10:17, 34-35). 신천지의 주장대로 하자면 환상계시와 실상계시를 모두 깨달은 것이다. 따라서 요한만을 마지막 시대의 특별한 보혜사의 영이 머무는 존재로 주장하는 것은 교주를 특별한 인물로 신격화하기 위한 자의적인 왜곡에 불과하다.

이들은 천사가 요한에게 임한 사례를 왜곡하며 하나님은 영을 들어

육을 사용하신다고 말한다. 그렇지 않다. 하나님은 그분이 창조하신 모든 세상을 그분의 사역자로 사용하신다. 심지어는 부는 바람도, 불꽃과 화염도 도구로 사용하신다(시 104:4).

이들은 보혜사가 하나님이 예수 그리스도를 주로 고백하는 모든 제자에게 주시는 성령이심을 부인하고, 마지막 때에 특별한 한 사람에게만 주시는 것으로 주장한다. 그러나 예수님은 분명 하나님이 "또 다른 보혜사"이신 삼위 하나님 중 한 분이신 성령을 "너희에게" 주실 것이라고 말씀하셨다(요 14:16). 여기서 '너희'는 특정한 한 사람이 아닌 예수님을 주로 고백하는 제자들을 말한다. 하나님이 성령을 주시는 것은 예수 그리스도를 통해 시작된 새 언약의 역사에 성도들을 참여시키시기 위함이다. 그래서 성령은 곧 예수님의 영이시다(행 16:7). 기억하라. 당신도 예수님의 영, 곧 성령을 받은 사람이다. 예수 그리스도의 사랑 안에서 누구도 끊을 수 없는 언약 백성이다(롬 8:31-39). 이는 천사들도 끊을 수 없다(롬 8:38-39)!

≡ 말씀을 '읽는 자'는 누구인가? (3절)

신천지는 종말에 하나님이 사도 요한 격 목자를 통해 요한계시록 말씀을 선언하는 것이 본문에 예고되었다고 해석한다. 3절에서 "이 예언의 말씀을 읽는 자"가 바로 진리를 깨닫고, 10장에서 말하는 하나님의 책을 받아먹고 나라와 백성과 방언과 임금에게 전하라는 명을 받은 사도 요한 격 목자인 교주라는 것이다.[7]

이렇게 해석하는 근거로 '읽는 자'가 단수 형태로 되어 있고, 나머지 '듣는 자들'과 '지키는 자들'이 복수 형태로 되어 있다는 문법적 설명을 제시한다(개역한글 참조). 여기서 읽는 자가 단수인 것은 처음으로 실상을 깨달은 자인 단 한 사람, 약속의 목자이기 때문이다. 여기서 실상을 깨달았다고 주장하는 것은 요한계시록에 등장하는 많은 상징과 비유적 설명을 교주가 올바로 풀어 준다고 주장하는 것과 동일하다. 그래서 요한계시록을 공부하기 전, 많은 비유 풀이 공부를 통해 요한계시록 해석의 토대를 다진다. 성경을 비유로만 보게 해서 결국 요한계시록을 교주가 제시하는 비유 풀이로 다 받아들이도록 하기 위한 것이다. 그런 비유 풀이를 받아들이면 어떤 결론에 이르는가? 교주야말로 요한계시록 책을 받아먹은 자요, 이 시대의 진정한 사도 요한 격 목자이며, 요한계시록의 실상(?)을 진정 성취한 구원자가 된다.

하지만 이를 좀 더 냉정하게 검토하면, 교주 이만희 씨의 요한계시록 실상 해석은 자신이 겪었던 사건들을 교묘하게 조작해 이전에 몸담았다 빠져나온 유재열 씨의 장막성전을 비난하고 새로운 단체를 세운 것을 정당화하고 신격화한 거짓에 불과하다. 게다가 여기서 요한은 자신이 한낱 예수 그리스도의 종이라고 소개했다(1절). 이는 사도 바울이 자기를 소개한 방식과 같다(롬 1:1). 종이란 노예를 말한다. 종은 오직 주인의 뜻에 따라야 하며, 자신을 특별한 존재로 드러내서는 안 된다. 높임을 받아서도 안 된다. 종을 주인과 같은 보혜사 격으로 높이는 일은 더더욱 안 된다.

≡ 요한계시록이 편지가 아니라고? (4절)

교주를 '읽는 자', 곧 실상의 말씀을 깨달아 그 뜻을 아는 대언의 목자로 특별하게 해석하는 것은 요한계시록이 갖는 편지의 특성을 간과했기 때문에 생긴 오류다. 여기서 읽는 자는 당시 초대교회에서 두루마리 성경을 낭독하던 자를 말한다. 요한계시록이 일곱 교회에 편지로 전달되었을 때 이 편지는 파피루스로 된 두루마리 스크롤에 기록되었다. 당시 파피루스에 기록된 신약성경 사본들의 특징은 대문자 사본이고, 마침표나 쉼표와 같은 구두점도 없었다. 그래서 이를 들고 낭독하는 것은 전문적인 식견과 기술을 갖고 있어야 가능한 일이었다. 따라서 여기서 읽는 자와 듣는 자와 지키는 자는 초대교회의 역사적 정황을 전제하고 있으며, 이는 요한계시록을 당시의 상황과 관계없는 오직 이 시대의 목자를 통해 선포되는 초시간적 말씀으로 읽으려는 왜곡된 시도에 제동을 건다.

요한계시록이 종종 "두루마리의 예언의 말씀"(22:7, 10, 18, 19)으로 소개되는 것은 요한계시록이 갖는 이런 역사적 특성을 고스란히 반영한다. 우리는 요한계시록은 편지이자, 예언의 특성을 함께 고려하며 읽어야 할 '계시'임을 기억해야 한다. 요한계시록은 1차적으로 당시 초대교회의 성도들을 위한 말씀이며, 따라서 그 시대의 일곱 교회의 상황과 로마 제국의 상황을 충분히 고려하며 읽어야 한다.

편지에 예언의 내용이 실리는 것은 신약의 서신서에 종종 드러난다. 로마서는 '신비의 계시'를 로마 교인들에게 전해 준 편지다(롬 16:26). 갈라디아서도 '예수 그리스도의 계시'로 말미암은 복음을 전해 준 편지다(갈 1:12). 에베소서 또한 그렇다(엡 3:3). 이처럼 신약의 여러 서신서는 그리스도의 계시를 편지로 전달한 것이다. 여기서의 계시는 묵시, 곧 장래사가 아니라 복음의 말씀이다.

≡ 계시 받은 자, 성도! (3절)

더 나아가 계시는 특정한 '읽는 자' 한 사람, 대언의 목자만 받는 것이 아니다. 신약시대의 성도들은 모두 계시를 받는 자들이다. 이에 대해 성경은 다음과 같이 말한다. "우리 주 예수 그리스도의 하나님, 영광의 아버지께서 지혜와 계시의 영을 너희에게 주사 하나님을 알게 하시고"(엡 1:17). 계시 받은 자는 바로 성도, 곧 당신이다. 누구를 좇아 다니고 있는가? 당신에게 주신 말씀 앞에 무릎을 꿇고 겸손하게 순종하라. 그리고 주님의 몸 된 교회 공동체를 통해 선포되는 말씀에 귀 기울이라. 계시는 특정한 장소에, 특정한 사람을 통해서만 오지 않는다. 신약시대에는 모든 성도가 계시 받은 자들이다!

2장

당신은 이미
제사장이다!

(1:4-6)

그의 아버지 하나님을 위하여
우리를 나라와 제사장으로
삼으신 그에게 영광과 능력이
세세토록 있기를 원하노라
아멘

≡ 왕 같은 제사장이 된다는 것

신천지 성경 공부에 빠진 성도가 점점 신천지 교리에 빠져들더니, 마침내 시험을 쳐서 어렵게 단체에 가입했다. 그는 가입하고 나서 새로운 결심을 했다. 이왕 활동하는 것, 제사장이 되어야겠다고 결단했다. 하지만 제사장이 되기 위한 과정은 절대 만만치 않았다. 제사장 시험에 몇 번이나 도전했지만 계속 떨어지니 마음이 어려웠다. '과연 나는 제사장이 될 자격이 없는가?' 점점 회의가 몰려왔다.

신천지에 빠진 사람들의 오매불망 소원은 왕 같은 제사장이 되는 것이다. 신천지는 제사장에게 특별한 의미를 부여하기 때문이다. 이들에게 제사장은 20장 4-6절을 근거로 종말에 하늘에 있는 14만 4천의 순교자의 영이 짐승에게 경배하지 않고 이마와 손에 표를 받지 않은 신천지에 속한 이들의 육체에 결합하는 특별한 존재를 말한다. 이들은 영육합일을 하면 왕 같은 제사장이 되어 온 세상에 있는 부자와 권세자들이 돈 보따리를 싸 들고 와 제사장이 갖고 있는 비밀한 말씀을 배우게 되고, 이때가 되면 자신이 신천지에 있다고 박해하던 가족들도 제사장이 된 자신을 보고 돌아와 회개하게 된다고 주장한다. 더나아가 순교자의 영이 자신에게 임하는 신인합일이 일어나는 순간, 죽지 않고 영생한다고 믿는다.

　이런 어마어마한 비전 제시로 인해 신천지에 빠진 이들은 왕 같은 제사장이라는 목표에 자신의 모든 것을 걸게 된다. 지금은 가족들이 핍박해도 제사장이 되면 언젠가 그들도 이런 자신을 이해하고 나중에 돌아올 것이라는 헛된 희망을 품는다. 지금은 핍절한 상태로 모든 물질을 신천지를 위해 사용하지만, 언젠가 왕 같은 제사장이 되면 전 세계의 부자들이 돈을 싸 가지고 와서 자신에게 말씀을 배울 것이기 때문에 어마어마한 물질의 복으로 보상받을 것이라고 생각한다.

▤ 당신은 이미 제사장이다! (6절)

신천지의 주장에 따르면, 하나님이 출애굽한 이스라엘 백성에게 "너희가 내 언약을 지키면 제사장 나라가 되고 거룩한 백성이 되리라"라고 약속하셨지만(출 19:5-6), 이스라엘이 언약을 지키지 않고 배도해 멸망했다. 그래서 하나님은 새 언약을 세우시고 이제 새로운 백성을 제사장으로 삼아 왕 노릇 하도록 하겠다고 하셨다(5:9-10). 종말에는 하나님의 인을 맞은 14만 4천, 곧 신천지에 속한 이들이 영적 새 이스라엘이 되고 하나님의 제사장이 된다는 것이다. 그렇게 하기 위해서는 새 언약을 지켜야 한다(히 8:10). 그러려면 신천지의 예배에 빠져선 안 되고, 전도의 열매가 있어야 하고, 헌금을 열심히 해야 한다. 신천지는 이런 식으로 탈진할 정도의 초인적인 헌신을 요구하는데, 그 근거가 바로 제사장 교리다.

하지만 본문 6절을 가만히 살피면 우리가 제사장 되는 것이 먼 미래시제의 일이 아니라 이미 이루어진 일임을 알 수 있다. "그의 아버지 하나님을 위하여 우리를 나라와 제사장으로 삼으신 그에게 영광과 능력이 세세토록 있기를 원하노라 아멘." 문맥의 흐름을 관찰하면 예수 그리스도가 우리를 이미 나라와 제사장으로 삼으셨다! '삼으셨다'(헬, 에포이에산)라는 동사는 단순 과거 형태다. 이는 과거에 단회적으로 일어난 사건을 말한다. 베드로전서 2장 9절도 그리스도 예수 안에서 성도가 이미 제사장임을 선언한다. "그러나 너희는 택하신 족속이요 왕 같은 제사장들이요 거룩한 나라요 그의 소유가 된 백성이니 이는 너희를 어두운 데서 불러내어 그의 기이한 빛에 들어가게 하신 이의 아름다운 덕을 선포하게 하려 하심이라."

여기서 '그러나'(헬, 데)라는 뜻은 바로 앞 구절(벧전 2:7-8)에서 언급하는 보배로운 산 돌이신 예수 그리스도를 믿지 않고 거부하는 사람들과는 반대로 성도들이 누구인가를 대조하기 위한 역접 접속사다. 성도는 이미 그리스도 예수 안에서 왕 같은 제사장이 되었다. 제사장 됨을 확신하는 성도가 해야 할 마땅한 반응이 무엇인가? 그리스도께 영광과 능력을 돌리는 것이다(6절).

≡ 요한계시록의 역사성을 부인하지 말라 (4절)

많은 이단 단체가 요한계시록의 역사성을 부인하려 한다. 이들은 우리가 이미 제사장 된 것을 앞으로 되어야 한다는 식으로 시제를 자의적으로 해석한다. 이미 일어난 일을 인정하려 들지 않는다. 따라서 요한계시록의 역사성도 자의적으로 해석해 부인한다. 대표적인 것이 일곱 교회의 역사성이다. 이들이 초대교회를 부인하는 이유는 다음과 같다.

첫째, 이들은 요한계시록의 일곱 교회를 지칭하는 지명들은 비유일 뿐이며(11:8; 호 12:10), 때가 되면 비사로 말씀하시지 않고 모든 것을 밝히 일러 주신다고 주장한다(요 16:25).[8] 이들의 주장에 따르면, 일곱 교회는 해 돋는 동방, 아시아 땅 끝, 곧 재림 때 나타날 장막성전과 그 장막의 길 예비 일곱 사자라고 주장한다.[9]

둘째, 요한계시록이 성취되는 곳이 소아시아 지역의 일곱 교회라면, 말세에는 그곳에 있는 사람들만 구원받을 것이며, 천국과 예수님도 그곳에 오실 것이다.[10]

셋째, 소아시아의 일곱 교회는 다 무너지고 흔적만 남아 있고, 요한계시록 사건이 나타난 적도 없다.

이러한 주장에 대한 반증은 다음과 같다.

첫째, '일곱 교회'는 실제 명칭이며, 이들이 주장하는 금촛대 장막과 그 장막의 길 예비 사자는 자의적 해석이다. 일곱 교회는 역사적으로 존재했고, 심지어 성경에 에베소, 서머나, 버가모, 두아디라, 사데, 빌라델비아, 라오디게아 등으로 등장하는 이유도 역사적 배경이 있다.[11]

4절에서 "요한은 아시아에 있는 일곱 교회에 편지"한다고 했을 때 '아시아'는 오늘날의 한국 땅이 속한 동아시아가 아니다. 아시아는 어원상으로 '동쪽 땅'이란 뜻으로, 그 당시 로마 제국을 기준으로 동쪽에 있는 지역을 가리키는 말이었다.[12] 이렇게 볼 때 요한이 아시아에 있는 일곱 교회에 편지한 사실의 역사성을 부인해서는 안 된다. 일곱 교회가 자신들이 주장하는 한국의 장막성전에서 갈라져 나온 일곱 장막과 일곱 목자라는 근거가 어디 있는가? 단지 그곳이 동방이라는 이유인가? 교주가 그렇게 주장하니 그렇다고 주장하는 것이다.

둘째, 요한계시록이 성취되는 곳이 소아시아 지역의 일곱 교회이므로 말세에는 이곳에만 구원이 있어야 한다는 것은 자의적인 주장이다. 이제는 복음이 온 천하에 전파되는 시대다(막 16:15). 듣고 믿는 이들이 구원받는다. 구원은 특정한 장소에 임하는 것이 아니다. 하나님의 나라는 여기 있다 저기 있다 할 것이 아니라, 예수 그리스도를 믿는 성도들 가운데 임한다(눅 17:21).

교회는 건물이 아니다. 부르심을 받아 함께 모여 그리스도의 몸을 이룬 이들이 교회다. '교회'를 의미하는 헬라어 '에클레시아'는 '부르심 받은 사람들의 모임'이라는 뜻이다. 참된 교회에는 바른 신앙고백이 있어야 하고, 성례가 시행되어야 하고, 권징이 있어야 한다.[13] 이러한 교회의 정의는 이단들이 정의하는 교회와 큰 차이가 있다. 이단들은 교회를 한자 뜻 그대로 풀어 '사람들을 모아 하나님의 말씀을 가르치는 곳'으로 본다.[14] 따라서 말씀이 나오려면 건물이 중요한 것이 아니라 목자가 중요하다고 한다. 하나님의 영이 함께하시는 목자가 있는 곳이 참 교회라는 것이다. 이는 예수님의 영이 머무시는 보혜사 격 교주가 주장하는 가르침이 참된 계시이며, 이 계시를 가르치는 자신의 단체야말로 참된 교회라고 주장하는 엉뚱한 결론으로 인도하게 된다.

그러나 이는 잘못된 주장이다.

요한계시록은 분명 일곱 교회에 성취된다. 그러나 일곱 교회에 성취되는 것이 곧 이들에게만 구원이 임한다는 뜻은 아니다. 요한계시록은 이미 구원을 얻은 성도들이 박해 가운데서도 인내하며 고난을 이겨 나가도록 격려하기 위한 편지다. 믿음의 싸움을 끝까지 잘 싸워 가라는 권면이지, 이곳에 천국과 예수님이 임한다는 의미가 아니다. 종말에 이루어질 새 하늘과 새 땅은 소아시아가 아닌 전 지구적인 새 하늘과 새 땅이 될 것이다.

셋째, 소아시아의 일곱 교회는 결코 다 무너지고 흔적만 남지 않았다. 이들 중 아직 살아 있는 교회가 있다. 바로 서머나 교회다. 서머나 교회에 가면 1대 목자가 사도 요한, 2대 목자가 폴리캅, 그리고 현재까지 계속된 서머나 교회 목사들의 명단이 벽면에 기록되어 있다. 분명 서머나 교회는 요한계시록의 성취를 경험했고, 지금까지 믿음의 선한 싸움을 싸워 오고 있다.

≡ 요한계시록이 편지인 증거 (5절)

요한계시록이 편지인 중요한 증거가 본문에 등장한다. 그것은 5절의 "은혜와 평강이 너희에게 있기를 원하노라"라는 '은혜와 평강'을 기원하는 인사말이다. '은혜와 평강'은 신약성경 서신서에 등장하는 전형적인 인사말이다(롬 1:7; 고전 1:3; 고후 1:2; 갈 1:3; 엡 1:2; 빌 1:2; 골 1:2; 살전 1:1; 살후 1:2; 딤전 1:2; 딤후 1:2; 딛 1:4; 몬 1:3; 벧전 1:2; 벧후 1:2). 그리고 서신서 끝에는 항상 안부를 묻는 끝인사가 등장하는데, 이는 '예수 그리스도의 은혜'가 함께하길 기원하는 표현이다(고전 16:23; 고후 13:13; 갈 6:18; 엡 6:24; 빌 4:23; 골 4:18; 살전 5:28; 살후 3:18; 딤전 6:21; 딤후 4:22; 딛 3:15; 몬 1:25; 히 13:25; 벧후 3:18).

이러한 서신서들은 단순한 편지일까, 계시일까? 성경은 이러한 편지들에 계시의 말씀이 기록되었음을 명확히 밝힌다(롬 16:26; 갈 1:12; 엡 3:3). 예언의 말씀이 있음도 밝힌다(벧후 3:2).

오스트리아 언론인 칼 크라우스(Karl Kraus)는 "기원은 목표다"라고 말한 바 있다.[15] 기원을 명확하게 알면 우리의 정체성이 선명해지고, 정체성이 선명하면 나아가야 할 바도 명확해진다. 신천지는 이 기원을 부인하려 한다. 2천 년 전 소아시아 일곱 교회에 임했던 역사적 계시 사건을 부정하려 한다. 요한계시록이 편지라는 것도 부정하려 한다. 그러니 성도가 이미 제사장이 되었음도 인정하지 않고, 도리어 제사장이 되기 위해 죽기 아니면 까무러치기 식의 헌신과 열정을 자신들의 단체에 요구한다.

제사장이 되지 못하면 어떻게 하나 불안해하지 말라. 제사장 시험에 떨어지면 내 인생이 끝이 아닌가 염려하지 말라. 당신은 이미 제사장이다! 이미 왕 같은 제사장이고 하나님의 거룩한 나라요, 하나님의 소유 된 보석 같은 언약 백성이다!

3장

구름 타고 오시는
예수님과
그분을 찌른 자들

(1:7-8)

볼지어다
그가 구름을 타고 오시리라
각 사람의 눈이 그를 보겠고
그를 찌른 자들도 볼 것이요
땅에 있는 모든 족속이
그로 말미암아 애곡하리니
그러하리라
아멘

≡ 정말 구름 타고 왔는가? (7절)

신천지가 자신들의 교주를 보혜사로 제시하려면, 그가 예수님과 같은 존재임을 어떻게든 납득시켜야 한다. 그렇게 하기 위해서는 예수님이 행하신 것을 교주도 행한다고 억지로라도 주장해야 하는데, 이렇게 교주를 신격화하는 작업 중 하나가 교주가 '구름 타고 오신 재림주'라는 주장이다. 이것을 설명하는 부분이 바로 "볼지어다 그가 구름을 타고 오시리라"(7절)라는 말씀이다.

그렇다면 교주는 정말 구름 타고 왔는가? 구름을 타고 왔다는 것은 무엇을 의미하는가? 신천지는 구름 타고 온 것을 영적으로 재림한 것으로 본다. 이들은 '구름'이 '영'을 비유한 것으로 본다.[16]

모세에게 구름 타고 오신 하나님이 영이었고(출 19:9), 초림 때 예수님이 구름 타고 오신 하나님도 영이었으며(마 17:5), 재림 때 구름 타고 오시는 예수님은 천사와 함께 오셔서 번개같이 역사하시는데(마 24:26-31), 그것은 곧 육으로 오시는 것이 아니라 영으로 오신다는 것이다.[17] 하나님은 빠른 구름을 타고 예수님 안에 계시는데(사 19:1), 이는 하나님의 영이 초림 예수님께 임하신 사건을 말한다. 마찬가지로 예수님의 영이 자칭 대언의 목자 보혜사 교주에게 왔다는 것이다. 따라서 재림주를 보는 것은 곧 대언의 목자인 교주를 보는 것이고, 이로 인해 애곡하는 모든 족속은 교주가 한때 몸담았던 첫 장막의 성도들 이라 주장한다.

그러나 구름은 영이 아니다. 그 이유는 다음과 같다.

첫째, 구름을 영이라고 직접적으로 표현한 곳이 없다.

둘째, 구름은 비유적인 표현으로, 주로 하나님의 영광스러운 신적 임재를 나타내는 표현이다. 구름은 유대 묵시 문헌에서 신적 운반체 를 상징하며, 구름을 탔다는 것은 하나님이 신적 영광 가운데 임하시 는 것을 말한다. 성경은 이런 영광의 임재가 구름으로 가려져 가시적 으로 볼 수 없도록 나타나는 것으로 묘사하는데, 이는 하나님을 직접 보면 살아날 자가 없기 때문이다(참조, 출 19:21).

셋째, 구름이 영이라면 성경 해석에서 곤란한 상황이 발생한다. 왜 냐하면 구름은 비유적 표현으로 저주를 의미하기도 하고(애 2:1), 하나 님을 가리고 기도를 가로막는 장애물이기도 하고(애 3:44), 쉽게 사라 지는 이슬 같은 것이기도 하며(호 6:4), 심지어는 하나님의 심판을 상징 하기까지 한다(습 1:15).

넷째, 만약 예수님의 영이 임한 것이 구름을 탄 것이라면 예수 그 리스도를 믿는 성도들은 모두 구름 탄 이들이다. 왜냐하면 성경은 성 도가 모두 계시 받은 자요, 예수님의 영을 받은 자라고 증거하기 때 문이다. "우리 주 예수 그리스도의 하나님, 영광의 아버지께서 지혜 와 계시의 영을 너희에게 주사 하나님을 알게 하시고"(엡 1:17). 여기 서 계시의 영을 받은 자는 한 사람 대언의 목자가 아니다. 너희, 곧 에베소 교회의 성도, 더 나아가 신약의 모든 성도를 가리킨다. 여기서 계시의 영은 삼위 하나님의 한 분이신 성령이고, 곧 예수님의 영이다(참조, 행 16:6-7).

어떤 이단은 이와 반대로 구름은 곧 육체라고 주장한다.[18] 히브리서 12장 1절의 "구름같이 둘러싼 허다한 증인들"이란 구절을 인용해 구름같이 둘러쌌다는 것이 증인들로 둘러싸였다는 것이기에 구름은 곧 사람의 육체를 가리킨다고 주장한다. 또 유다서 1장 12절을 인용해 목자를 구름이라고 했기에 육체라는 것이다.

만약 이들의 주장대로라면 출애굽 때 이스라엘 백성이 만난 구름 기둥(출 13:21)은 육체들로 쌓아 올린 인간 기둥이어야 한다. 변화산에서 제자들을 덮은 구름은 육체이어야 한다. 구름 속에서 소리가 난다는 것은 어떤 육체에서 소리가 난다는 뜻이다. 갈수록 해석이 기괴해진다. 결국 교주를 구름 타고 오신 이로 만들려는 무리한 시도는 성경 해석을 기괴하게 만들고 만다.

≡ 그를 찌른 자들은 누구인가? (7절)

예수님이 구름 타고 오실 때 이것을 볼 '그를 찌른 자들'은 누구인가? 신천지는 구름 타고 오신 교주를 핍박하는 자들을 가리킨다고 주장한다. 이들은 이를 입증하기 위해 예수님이 제자들에게 "너희를 미워하는 것은 나를 미워하는 것"이라고 하신 말씀(요 15:18)과 "나를 미워하는 자는 또 내 아버지를 미워한다"라는 말씀(요 15:23)을 인용한다.[19] 예수님을 찌르는 것은 하나님을 찌르는 것과 다름없고, 제자들을 핍박하는 것은 예수님을 핍박하는 것과 같다.

영이신 하나님이 초림 예수님과 함께하셨듯이 영으로 오시는 재림 예수님은 사도 요한의 입장에 있는 목자와 함께 역사하신다. 그러므로 예수님을 대신해서 행하는 목자를 찌르는 것은 재림 예수님을 찌르는 자가 된다.[20] 쉽게 말하면, 자신들의 단체의 교주를 비방하고, 이단으로 몰아가고, 핍박하는 자들이 곧 '그를 찌른 자들'이라는 것이다. 요한복음을 가져와 거친 논리를 만들어 가려 하지만, 이는 본문의 역사성을 반추해 볼 때 거짓으로 드러난다.

'그를 찌른 자들'이란 "내가 다윗의 집과 예루살렘 주민에게 은총과 간구하는 심령을 부어 주리니 그들이 그 찌른 바 그를 바라보고 그를 위하여 애통하기를 독자를 위하여 애통하듯 하며 그를 위하여 통곡하기를 장자를 위하여 통곡하듯 하리로다"(슥 12:10)라는 말씀에서 온 표현이다. 여기서 찔림을 당한 '그'는 십자가에 달리신 메시아 예수님을 가리킨다. 그래서 요한복음 19장 37절은 예수님이 십자가에 달려 돌아가신 사건이 바로 스가랴 말씀을 성취한 사건으로 진술한다.

그런데 놀라운 것은 메시아 예수님을 찌른 이가 로마 병정들인데, 하나님이 은혜와 간구하는 영을 부어 주시자, '다윗의 집과 예루살렘 주민', 곧 유대인들이 십자가에 찔리신 예수님을 위해 통곡하는 역사가 일어난다! 나의 강퍅함과 죄가 예수님을 십자가에 못 박게 했다고 깨달으며 애통해하는 것이다. 그런데 7절에서는 이런 역사가 유대인만이 아니라 모든 각 사람의 눈과 땅에 있는 모든 족속에게로 확장될 것을 선언한다. [21] 모든 민족이 메시아 예수님의 찔림과 십자가 죽음을 애통해하며 돌아올 것이다. 이것이 진실로 모든 민족에게로 확장되어 이루어짐을 깨닫고, 7절 끝부분은 "그러하리라 아멘"으로 화답하는 것이다.

≡ 주 재림 때 일어나는 일들 (8절)

이처럼 구약성경의 역사성을 배제한 채 본문을 무조건 교주에게로 적용하는 성급한 내용은 자의적인 소설에 불과하다. 그렇다면 주 재림 때 일어나는 일의 핵심은 무엇인가? 자기 죄를 애통해하며 회개하는 역사다. 이는 구원 개념을 이해하는 매우 중요한 부분이다. 구원이란 죄로부터 건짐을 받는 것이기 때문이다.

그러나 신천지는 구원을 그렇게 보지 않는다. 이들에게 구원은 바벨론 교회라 부르는 기성교회로부터 자신들의 단체로 넘어오는 것을 의미한다. 구원을 한 장소에서 다른 장소의 이동으로 보는 것은 유대의 출애굽 개념과 유사하다. 유대인들은 애굽 땅에서 약속의 땅 가나안으로 출애굽했다. 예수님 시대에는 팔레스틴 땅을 정복하고 있던 로마 제국으로부터 탈출해 독립을 이루는 제2의 출애굽을 구원으로 보았다. 그러나 예수님은 이스라엘이 고대하는 출애굽, 곧 구원을 다르게 보셨다.

예수님은 십자가를 지시기 전 변화산에 가서서 장차 부활하여 입으실 영광의 몸으로 변화하셨다. 용모가 변화되고 그 옷이 희어져 광채가 났다(눅 9:29). 그리고 그곳에 구약의 대표적인 인물인 모세와 엘리야가 나타나 예수님과 대화를 나누었다. 이 장면을 누가복음은 다음과 같이 진술한다. "영광 중에 나타나서 장차 예수께서 예루살렘에서 별세하실 것을 말할새"(눅 9:31).

여기서 '별세'라는 말은 헬라어로 '엑소더스'다. '엑소더스'는 출애굽을 가리키는 용어다. 이는 '엑스'(~으로부터)와 '호도스'(길)가 결합된 단어다. 무슨 말인가? 벗어나는 길, 곧 탈출구를 말한다. 그리스에서는 지금도 이 용어를 사용한다. 주차장에 들어가면 출구(exit)를 의미하는 표지가 '엑소더스'다. 그래서 주차장이나 건물 출입구에 가면 흔히 볼 수 있다. 그렇다면 참고로 입구(entrance)는 무엇일까? '에이스호도스'다. 이는 '에이스'(~ 안으로)와 '호도스'(길)가 결합된 단어다.

누가복음 본문에 따르면 예수님은 자신이 십자가를 지고 사람들의 죄를 위해 죽는 것, 곧 죄 문제를 해결하는 것을 '출애굽' 역사로 보셨다. 따라서 예수님이 이루신 출애굽 역사는 한 장소에서 다른 장소로의 이동이 아니라 죄에서 죄 사함으로, 구원으로 이동하는 것을 말한다. 따라서 주님이 오실 때 우리는 회개하고 죄 사함을 받고 주님께 돌아와야 한다.

이런 주 재림의 역사가 오늘도 계속되고 있다. 날마다 예수 그리스도를 자신의 죄를 위해 죽으시고 부활하신 주님으로 고백하고 애통하며 회개하는 이들이 돌아오고 있다. 그리고 죄와 사망으로 몰아가는 세상 권세에서 탈출해 주님의 통치 안으로 들어가고 있다. 이러한 탈출이 일종의 출애굽인 것이다. 그리고 이런 이들의 심령과 삶으로 주님은 찾아오신다. 현재적인 임재와 내주의 역사가 일어나는 것이다. 그리고 언젠가는 주님이 부활하신 모습 그대로 다시 오실 것이다(행 1:11).

2부

편지의
목적을 알면
정체성이
분명해진다

4장

대언의 목자와
일곱 별의 비밀

(1:9-20)

네가 본 것은
내 오른손의 일곱 별의 비밀과
또 일곱 금촛대라
일곱 별은 일곱 교회의 사자요
일곱 촛대는 일곱 교회니라

≡ 계시의 말씀을 주신 분

본문은 사도 요한이 밧모섬에서 주의 음성을 듣고(10절) 본 것(11, 17, 19절)을 기록한 것이다. 그가 이것을 기록한 것은 예수 그리스도가 요한이 보고 들은 것을 기록하라고 명령하셨기 때문이다(11, 19절). 이 기록은 신천지의 주장처럼, 사도 요한이 무슨 뜻인지도 모르고 2천 년 후 이루어질 실상을 예고하기 위해 단순히 받아 적은 것이 아니다. 이는 당시에 로마 제국의 핍박 가운데 위로와 격려가 필요했던 일곱 교회에 보내기 위한 것이다. 이들이 편지를 읽고 이해하고 위로를 받고 힘을 낼 것을 기대하며 보냈던, 역사적 정황을 배경으로 한 계시의 편지다.

11절에 등장하는 요한이 목회했던 일곱 교회의 지역들은 이러한 역사성을 잘 드러낸다. 에베소, 서머나, 버가모, 두아디라, 사데, 빌라델비아, 라오디게아는 당시 소아시아 지역에 거미줄처럼 뻗어 있던 로마 가도를 통해 동쪽부터 시계 방향으로 돌아가면 만나는 도시들이다.[1] 당시 유배되어 더 이상 이들에게 목회 활동을 할 수 없었던 요한에게 이 요한계시록의 편지는 환난 중에 있는 당시 교회의 성도들을 위로하고 격려하기 위한 큰 은혜의 통로가 되었을 것이다.

본문은 이런 계시의 말씀을 주신 분이 바로 예수 그리스도이심을 밝힌다. 본문에서 예수 그리스도는 매우 특별한 신적 위엄을 지니신 분으로 등장한다. 그분은 발에 끌리는 제사장의 복장을 입으셨다. 순결하고 지혜 있는 흰 양털 같은 모습에 불꽃 같은 눈을 가지셨고, 발은 주석같이 단단했다. 그분의 음성은 위엄 있는 많은 물소리와 같으며, 그 얼굴은 해가 빛나는 것 같은 영광의 광채가 가득했다(13-16절).

이는 육체로 부활하신 예수 그리스도가 구약 예언의 온전한 성취로 요한에게 나타나셨음을 의미한다(13-16절; 참조, 요 20:27-30). 그리스도가 이렇게 위엄 있는 모습으로 나타나신 것은 요한에게 계시를 주시는 분이 신뢰할 만한 참 하나님이심을 드러내기 위해서다. 계시의 원출처가 신뢰할 만한 것임을 보여 주기 위한 것이다. 기억해야 할 것은 여기 있는 예수 그리스도의 모습은 부활의 몸으로 승천하여 하나님 보좌 우편에 앉으신 부활하신 그리스도라는 점이다.

▤ 영으로 오신 '인자 같은 이'? (13-16절)

기억할 것은 본문 13-16절의 모습은 그리스도가 영으로 부활하신 모습이 결코 아니라는 점이다! 이는 예수 그리스도의 육체가 부활한 영광의 모습이다. 신천지는 본문에서 사도 요한이 예수 그리스도를 제대로 알아보지 못했음을 보여 주는 표현이 "인자 같은 이"라고 주장한다.[2] 이는 육체의 모습이 아닌 변화된 성령체의 모습, 곧 영이기 때문이다. 이는 변화산에서 예수님이 변화하신 모습처럼(마 17:2), 영으로 부활하셨기에 알아보지 못한다는 것이다.

그러나 이는 구약성경 다니엘서의 전승을 간과한 까닭이다. '인자 같은 이'는 다니엘 7장 13절에서 예고한 메시아를 뜻하는 묵시적 표현이다. 여기서 '인자 같은 이'는 장차 십자가의 죽음을 이기고 부활해 하늘 구름을 타고 옛적부터 항상 계셨던 성부 하나님께 나아간다. 하나님은 그에게 이 세상의 모든 나라와 권세와 영광을 받고 영원한 나라를 세우고 통치하게 하신다. 이런 메시아를 묵시적 전문 용어로 표현한 것이 바로 '인자 같은 이'다. 그리스도의 재림 때 성도들도 그와 같은 모습, 곧 부활의 몸으로 변화된다. 성경은 이를 다음과 같이 묘사한다. "보라 내가 너희에게 비밀을 말하노니 우리가 다 잠잘 것이 아니요 마지막 나팔에 순식간에 홀연히 다 변화되리니 나팔 소리가 나매 죽은 자들이 썩지 아니할 것으로 다시 살아나고 우리도 변화되리라 이 썩을 것이 반드시 썩지 아니할 것을 입겠고 이 죽을 것이 죽지 아니함을 입으리로다 이 썩을 것이 썩지 아니함을 입고 이 죽을 것이 죽지 아니함을 입을 때에는 사망을 삼키고 이기리라고 기록된 말씀이 이루어지리라"(고전 15:51-54).

여기서의 변화는 죽어서 영만 따로 변화되는 것이 아니다. 육으로 살아 있는 중에 홀연히 우리의 육이 변화되는데, 이런 부활의 몸은 사망을 삼킨 바 되어 더 이상 죽음을 경험하지 않는 육체가 된다! 따라서 예수님이 변화산에서 변화하신 모습은 영 부활의 모습이 아니라, 육신과 영혼이 전인적으로 부활한 영광의 모습이다.

신천지는 본문의 그리스도를 영으로 부활하신 그리스도라 주장하며, 사도 요한은 영으로 오신 예수님의 말씀을 '대언한 사람'이라고 주장한다.[3] 이는 그리스도가 영적으로 임한 교주야말로 대언의 목자이고, 그를 통해 해석된 요한계시록 해석이 영으로 오신 예수님을 대언한 것임을 은연중에 강조하기 위함이다. 이런 주장은 계시의 원출처이신 그리스도를 드러내지 않고 도리어 교주를 특별히 대언의 영이 임한 사도 요한 격 목자로 주장하는 매우 위험천만한 해석이다.

▤ 손을 댄 것이 목자로 안수한 것인가? (17절)

사도 요한은 부활하신 그리스도의 임재 앞에 압도되어 엎드려져 죽은 자같이 되었다. 그러자 예수님이 오른손을 요한에게 얹고 두려워하지 말라고 말씀하셨다(17절).

신천지는 요한이 엎드러진 것은 두려운 마음이 들었기 때문이라고 한다. 예수님이 오른손을 얹으신 사건은 예수님이 안수하셔서 요한에게 성령의 기름을 부어 직접 목자로 택하신 사건이라고 주장한다.[4] 하지만 이런 해석은 교주를 특별하게 부각하기 위한 포석이다. 교주는 오늘날 계시의 영을 받은 사도 요한과 같은 입장으로 온 주님의 대언자이므로 부패한 인간의 교단에 속해 안수 받지 않고 예수님으로부터 직접 안수 받았다고 주장한다.[5] 하지만 이런 해석은 성경에 근거하지 않은 자의적인 해석이다.

첫째, 요한이 쓰러진 것은 부활하신 그리스도에게서 뿜어져 나오는 강력한 하나님의 영광의 임재 때문이다. 하나님의 영광의 임재는 사람이 견뎌 낼 만한 것이 아니다. 구약시대 출애굽한 이스라엘 백성도시내산에서 이와 비슷한 경험을 했다. 시내산으로 오신 하나님의 임재를 견뎌 내지 못하고 이들은 혼비백산해 죽을 것 같은 두려움으로 떨었다(출 19:6, 21, 20:19).

둘째, 예수님이 엎드러진 요한에게 오른손을 얹으신 것은 안수하여 목자로 세우시기 위한 것이 아니다. 요한은 이미 예수님이 공생애 기간에 성령을 주시고 더러운 귀신을 쫓아내며 모든 병과 모든 약한 것을 고치는 권능을 주시며 사도로 세우심을 받았다(마 10:1-2; 막 2:14-17). 예수님이 엎드러진 요한에게 손을 얹으신 것은 그로 다시 힘을 내어 하나님의 말씀을 들을 수 있도록 격려하며 준비시키려고 어루만지신 것이다.

이는 다니엘 10장 10절에도 나온다. 다니엘이 환상 중에 인자 같은 이를 보고 요한처럼 힘이 없어 그 자리에 엎드러져 정신을 잃자, 한 손이 나타나 다니엘을 '어루만졌다.' 그러자 다니엘은 다시 힘을 내어 일어났다. 어디에 다니엘이나 요한이 안수 받고 새로운 목자가 되었다는 기록이 있는가? 이런 주장은 성경의 본래 주장을 곡해하는 것이다.

≣ 네가 본 것, 지금 있는 일, 장차 될 일 (19절)

사도 요한이 본 계시의 내용을 본문 19절은 '네가 본 것', '지금 있는 일'과 '장차 될 일'로 나누고 있다. 이는 하나님의 구속사적 성취를 삼중적으로 강조하는 묵시문학적 표현이다. 이는 요한 당시의 일곱 교회의 현실과 가까운 장래에 속히 일어날 일과 미래에 일어날 일을 함께

강조하는 말이다.[6]

하지만 신천지는 이를 '요한이 본 것'은 예수님의 모습과 일곱 금촛대와 일곱 별로, '지금 있는 일'은 일곱 교회가 당하고 있는 현실로, '장차 될 일'은 사탄과 싸워 이겨 2, 3장에 약속한 모든 복을 받고 치리하는 것을 의미한다고 주장한다.[7] 언뜻 보면 그럴듯하다. 그러나 도서출판 신천지에서 출간한 《요한계시록의 실상》(2011)은 일곱 교회가 당하고 있는 현실을 다소 생소한 용어로 설명하고 있다. 이들에 따르면, 이는 "사단 니골라당이 일곱 금촛대 장막에 들어와 교권을 잡고 장막 성도들에게 우상의 제물을 먹이고 니골라당의 교훈을 가르치며 사단과 행음하게 한 것"이다.[8]

여기서 '사단 니골라당이 금촛대 장막에 들어와 교권을 잡았다'라는 표현이나 '장막성전'이라는 표현은 갑작스럽게 등장한 다소 생소한 표현이다. 이는 신천지가 주장하는 요한계시록 실상계시의 주요한 줄거리를 드러낸다. 신천지는 요한계시록이 자신들의 단체를 빗대고 있는 것으로 해석한다. 쉽게 말하면, 교주인 이만희 씨가 전에 몸담았던 단체인 '장막성전' 성도들에게 '사단 니골라당'이라고 하는 무리들이 들어와 이상한 교리를 가르쳐 사탄을 따르게 했다는 것이다.

그렇다면 여기서 갑작스럽게 등장한 장막성전은 무엇인가? 이를 이해하려면 신천지 총회장 이만희 씨의 신앙 이력을 함께 살펴보아야 한다. 이에 관해서는 부록을 참조하라.

≣ 일곱 별의 비밀은? (20절)

20절은 사도 요한이 본 것이 "오른손의 일곱 별의 비밀과 또 일곱 금촛대"라고 한다. 신천지는 본문에서 일곱 별은 일곱 교회의 사자요, 일곱 촛대는 일곱 교회라고 그 비밀의 내용을 풀어 주면서, 이를 굳이 비밀이라고 한 이유는 요한계시록을 받았던 일곱 교회조차도 무슨 내용인지 모르게 감추어 둔 비밀이었기 때문이라고 주장한다.[9] 이는 당시 소아시아에 있던 일곱 교회와 일곱 사자를 빗댄 배도의 비유로 감추었던 비밀이다. 이것은 오직 이 시대에 실상계시를 받고 깨달은 교주만이 가르칠 수 있는데, 그 내용의 핵심은 성경을 자의적으로 해석하는 기본 틀인 배도, 멸망, 구원의 도식이다.[10]

이들은 이것이 바로 2천 년 동안 감추었던 비밀이며, 이 비밀은 요한 당시 사람들은 아무도 몰랐고, 오늘날 교주가 계시를 받음으로 드러나게 되었다고 주장한다. 결국 교주의 요한계시록 해석을 잘 들어야 오늘날 자신들의 단체를 통해 이루어진 요한계시록 역사를 바로 깨달을 수 있다는 주장이다.

하지만 이는 당시의 역사적 정황을 철저히 무시한 해석이다. 이 표현은 로마의 도미시안 황제가 기독교를 핍박하던 시절, 교회가 황제의 손에 좌우되는 것이 아니라 하나님의 구속사적 경륜 가운데 붙들려 있음을 말하는 것이다. 일곱 교회를 붙들고 있는 천상의 일곱 천사가 있다. 이는 지상에서 고난받는 교회를 대표한 일곱 천사가 천상에서 치열하게 주권적인 하나님의 구속 경륜을 성취해 가고 있음을 보여 준다.

게다가 일곱 별은 당시 도미시안 황제 때 주조한 화폐에 등장한다. 도미시안 황제는 유아 때 사망한 자기 아들을 신격화해 지구 위에 걸터앉아 우주의 일곱 별을 두 손에 들고 있는 모습을 동전에 주조해 발행했다.[11] 그런 상황에서 사도 요한의 환상은 온 우주를 붙들고 구속사의 경륜을 이어 가는 하나님의 비밀이 예수 그리스도의 오른손 안에 있음을 말하고 있다. 이것은 예수님을 그리스도요 살아 계신 하나님의 아들이라 고백하는 이들에게만 주어지는 비밀이다.

따라서 일곱 별의 비밀이 당시의 요한은 물론이거니와 일곱 교회조차도 모르는 비밀이라는 주장은 성립할 수 없다. 도리어 당시의 역사적 정황을 고려할 때 더욱 풍성하게 이해할 수 있다.

≣ 신천지의 구원의 도식: 배도, 멸망, 구원 (20절)

그렇다면 이들이 주장하는 일곱 천사와 일곱 별의 비밀, 즉 배도의 비밀은 무엇일까? 이는 이만희 씨의 책 《천국비밀 계시》에서 밝히는 것처럼, 신천지의 요한계시록 해석 기본 틀인 배도(1:20), 멸망(17:7), 구원(10:7)의 도식과 함께 이해해야 한다(이에 관한 구체적인 내용은 부록을 참조하라).

그렇다면 신천지가 주장하는 배도, 멸망, 구원은 과연 성경적인가? 사실 이들은 배도, 멸망, 구원을 요한계시록뿐 아니라 성경 전체를 관통하는 핵심 틀로 간주하고, 이를 하나님의 언약 노정이라 주장한다. 이들이 배도, 멸망, 구원을 이렇게 강조하는 이유는 신천지가 바로 이런 노정을 따라 실상으로 드러났다고 주장하기 위함이다.[12] 그 근거 구절로 "누가 어떻게 하여도 너희가 미혹되지 말라 먼저 배도하는 일이 있고 저 불법의 사람 곧 멸망의 아들이 나타나기 전에는 그날이 이르지 아니하리니"(살후 2:3, 개역한글)라는 말씀을 든다.

이들은 배도, 멸망, 구원의 언약 노정이 구약시대로부터 시대별로 나타났다고 주장한다. 이를 아담 세계, 노아 세계, 아브라함 세계, 모세 세계, 여호수아 세계, 영적 이스라엘, 천년성 시대로 구분해서 설명한다.[13] 이 시대마다 배도, 멸망, 구원의 노정이 진행되었고, 그 시대마다 배도자, 멸망자, 구원자가 있다. 하지만 이런 도식을 면밀히 살피다 보면 정확하게 맞아 들어가지 않는다.

아담 세계에서 배도자는 아담과 하와이고, 멸망자는 뱀이며, 구원자는 노아다. 특이한 것은 배도와 멸망은 당대에 일어났는데, 구원은 아담 이후 10대손인 노아가 구원자로 왔다는 점이다. 배도, 멸망, 구원을 신천지에서는 마치 당대에 자신들에게 일어난 것처럼 해석하다가, 여기서는 갑자기 10대손 후인 노아를 구원자로 여기는 것은 어색하다.

이는 노아 세계에서의 구원자도 마찬가지다. 아담의 10대손인 노아의 구원자는 20대손 아브라함, 또는 더 후대의 여호수아다. 이런 식이라면 장막성전의 멸망자가 나타난 후 10대는 지나서 구원자가 나와야 하는 것이 정상 아닐까?

특이한 것은 모세 세계의 배도를 말할 때 모세는 '실수'라고 하고, 아론은 '배도'라고 했다는 점이다. 도식대로 하려면 모세도 배도자가 되어 멸망당해야 했다. 그런데 왜 실수라 했을까? 혹 예수님이 변화산에서 변모하시고 모세, 엘리야와 더불어 대화를 나누셔서(마 17:3) 그랬던 것일까?

배도, 멸망, 구원이 특히 어색한 지점은 아브라함 세계다. 그에 대해서는 배도, 멸망, 구원의 여정을 침묵한다. 아담 세계의 노정대로 한다면 배도자는 아브라함이라고 해야 하겠으나, 이후 그를 멸망시킨 자, 구원한 자를 말하기가 곤란해진다. 결국 아브라함은 건너뛴다.

더 곤란한 점이 있다. 성경은 노아가 시대를 구원한 구원자가 아니라 '자기 의'로 구원받았을 뿐이라고 말한다. "비록 노아, 다니엘, 욥, 이 세 사람이 거기에 있을지라도 그들은 자기의 공의로 자기의 생명만 건지리라 나 주 여호와의 말이니라"(겔 14:14). "비록 이 세 사람이 거기에 있을지라도 나의 삶을 두고 맹세하노니 그들도 자녀는 건지지 못하고 자기만 건지겠고 그 땅은 황폐하리라 주 여호와의 말씀이니라"(겔 14:16).

또 이들이 확실하게 주장하는 배도자 솔로몬이 정말 배도했다면, 어떻게 배도자가 썼던 책인 잠언, 전도서가 구약성경에 들어갈 수 있을까? 잠언, 전도서는 솔로몬이 배도 전에 쓴 것이 아니라 그의 말년에 살아왔던 지혜를 집약해서 쓴 책들이다.

이상으로 살펴본 바와 같이 성경을 해석하는 틀을 배도, 멸망, 구원으로 보는 것은 오류가 많고 허점투성이임을 알 수 있다. 무리한 성경의 끼워 맞추기식 해석이다. 배도, 멸망, 구원의 도식은 과연 성경적일까?

아담의 경우를 생각해 보자. 신천지는 아담이 배도자였고 멸망당했다고 주장한다. 그러나 아담은 결코 멸망하지 않았다. 범죄와 타락 가운데서도 하나님은 그를 위해 가죽옷을 지어 입히셨다(창 3:21). 가죽옷을 지어 입히려면 짐승의 피 흘리는 희생이 있어야 가능하다. 물론 가죽옷으로 가린다고 인류의 수치와 죄의 결과가 완전히 가려지는 것은 아니지만, 최초의 범죄로 인해 감당할 수 없는 수치와 부끄러움을 어느 정도 감당할 수는 있게 되었다.[14] 하나님이 죄악 중에도 아담을 긍휼히 여겨 짐승의 피를 대신 흘리게 하신 피 흘림, 대속의 은혜를 베푸신 것이다. 더 나아가 아담의 범죄에 대한 완전한 해결을 원시복음의 형태로 예고하셨다. "내가 너로 여자와 원수가 되게 하고 네 후손도 여자의 후손과 원수가 되게 하리니 여자의 후손은 네 머리를 상하게 할 것이요 너는 그의 발꿈치를 상하게 할 것이니라 하시고"(창 3:15).

하나님은 배도자, 곧 범죄한 자를 결코 멸망시키시지 않는다. 범죄한 중에서도 그를 날마다 긍휼히 여기시고 다시 구원하신다. 이스라엘의 범죄로 예루살렘성이 무너짐을 탄식했던 예레미야 선지자는 바로 이런 하나님의 성품에 집중했다. "여호와의 인자와 긍휼이 무궁하시므로 우리가 진멸되지 아니함이니이다 이것들이 아침마다 새로우니 주의 성실하심이 크시도소이다"(애 3:22-23).

그렇다면 성경이 말하는 구원의 여정은 무엇인가? 바로 창조, 타락, 구속이다. 하나님이 선하게 창조하셨지만, 인류가 타락하여 범죄하고, 그럼에도 불구하고 그분의 백성에게 신실하신 하나님의 긍휼과 자비가 구속하는 역사다. 신실하신 하나님의 구원 역사는 복음에 선명하게 드러나 있다. "우리가 아직 죄인 되었을 때에 그리스도께서 우리를 위하여 죽으심으로 하나님께서 우리에 대한 자기의 사랑을 확증하셨느니라"(롬 5:8). 우리가 "죄인 되었을 때"를 로마서 5장 10절은 우리가 하나님과 "원수 되었을 때"라고 표현한다. 신천지의 방식으로 말하면, 우리가 배도해 하나님과 원수 되었을 때 하나님이 멸망당할 우리를 멸망으로 처분하시지 않고 구원하셨다는 것이다. 이제는 "그리스도 안에 있으면 새로운 피조물"(고후 5:17)이다.

이쯤에서 우리는 이들이 배도, 멸망, 구원의 근거로 삼는 데살로니가후서 2장 3절을 검토할 필요가 있다. 전후 문맥을 살펴볼 때 이 구절은 종말에 일어날 징조에 대한 설명임을 알 수 있다. 예수 그리스도의 재림 전에 배도가 있고, 이로 인해 멸망의 아들이라고 불리는 불법의 사람이 나타날 것이며, 이후 재림이 일어날 것이다.[15] 배도, 멸망, 구원이 아니다. 배도가 일어나면 멸망자가 나타나 배도자를 멸망시키는 것이 아니다. 배도가 일어날 때 멸망의 아들이 나타나게 되면 예수님이 다시 오실 때가 되었다는 것이다. 이는 언약 노정을 말하는 것이 아니다.

☰ 일곱 교회는 배도자의 첫 장막인가?

배도, 멸망, 구원의 구원 노정이 앞뒤가 맞지 않음에도 불구하고, 신천지와 같은 단체들은 이것을 신약시대에 적용하고 이어 자신들의 단체에 적용한다. 이만희 씨는 요한계시록 1장 20절 해설에서 일곱 교회와 그 사자가 배도자와 그 장막이라고 주장하는데, 이는 그가 요한계시록을 구원 노정의 도식으로 보고 있음을 단적으로 드러낸다.[16]

이들은 이런 주장을 위해 먼저 언약 노정을 예수님 초림 시대에 적용한다. 먼저, 구원자이신 예수님의 전임자인 요한을 배도자로, 멸망자는 서기관과 바리새인으로, 구원자는 예수 그리스도로 설정한다. 그런데 이것이 요한계시록 시대에 사도 요한에게 주어진 환상계시에서는 배도자는 일곱 별과 일곱 금촛대, 멸망자는 일곱 머리 열 뿔 짐승, 구원자는 일곱째 나팔이자 사도 요한 격 목자에 해당하는 이기는 자로 등장한다. 이것이 실상계시로 오늘날 나타난 것이 배도자로 지명한 첫 장막의 멸망자는 오평호 씨와 청지기교육원, 구원자는 이만희 씨와 그가 세운 신천지 증거장막성전이 된다. 아래의 표를 보자.[17]

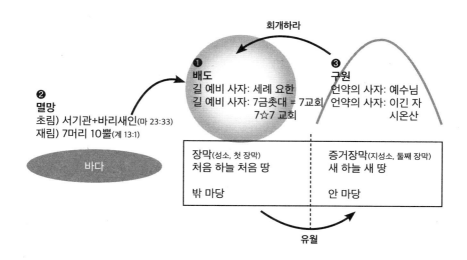

<구원의 노정 순리>

그렇다면 이들의 주장을 좀 더 면밀하게 검토해 보자.

첫째, 1장 20절은 배도, 멸망, 구원의 세 가지 비밀이 아니라 '일곱 별의 비밀'을 이야기한다. 신천지식 주장대로라면 배도한 일곱 별의 비밀이 세 가지 비밀, 즉 배도, 멸망, 구원의 신천지 교리를 갖고 있다는 말이 된다. 주목할 것은 '일곱 별'과 '일곱 금촛대의 비밀'이 아닌 '일곱 별의 비밀'이라는 점이다.

여기서 일곱 별의 비밀은, 구원받은 성도의 모임인 교회가 환난과 핍박을 받자 예수 그리스도가 그의 사자, 즉 천상의 존재를 통해 붙들어 주고 계시는 특별한 은총을 가리키는 표현이다. 이는 눈으로 보이는 교회의 환난 너머 천상에서 이루어지는 치열한 영적 전투 가운데 교회를 붙드시는 그리스도의 주권적 역사가 있음을 강조하기 위함이다. 이 비밀은 성도에게만 주어진 비밀로 일곱 교회를 붙드시는 이가 하나님의 아들 예수 그리스도라는 사실이다. 그가 능력의 오른손으로 어떠한 환난 중에서도 끝까지 주의 몸 된 교회를 붙들고 계신다 (참조, 1:16).

둘째, 성경은 그 자체로 일곱 별은 일곱 별의 사자로, 일곱 금촛대는 일곱 교회로 해석한다(1:20). 하지만 신천지는 일곱 별은 장막성전의 일곱 목자, 일곱 금촛대는 장막성전, 니골라당은 청지기교육원, 이기는 자는 이만희로 재해석한다. 성경에서 이미 분명하게 제시한 해석을 또다시 해석하는 것은 성경을 변개하는 것이다.

셋째, 배도란 진리를 받은 후 진리에서 돌이키는 것으로, 성령의 역사를 모독하고 부인하는 용서받을 수 없는 죄악이다(참조, 히 6:4-6). 과연 일곱 교회는 이런 의미에서 배도했는가? 결코 그렇지 않다. 신천지 식 주장으로 배도는 니골라당과 하나 되는 것인데, 일곱 교회는 니골 라당의 행위를 미워했다(2:6).

주목할 것은 도리어 예수님은 일곱 교회가 작은 능력을 가지고도 예수님의 말씀을 지키며 배반하지 않았음을 칭찬하셨다(3:7). 물론 이 들이 잘못한 부분은 책망하고 회개를 촉구하시기도 하셨다(2:16). 그 러나 여전히 가능성이 남아 있기에 회개를 촉구하신 것이지, 배도자 에게는 회개하라는 말조차 필요 없다. 가장 중요한 것은 요한계시록 에서 일곱 금촛대 혹은 일곱 교회가 배도했다는 말이 전혀 등장하지 않는다는 것이다.

넷째, 구원의 노정 순리를 따르다 보면 환상계시와 실상계시가 맞 지 않는다. 신천지의 주장에 따르면, 일곱 별은 첫 장막의 일곱 목자이 어야 하고 멸망자 또한 일곱 머리 짐승, 즉 청지기교육원의 일곱 목사 로 첫 장막에 들어와 일곱 별을 멸망시켜야 한다. 하지만 일곱 머리 짐 승이 들어올 당시 첫 장막에서는 유재열 씨를 제외한 나머지 목자들 은 유재열 씨를 시한부 종말론이 불발하는 바람에 첫 장막을 지키지 않고 모두 흩어져 있었다.

게다가 멸망의 가증한 것이 거룩한 곳에 선 사건(마 24:15)으로 일컫 는 멸망의 사건에도 실상이 맞지 않는다. 이들의 주장에 따르면 멸망의 가증한 것은 이방 장로교회이며, 거룩한 곳에 선 것은 장막성전을 비유 한 것이다. 이는 첫 장막을 이삭중앙교회라는 이름으로 명칭을 바꾸고 청지기교육원의 일곱 목사들이 들어와 1981년 9월 20일 목사안수식을 거행한 사건이다.

　이들은 일곱 머리 짐승이 첫 장막을 멸망시켰다고 주장하는 실상의 사건을 보여 주는 증거로, 목사 임직식 행사 주보를 《신천지 발전사》 42쪽과 《종교세계의 관심사》 45쪽에서 공개한다. 하지만 이 순서지를 자세히 보면 안수위원으로 소개되는 사람은 오평호, 김정두, 탁성환 세 사람밖에 없다. 실상은 일곱 머리 짐승이 아니라 세 머리 짐승에 불과했던 것이다.

　다섯째, 니골라당은 초대교회 일곱 집사 중 한 사람이 변질되어 세운 당으로(참조, 행 6:5), 니골라당에 대한 주장이 실상과 맞아 떨어지려면 니골라당에 해당하는 멸망자, 곧 오평호 씨와 청지기교육원은 신천지 증거장막성전에서 나와야 한다. 그러나 오평호 씨는 유재열 씨의 첫 장막에서 나온 사람이다.

　여섯째, 멸망자가 첫 장막에서 나와야 한다면, 바리새인들도 세례 요한의 제자 중 하나이어야 한다. 그러나 바리새인들은 세례 요한의 장막과 아무 상관없이 그를 경계하던 이들이다(3:7).

　일곱째, 일곱 교회는 배도자가 아니다. 배도자라면 멸망당해야 한다. 도리어 예수님은 나태한 일곱 교회를 책망하고 징계하시며, 다시 힘을 내어 끝까지 믿음의 선한 싸움을 싸우며 충성할 것을 권면하셨다(2:17). 그리고 이들이 누리게 될 권세를 약속하셨다(참조, 2:7, 11, 17, 27, 3:5-6, 12, 21). 일곱 교회 중에는 책망받지 않고 끝까지 인내의 말씀을 지킨 빌라델비아 교회도 있었다(3:10). 요한계시록은 분명 책망과 징계는 배도자에게 하는 것이 아니라 사랑하는 자에게 하는 것임을 말한다(3:19).

여덟째, 일곱 교회는 배도한 교회가 아니라 주님이 사랑하시는 교회다. 주님은 교회를 향해 "내가 너를 사랑하는 줄을 알게 하리라"(3:9)라고 말씀하셨다. 주님은 일곱 교회를 사랑하신다. 물론 책망하실 수도 있다. 그러나 주님은 이들의 실수와 연약함에도 불구하고 끝까지 붙드시고 끝까지 사랑하실 것이다.

≡ 일곱 교회는 일곱 시대의 교회인가?

요한계시록의 일곱 교회를 이해하는 고전적 세대주의 해석 중에는 일곱 교회의 역사성보다는 일곱 교회의 상징성을 강조하는 입장이 있다. 이러한 주장에 따르면, 일곱 교회는 초대교회 이후 일곱 시기로 나누어질 교회 시대를 예언하는 것이다.[18] 에베소는 초대교회 시대, 서머나는 박해 시기인 교부 시대, 버가모는 콘스탄티누스 시대, 두아디라는 중세 시대, 사데는 종교개혁 시대, 빌라델비아는 18-19세기의 선교 확장 시대, 라오디게아는 배교가 증가하는 현대 시대를 상징한다고 말한다.[19]

하지만 이런 도식 안으로 교회들을 분류하는 것은 각 교회가 처한 구체적이고 세부적인 역사적 정황을 배제하는 것이다. 편지에 나타난 일곱 교회들의 각 상황은 사실 모든 교회의 상황이나 오늘날의 교회에 다양하게 적용될 수 있다. 그렇게 볼 때 일곱 시대로 일곱 교회를 분류하는 해석은 다소 무리가 있다. 따라서 일곱 교회를 묵상할 때 우리는 개별 교회들이 당면한 실제적인 문제를 파악하고 역사적 정황을 고려하는 가운데, 우리의 삶에 적용할 부분들을 적용하는 것이 바람직하다.

5장

처음 사랑을
회복하라
_에베소 교회

(2:1-7)

이기는 그에게는
내가 하나님의 낙원에 있는
생명나무의 열매를 주어
먹게 하리라

≡ 에베소 교회는 배도했는가, 칭찬받았는가? (2-3절)

먼저, 분명히 해 둘 것이 있다. 에베소 교회는 예수님으로부터 칭찬받은 교회다. 그들은 믿음의 역사를 일으켰고, 복음을 증거하기 위해 많은 고생과 수고를 감당했으며, 끝까지 인내했다(1절). 거짓을 가르치는 자칭 사도, 자칭 의의 교사, 자칭 선생님 등으로 일컫는 거짓 교사들을 시험했고, 이들의 거짓을 드러내는 데 참고 견디며 지치지 않는 수고와 열정을 쏟았다(2절). 또한 이들은 우상 숭배와 음행을 부추기는 니골라당의 행위를 미워했고 배척했다(6절; 참조, 2:14-15). 이런 행위들은 분명 주님이 보시기에 칭찬할 만한 일이었다.

하지만 이런 치열한 믿음의 선한 싸움을 싸우는 중 에베소 교회는 처음 사랑을 잃어버렸다(4절). 하나님을 위한다는 명분으로 지체들의 잘못된 교리들을 판단하고 정죄하다 보니 형제들을 거칠게 대하기 시작했다. 하나님을 사랑하기보다는 하나님의 심판자가 되어 의무적인 열심으로 하나님을 섬기려는 경향이 나타났다.

이에 주님은 에베소 교회가 처음 사랑을 어느덧 잃어버렸다고 책망하시며 회개하고 첫사랑을 회복하라고 권면하셨다(5절). 에베소 교회는 어디서 첫사랑을 잃어버렸는지 되돌아보아야 했다. 부활하신 그리스도는 이들이 어디서 무너졌는지를 떠올리고, 회개하지 않으면 촛대를 그 자리에서 옮기리라는 준엄한 경고를 하셨다(5절). 끝까지 믿음의 선한 싸움을 싸워 이겨야 한다고 말씀하시며, 그 말씀을 지키면 하나님의 낙원에 있는 생명나무의 열매를 주겠다고 약속하셨다(7절).

이렇게 볼 때 에베소 교회를 향한 예수 그리스도의 메시지는 에베소 교회를 먼저 칭찬하시며 이들의 부족한 점을 보완할 것을 말씀하신 것이다.

하지만 신천지의 경우, 에베소 교회가 예수님을 배도했다고 주장한다. 그 근거가 무엇인가? 이들이 예수님의 손에서 '떨어졌기' 때문이다(5절). 예수님의 손에서 떨어졌다는 것은 예수님과 그 말씀을 떠나 배도의 길을 가고 있음을 말한다는 것이다.[20] 촛대를 그 자리에서 옮긴다는 것은 일곱 사자에게 부어 주신 영과 사명을 다른 사람에게 옮긴다는 뜻이라고 말한다.[21] 그리고 이는 첫 장막성전이 이전되는 실상으로 해석한다.

하지만 에베소 교회는 이들의 주장처럼 배도한 교회가 아니다. 에베소 교회가 배도했으면 곧 이들에게는 멸망과 저주가 선포되어야 했을 것이다. 그러나 주님은 도리어 에베소 교회를 칭찬하시며 생명나무 열매를 약속하셨다(7절). '떨어졌다'라는 것은 예수님의 손에서 떨어졌다는 뜻이 아니다. 처음 사랑으로 하나님과 이웃을 사랑하는 것에서 실패했다는 뜻이다. 만약 이들이 예수님의 손에서 떨어진 것이라면 떨어진 곳이 어디인 줄 뻔히 아는데, 굳이 "어디서 떨어졌는지를 생각하라"고 말씀하실 필요가 없다. '어디서'란 어느 지점에서, 또는 어떤 상황에서 처음 사랑을 잃어버리고 넘어졌는지를 기억해 보라는 것이다. 여기서 '생각하라'는 헬라어 '므네모뉴오'로, '기억하라'는 뜻이다.

≡ 니골라는 멸망자인가? (6절)

신천지는 본문에서 싸워 이기라고 하는 니골라당에 특별히 주목한다. 이들은 '약 2천 년 전 실존했던 니골라는 유대교에 입교한 이방인으로 백성의 정복자, 파괴자라는 이름의 뜻 그대로 당을 짓고 성도를 미혹한 사람'으로 설명한다.[22] 이들은 니골라는 요한계시록이 실상으로 성취되는 시대에 나타나는 한 멸망자를 가리키는데, 그는 장막성전에 입교해 사탄의 교리로 교훈하며 당을 짓는 거짓 목자,[23] 곧 일곱 머리 열 뿔 짐승으로 대표되는 오평호 씨와 청지기교육원을 의미한다고 해석한다.

하지만 니골라당의 역사적 기원에 대해서는 분명하게 단정하기가 쉽지 않다. 물론 사도행전 6장 5절은 니골라가 초대교회의 일곱 집사 중 하나로, 전에 유대교에 입교했던 이방인으로 소개한다. 니골라 집사가 나중에 따로 당을 지어 일곱 교회에 침투해 당을 지었는지는 성경 안에서 확인할 수 있는 방법이 없다. 즉 일곱 집사 중 하나인 니골라가, 나중에 영지주의와 거짓 가르침을 설파하던 니골라당의 니골라와 동일한 사람인지, 다른 사람인지는 확실하지 않다.

이는 초대 교부들의 입장에서도 엇갈린다. 이레니우스(Irenaeus)의

《이단 논박》에 따르면, 니골라 집사와 영지주의 이단자인 케린더스 (Cerinthus)의 가르침 사이에는 모종의 관련이 있다. 반면, 알렉산드리아의 클레멘스(Clemens)는 니골라는 신실한 믿음을 지켰고, 그를 니골라당과 연결시키는 것은 그의 추종자들이 가르침을 오해한 것이라고 주장했다.[24] 그렇다면 우리는 여기서 니골라당의 정체에 집중하기보다 니골라당의 교훈을 지킨 결과, 곧 우상 숭배와 행음에 관심을 가져야 한다.

기억할 것은 에베소 교회는 니골라당의 교훈을 미워하고 거부해 칭찬받았다는 사실이다(6절). 그럼에도 신천지의 해석은 마치 에베소 교회가 니골라당의 교훈에 말려든 것처럼 주장한다. 이렇게 이야기하는 것은 이들이 주장하는 실상을 정당화하기 위해서다. 즉 첫 장막성전이 오평호 씨와 청지기교육원에 의해 무너졌다는 주장을 하기 위한 것이다. 그러나 에베소 교회는 결코 니골라당이 들어오는 것을 허용하지 않았고 배척했음을 기억하라.

▤ 생명나무 과실이 교주가 가르치는 교리인가? (7절)

7절에서는 예수님이 믿음의 싸움을 끝까지 싸워 이기는 자에게 하나님의 낙원에 있는 생명나무의 열매를 주어 먹게 하겠다고 약속하셨다. 여기서 생명나무의 열매는 무엇인가? 본래 생명나무의 열매는 죄 사함을 받은 성도들이 누리는 하나님의 충만한 생명을 의미한다. 생명나무 열매는 영혼이 영생하도록 하는 양식(창 3:22)이 되는 진리의 말씀이다. 따라서 생명나무 열매는 예수님의 입에서 나오는 생명의 말씀이다.

하지만 신천지는 그들이 갖고 있는 특유의 비유 풀이를 동원한다. 이들은 마태복음 13장 31-32절의 비유 풀이에서 씨는 말씀, 나무는 사람으로 풀어야 한다고 주장하는데, 여기서도 나무를 사람으로 풀이한다. 그렇다면 생명나무란 생명을 갖고 있는 사람이다(참조, 잠 3:18). 하지만 이들은 생명나무를 예수님으로 국한하지 않는다. 마지막 때에 예수님의 영이 임해 하나님의 계시의 말씀을 가진 자도 생명나무로 본다. 이렇게 볼 때 생명나무의 과실은 교주가 가르치는 가르침을 의미한다.

이들은 여기서 더 나아가 교주는 생명나무로, 반대로 기성교회의 목자들은 선악나무로 비유해 주장한다. 선하신 하나님의 말씀에 악한 사탄의 교리를 섞어 말하는 거짓 목자야말로 선악나무이며, 이들의 입에서 나오는 사탄의 교리가 선악나무 열매이며, 그것을 받아먹는 자는 아담과 하와같이 죽게 된다는 것이다(참조, 마 7:15-16).[25] 여기서 선악나무의 열매는 니골라당의 교훈과 같은 것으로 볼 수 있다.[26]

그렇다면 낙원이란 어디를 말하는 것일까? 이들의 낙원은 셋째 하늘이며(고후 12:1-4), 거룩한 성 새 예루살렘으로(22장). 영계의 천국이다. 이 영계의 천국은 요한계시록 21장과 같이 새 하늘과 새 땅에 내려오게 되는데 그곳이 바로 하나님의 낙원이 된다.[27] 이 낙원에는 진리의 말씀을 가진 자 생명나무가 있다. 무슨 말을 하고 싶은 것일까? 지금 교주가 머물고 있는 신천지가 곧 새 하늘과 새 땅, 곧 신천신지

(新天新地)이며, 교주의 가르침을 받는 것이 생명나무 열매를 먹는 것이라는 주장이다.

하지만 이러한 주장은 그 자체로 치명적인 논리적 결함을 내포하고 있다. 이들의 논리대로라면 생명나무와 선악나무가 모두 존재해야 한다. 그런데 이 둘은 다른 장소에 존재하는 것이 아니라 모두 동일한 에덴동산에 존재했다! 그것도 동산 중앙에! 이런 논리라면 생명나무(교주)와 선악나무(니골라당)는 함께 있어야 한다. 신천신지로 주장하는 교주의 단체에 멸망자가 함께 있어야 한다는 논리다.

게다가 이기는 자에게는 생명나무 과실을 주어 먹게 한다고 약속하는 것은, 이긴 자라고 자처하는 교주가 자기 입에서 나오는 열매를 먹게 하겠다는 이상한(?) 약속이 된다. 이렇게 되면 이긴 자인 교주만이 열매, 곧 자기 입에서 나오는 가르침을 들을 수 있다는 주장이 되기 때문이다.

요컨대 칭찬받은 에베소 교회를 단순하게 배도했다는 식으로 몰아가는 것은 요한계시록에 대한 에베소 교회의 진술을 편협하게 왜곡하는 결과를 초래한다. 에베소 교회의 열심을 본받되 이들이 빠졌던 실수, 곧 처음 사랑을 잃어버린 부분을 기억하고 끝까지 사랑으로 섬기는 교회가 될 수 있도록 함께 아름다운 그리스도의 몸을 이루어 가자.

6장

끝까지 싸워
이기는 자가 되라
_서머나 교회
(2:8-11)

너는 장차 받을 고난을
두려워하지 말라 볼지어다
마귀가 장차 너희 가운데에서
몇 사람을 옥에 던져
시험을 받게 하리니
너희가 십 일 동안 환난을
받으리라 네가 죽도록 충성하라
그리하면 내가 생명의 관을
네게 주리라

☰ 끝까지 버틴 자에게 주시는 복

서머나 교회는 책망 하나 없이 주님의 온전한 칭찬을 받은 교회다. 그들이 받은 칭찬은 환난 가운데서도 끝까지 믿음을 저버리지 않고 지킨 것이다(9절). 서머나 교회에 닥친 환난은 크게 두 가지 차원이다. 먼저는 경제, 사회적 궁핍함이다. 둘째는 유대인들의 비방으로 서머나 교회가 로마 제국의 박해 아래 처하게 된 것이다.

사실 이 두 가지는 서로 깊은 연관이 있다. 유대인들이 그리스도인들이 로마 황제를 숭배하지 않는 신흥종교라고 로마 제국에 고발하면, 로마 제국은 이들을 박해하고 재산과 가옥을 몰수하며 정상적인 경제활동을 탄압했다. 자칭 선민, 즉 유대인이라고 하는 자들의 비방이 서머나 교회의 궁핍을 초래한 것이다. 그러나 부활하신 그리스도는 서머나 교회에 닥친 궁핍과 비방의 환난을 두려워하지 말라고 하시며 끝까지 충성하며 신실함을 지킬 것을 당부하셨다. 그리스도는 끝까지 신실하게 버티는 자들에게 두 가지 복을 약속하셨다. 첫째는 생명의 관을 받는 것이다(10절). 둘째는 둘째 사망의 해를 받지 않는 것이다(11절).

≣ 자칭 유대인인 사탄의 회(會)는 니골라당인가? (9절)

신천지는 '자칭 유대인이라 하는 자들의 실상이 유대인이 아니요 사
탄의 회당'이라는 말씀(9절)을 역사적인 사건으로 보기보다는 비유로
본다. 이는 영적으로 하나님의 선민을 상징하며, 요한계시록이 성취
되는 실상계시의 때에는 이 선민이 바로 일곱 금촛대 장막(장막성전)을
멸망시키는 '니골라당'을 의미한다는 것이다.[28] 니골라당은 앞서 살펴
본 것처럼 일곱 머리 열 뿔 짐승으로 일컫는 오평호 씨와 청지기교육
원을 의미한다. 유대인들이 선민이라는 자부심이 있었지만 그 실상이
사탄이라는 것은 자신을 의의 일꾼과 그리스도의 사도로 가장하고(고
후 11:14-15) 사탄의 일을 했던 니골라당을 가리킨다는 것이다.[29]

유대인은 '선민'을 상징하고, 이들이 사탄의 '회'라는 것은 사탄의 조
직체를 조직했다는 뜻이다. 이는 오평호 씨가 장막교회 출신으로 선
민이라 자부했지만, 결국 장막성전을 무너뜨린 사탄의 조직체인 청지
기교육원을 조직한 실상으로 나타났다.

그러나 이러한 해석의 논리대로 한다면 자칭 유대인인 '사탄의 회'
는 서머나 교회를 무너뜨려야 한다. 이들이 주장하는 실상계시에 따
르면 '사탄의 회', 곧 오평호 씨의 청지기교육원은 장막성전을 무너뜨
렸다. 그러나 요한계시록 본문에 따르면 사탄의 회는 서머나 교회를
무너뜨리지 못했다. 서머나 교회는 극심한 고난 속에서도 살아남았
고, 지금까지도 열심히 신앙생활을 하고 있다. 서머나 교회는 일곱 교
회 가운데 아직까지 그 흔적이 사라지지 않았고, 도리어 열심을 내어
오늘날까지도 신앙생활을 열심히 하는 교회이기 때문이다.

이런 위협 가운데 주님은 서머나 교회에게 "두려워하지 말라"(10절)고 하셨다. 그리고 이들에게 닥칠 시험은 제한이 있는 시험임을 예고하셨다. "마귀가 장차 너희 가운데에서 몇 사람을 옥에 던져 시험을 받게 하리니 너희가 십 일 동안 환난을 받으리라"(10절). 여기서 '십 일'이란 제한된 환난의 기간을 말한다. 사탄이 발악하고 시험으로 공격해도 주님이 한정하신 기간을 넘어갈 수 없다. 이는 주님이 서머나 교회가 당하는 환난을 방치하시지 않고, 반드시 그분의 주권 가운데 몸 된 교회를 붙들어 줄 것을 약속하신 말씀이다. 결코 사탄이 멸망시킬 때까지 그냥 두시지 않을 것이다.

그렇기에 우리는 "두려워하지 말라"는 주님의 명령을 신뢰해야 한다. 그리고 끝까지 신실하게, 충성되게 믿음의 선한 싸움을 싸워 가야 한다. 주님은 서머나 교회가 이길 것을 기대하셨다. 그리고 서머나 교회는 사탄의 회와 싸워 이겼다(11절). 더 나아가 주님은 서머나 교회가 확실히 생명의 관을 받을 것과 둘째 사망의 해를 받지 않기를 기대하셨다.

≣ 생명의 면류관과 둘째 사망은 무엇인가? (10-11절)

그렇다면 생명의 관과 둘째 사망은 무엇인가? 신천지는 생명의 면류관은 '영생'을 의미하고, '둘째 사망'은 육신이 죽은 후 그 영혼이 받게 될 '지옥 형벌'을 의미한다고 주장한다.

먼저, 생명의 관, 혹은 면류관은 단순히 '영생'을 의미하지 않는다.

우선 '면류관'의 의미를 살펴보자. 개역한글 성경에 '면류관'으로 번역된 것이 개역개정 성경에는 '관'으로 번역되었다. 여기서 면류관(헬, 스테파노스)은 경기에서 승리하거나 자신이 맡은 책임을 충실하게 수행했을 때 주어지는 것으로, 왕관(헬, 디아데마)과는 구분된다.[30] 면류관은 경주에서 승리한 경주자의 머리에, 전쟁에서 큰 전과를 올린 장수에게, 또 서머나 도시의 경우에는 많은 이들에게 칭송을 받던 모범적인 시민이 죽었을 때 영예를 수여하는 표시로 수여했다.[31]

성경은 다른 곳에서도 이 관에 대해 설명한다. 대표적인 두 곳을 살펴보자. "시험을 참는 자는 복이 있나니 이는 시련을 견디어 낸 자가 주께서 자기를 사랑하는 자들에게 약속하신 생명의 면류관을 얻을 것이기 때문이라"(약 1:12). "그리하면 목자장이 나타나실 때에 시들지 아니하는 영광의 관을 얻으리라"(벧전 5:4).

이 관(헬, 스테파노스)은 생명의 면류관으로도, 영광의 관으로도 진술된다. 초대교회 스데반 집사의 이름이 여기서 기원했다. 이 관은 그리스도를 사랑하고 그분께 신실한 자들에게 주어진 약속이며, 작은 능력을 가지고도 인내의 말씀을 끝까지 지키고 붙든 이들에게 약속된 것이다(3:10-11). 이 관은 다가오는 새 시대의 생명을 누릴 것을 보장하는 관이고, 끝까지 믿음으로 승리했음을 그리스도가 인정하시는 영광스러운 관이다. 주목할 것은 베드로전서에서 묘사하는 '영광의 관'이 '시들지 않는다'는 것이다. 따라서 우리는 이 관이 낙원에 있는 생명나무로 만들어졌음을 추정할 수 있다.[32] 생명의 관은 '영생'만이 아니라 끝까지 인내하며 싸워 승리해 그리스도의 인정과 칭찬을 받는 영광의 승리를 의미한다.

둘째, 그렇다면 관을 수여받는 성도가 '둘째 사망의 해'를 받지 않는다는 것은 무슨 뜻일까? 신천지는 이 지옥 형벌을 영혼이 받는 형벌로 단순화한다. 그러나 '둘째 사망'은 영혼과 육체가 전인적으로 부활해 지옥 불에 고통받는 것을 말한다. 20장 4-6절은 첫째 부활과 둘째 사망을 언급하고 있다. 이렇게 볼 때 성경에는 첫째 부활과 둘째 부활, 첫째 사망과 둘째 사망이 있음을 알 수 있다.

첫째 사망은 육체의 죽음을 의미한다. 육체가 죽으면 영혼과 육체가 분리된다. 영혼은 둘째 부활, 또는 둘째 사망에 처하기 전까지 천국(낙원) 아니면 음부로 가게 된다. 첫째 사망 이후 가게 되는 천국을 특별히 '낙원'이라고 하는데, 이는 신자의 영혼이 그리스도와 함께 거하며, 완전한 몸의 부활과 새 하늘과 새 땅이 있을 때까지 영혼이 육체와 분리되어 있으면서 그리스도와 아름다운 교제를 나누는 곳이다(참조, 눅 12:3-4, 16:22, 23:42-43).[33] 이런 낙원의 소망을 갖고 스데반 집사는 돌에 맞아 죽어 가며 "주 예수여 내 영혼을 받으시옵소서"(행 7:59)라고 기도할 수 있었다.

둘째 사망은 영혼과 육체가 함께 부활해 전인적인 사람이 되어 영원한 불 못에 던져지는 것이다(20:14). 이때는 사망도 불 못에 던져지기에 죽지 않고 영원히 고통받는다.

첫째 부활은 구원받은 영혼이 죽음 이후 죄로 인한 저주에 처하지 않고 그리스도와 함께 사는 것이다. 이는 아담의 범죄로 하나님과 분리되어 죽었던 영혼이 예수 그리스도를 믿음으로 살아나고, 죽음 이후 낙원에 들어가는 것을 말한다. 둘째 부활은 영혼과 육체가 온전히 부활해 그리스도와 함께 천국에서 영원히 사는 것이다. 이렇게 볼 때 둘째 사망은 영혼이 받게 될 지옥 형벌이 아니라 영혼과 육체가 함께 부활해 전인적으로 영원히 받게 될 형벌을 의미한다. 몸의 온전한 부활은 사도 바울이 예수 그리스도의 복음과 함께 전했던 중요한 메시지였다(참조, 행 17:18).

그리스도가 서머나 교회를 향해 이기는 자는 둘째 사망의 해를 받지 아니할 것이라 말씀하신 것은 죽기까지 그리스도께 신실하면 죽어서뿐만 아니라 그 이후의 최종적인 몸의 부활 때에도 지옥 형벌이 아닌 천국의 영생을 맛보게 하실 것이라는 약속이다.

▤ '이긴 자'가 아닌 '이기는 자'가 되어야 한다 (11절)

그리스도는 환난 앞에서 그리스도 앞에 끝까지 신실하게 싸우는 교회를 향해 '이기는 자'라고 말씀하셨다(11절). 여기서 '이기는 자'는 현재분사 형태로, 현재적으로 계속해서 신실함의 싸움을 싸워 가는 자를 말한다. 이는 일부 신천지가 교주를 지칭하며 '이긴 자'라고 말하는 것과 전혀 다르다. 이들은 이긴 자를 만나 그로부터 말씀을 배워야 구원을 얻는다고 주장한다. 더 나아가 이긴 자가 모든 종교를 통치하며,[34] 추수 때의 구원처는 이긴 자가 있는 장막, 곧 신천지라고 주장한다.[35]

하지만 본문에서 예수님이 분명 '이긴 자'가 아닌 '이기는 자'라고 말씀하셨다는 사실에 주목할 필요가 있다. 이기는 자가 종교를 통합

한다는 말은 성경에 등장조차 하지 않는다. 이기는 자에게 말씀을 배워야 구원 얻는다는 말도 성경에 없다. 이기는 자는 죽기까지 그리스도 앞에 신실해야 하는 것이 사명이다. 여기서 이기는 자는 끝까지 그리스도 앞에 신실함으로 부르심을 받은 구원받은 성도, 곧 교회를 말한다.

7장

이기는 자가 받는 만나와 흰 돌
_버가모 교회

(2:12-17)

이기는 그에게는
내가 감추었던 만나를 주고
또 흰 돌을 줄 터인데 그 돌 위에
새 이름을 기록한 것이 있나니
받는 자 밖에는 그 이름을
알 사람이 없느니라

▤ 버가모 교회의 배경

서머나에서 북쪽으로 약 100km 떨어져 있는 버가모는 도시 중심부에 약 355m 높이로 우뚝 솟은 거대한 언덕 위에 원형 경기장과 각종 신전들이 즐비하게 늘어서 있는 아크로폴리스였다. 아크로폴리스란 고대 헬라 도시의 중심에 언덕을 중심으로 세워진 신전, 원형 극장과 요새 등이 세워진 헬라식 도시 형태를 말한다.

특별히 버가모는 황제 숭배의 중심지로, 황제 숭배의 신전 감독자에게 주어지는 영예로운 칭호, '네오코로스'를 세 번이나 수여받은 특별한 도시다. 이런 특이한 자연 지형을 바탕으로 늘어선 우상 숭배, 특별히 황제 숭배의 중심 도시인 버가모를 가리켜 본문은 '사탄의 권좌'가 있는 곳이라고 진술한다(13절).

버가모는 이런 기세등등한 우상 숭배의 세력에 맞서 안디바와 같이 그리스도의 이름을 끝까지 굳게 잡은 충성된 순교자를 배출했지만, 반면 건강한 분별력을 상실하고 니골라당의 교훈을 따라 우상 숭배와 행음을 자행하는 이들도 있었다. 주님은 이런 이들에게 경고하시며 회개할 것을 촉구하셨다.

▤ 사탄의 위가 있는 곳은 어디인가? (13절)

신천지는 사탄의 위(권좌)가 있는 곳이 니골라당이라고 주장한다. 니골라당이 일곱 금촛대 장막에 들어옴으로 금촛대 장막이 사탄의 위가 있는 곳으로 전락하고 말았다는 것이다.[36] 또한 버가모 교회에서는 발람과 같은 거짓 목자가 발락과도 같은 멸망자와 하나가 되어 일곱 금촛대 장막으로 하여금 죄를 짓게 했다고 주장한다.[37] 발람(거짓 목자)은 멸망자의 교리와 교법을 가르쳤으며, 일곱 금촛대 장막의 성도들은 이것이 우상의 제물인 줄 모르고 따르며 사탄의 영과 행음했다는 것이다.[38]

이러한 해석은 이들이 주장하는 실상계시를 설명하기 위함이다. 즉 거짓 목자들이 멸망자 오평호 씨와 하나가 되어 그들의 교리와 교법을 따르며 영적으로 행음해 유재열 씨의 장막성전을 무너뜨렸다는 것이다. 결국 그곳은 멸망하고 사탄의 권좌가 있는 곳으로 전락했다고 한다.

하지만 본문을 면밀히 관찰하면 사탄의 권좌가 있는 곳과 니골라당은 다른 것임이 드러난다. 먼저, 주님은 버가모 교회를 향해 "네가 어디에 사는지를 내가 아노니"라고 말씀하셨다(13절). 이는 버가모 교회가 위치한 버가모 도시의 지리적, 사회적 환경을 말한다. 이는 마치 사탄의 거대한 권좌와도 같이 우뚝 솟은 버가모의 아크로폴리스를 의미한다. 이곳에는 제우스, 뱀으로 상징되는 치료의 신 아스클레피오스 등 여러 가지 우상들이 있었지만, 무엇보다 로마 황제 신전이 우뚝 자리를 잡았다. 바벨론으로 상징되는 로마 제국의 황제 신전을 사탄의 권좌로 상징해 표현한 것이다.

반면 니골라당은 버가모 교회에 없었다. 니골라당의 교훈을 지키는 자들이 일부 있었을 뿐이다. 버가모 교회가 모두 니골라당을 따른 것이 아님을 기억하라. 따라서 버가모 교회를 니골라당과 같은 것으로, 또 사탄의 위가 있는 것으로 보는 것은 논리적인 비약이다. 만약 버가모 교회가 사탄의 위가 있는 곳이라면, 동시에 충성된 순교자 안디바도 나와야 한다. 그렇다면 안디바는 누구인가? 이들은 안디바에 대해 침묵한다.

☰ 니골라당의 교훈은 멸망자의 교리와 교법인가? (14-15절)

이들은 본문에서 발람과 같은 거짓 목자가 전한 것이 멸망자 오평호 씨의 교리와 교법이라고 주장한다.[39] 이런 주장의 근본 의도는 이들이 갖고 있는 성경 해석의 근본 구도인 배도, 멸망의 도식을 버가모 교회에도 무리하게 도입하려 하기 때문이다.

그러나 신천지는 거짓 목자가 가르친 사탄에게 받은 거짓 교리와 교법이 무엇인지는 말하지 않는다. 이들이 가르친 거짓 교리가 무엇이었는가? 교법이란 교회의 법을 말하는데, 교회의 법은 주님이 주신 것이 아니다. 사탄이 준 것도 아니다. 노회와 총회에서 발의하고 결의한 것일 뿐이다.

주목할 것은 멸망자로 규정한 오평호 씨의 교리를 살펴보면 도리어 신천지 총회장 이만희 씨가 주장하는 교리와 유사한 점이 매우 많다는 것이다. 《교회와 신앙》에서 확보한 오평호 씨의 저작 《아름다운 감사》(2009), 《두루마리의 비밀》(2009), 《아는 것이 영생이다》(2007), 《생각하는 인간》(2006), 《산상복음 강해》(2006, 이상 예글출판사) 등을 분석한 결과, 그의 교리는 신천지의 이만희 씨와 이만희 씨가 비유 풀이에 많은 영향을 받은 김풍일 씨의 주장과 대동소이한 것으로 드러났다.[40] 그는 성령은 하나님이 아니라 하나님이 부리시는 영이며, 성경은 비유와 비사로 되어 있고, 진리의 성령이 오시는 것은 보편적인 성령이 아니라 그리스도 이후의 또 다른 선지자, 곧 그리스도와 같이 성령이 육체로 임하여 역사하는 실존적인 인물이며, 진리의 성령을 보는 순간부터 예수 그리스도를 보는 것이라 주장했다.[41]

이렇게 볼 때 오평호 씨와 이만희 씨의 주장은 거의 대동소이하며, 만약 오평호 씨의 교리가 니골라당의 교훈이요 사탄의 교리라면, 이것은 곧 이만희 씨의 교리도 그렇다는 논리가 성립한다.

▤ 감추었던 만나는 요한계시록 말씀인가? (17절)

신천지는 끝까지 믿음의 선한 싸움을 싸워 이기는 자에게 약속하신 만나가 교주가 받은 계시의 말씀을 가리킨다고 한다. 만나가 감추었던 이유는 장래에 이룰 일을 비유로 말씀하셨기 때문이고, 2천 년 동안 일곱 인으로 봉해져 있었기 때문이다.[42] 감추어진 만나는 구체적으로 말하면, 교주가 풀어 주는 요한계시록의 말씀을 의미한다. 더 나아가 이들은 감추어진 만나를 먹는 곳이 이긴 자와 하나 된 열두 지파가 있는

시온산, 즉 교주가 있는 신천지라고 주장한다.[43]

하지만 이러한 주장은 이들이 주장하는 실상과 맞지 않는다. 왜냐하면 교주는 요한계시록의 계시를 이미 받았기 때문이다. 신천지에서 주장하는 실상에 따르면, 이만희 씨는 요한계시록의 감추어진 만나를 1977년 가을에 이미 받았다.[44] 그리고 1979년도에 첫 장막의 일곱 사자에게 편지했고, 1980년 초에 천사로부터 작은 책을 받아먹었다고 한다. 1980년 가을에는 말씀을 증거하다가 잡혀 들어갔다. 1980년 9월부터 1984년 3월 14일까지 용과 싸우는 역사를 이루는데 이러한 실상의 역사에 따르면, 이만희 씨는 이미 감추어진 만나를 받아 놓고 나서 일곱 사자에게 편지한 것이 된다.

하지만 요한계시록에 따르면, 감추어진 만나는 이기는 자에게 줄 미래의 사건으로 진술한다. 즉 편지로 증거한 후에 이기고 나서 만나를 받는 것이 정상적인 순서다. 그러나 실상의 역사는 이것이 뒤죽박죽 섞이게 되었다.

또 이들은 감추인 만나가 예수님이 유월절 만찬 때 드시고 재림 때까지 먹지 않겠다고 하신 떡이라고 주장한다(눅 22:14-20).[45] 하지만 이것은 말씀을 봉함한다든지 감추어 둔다는 뜻이 아니다. 그것은 예수님이 십자가와 부활로 하나님의 나라를 성취하시기 전에 지상에서 드실 마지막 만찬이라는 말씀이다(참조, 눅 9:31). 예수님은 부활하여 하나님의 나라를 시작하신 후에는 제자들과 함께 다시 떡을 가지사 축사하시고 제자들과 함께 드셨다(눅 22:30). 더 나아가 구속사적 맥락에서의 감추인 만나는 예수 그리스도의 십자가 대속 사역과 부활로 이루신 구속 사역으로 시작된 하나님의 나라에서 맛볼 생명의 양식, 곧 그리스도의 충만한 생명력을 말한다.

≡ 흰 돌 위에 기록한 새 이름은 무엇인가? (17절)

감추었던 만나와 더불어 예수님이 이기는 자에게 주겠다고 약속하신 것이 흰 돌이다. 그리고 이 돌 위에는 새 이름을 새기셨다. 다니엘서에서 '돌'은 바벨론을 쳐서 멸망시키는 역할을 했다(단 2:44-45). 예수님도 "돌 위에 떨어지는 자는 깨지겠고 이 돌이 사람 위에 떨어지면 그를 가루로 만들어 흩으리라"라고 말씀하신 바 있다(마 21:42-44). 이렇게 볼 때 돌은 심판을 상징한다. 심판은 성경에서 말씀으로 이루어지기에, 이 돌은 심판하는 권세의 말씀이 된다(참조, 요 12:48; 계 20:12).[46]

그렇다면 이들이 말하는 심판의 권세가 있는 심판의 말씀은 무엇일까? 교주가 풀어 준 요한계시록 해석이다. 특별히 흰 돌에 이름이 새겨져 있다는 것은 심판의 말씀을 마음에 기록한 것을 의미한다. 초림 때는 예수님이 하나님의 법을 마음에 새기셨고, 재림 때는 교주가 말씀을 마음에 새겼다.[47] 이들은 흰 돌을 받은 자가 이긴 자이며, 성도는 흰 돌을 받은 이긴 자와 하나가 되고, 그 말씀을 마음에 새겨(참조, 히 8:10) 그와 같은 돌이 되어야 한다고 주장한다.[48] 더 나아가 성도는 성경이 약속한 이긴 자가 새 이스라엘 열두 지파를 창설하고 심판하는 곳(신천지)을 찾아야 구원이 있다고 주장한다.[49] 여기서 새 이스라엘 열두 지파란 신천지의 열두 지파를 말한다.

요한계시록에서 말하는 흰 돌은 당시 화산 암석이 많은 버가모 지역의 특성과 당시 혼인 잔치의 초대권으로 흰 돌에 초대하는 사람의 이름을 새겼던 풍습을 반영한다.[50] 흰 돌에 이름을 새겨 준다는 것은 장차 있을 메시아의 혼인 잔치에 칭의 받은 성도의 이름이 하늘 생명책에 기록되어 초대됨을 상징한다. 이런 심오한 의미의 구절을 당시의 역사적 정황을 고려하지 않고 해석하면 원의도를 곡해하기 쉽다. 이들이 주장하는 해석을 따라가다 보면 논리적 모순이 내재해 있음을 발견할 수 있다.

이들이 말하는 흰 돌의 실상을 생각해 보자. 앞서 '감추어진 만나'의 실상과 같이 이만희 씨는 흰 돌을 1977년과 1980년 초에 받았다. 그가 싸웠던 기간은 1980년 9월부터 1984년 3월까지다. 그러고 나서 이만희 씨는 이긴 자가 되고 새 이스라엘 열두 지파, 즉 신천지예수교 중거장막성전을 창립, 선포했다.[51] 그가 받은 말씀이 흰 돌이라면, 그는 본격적으로 싸워 이기기 전에 미리 흰 돌을 받은 셈이 된다. 먼저 흰 돌을 받아 놓고, 이기면 주겠다고 약속하듯 편지를 보낸 것이다.[52] 그렇다면 이 약속은 거짓 약속이 된다. 이것이 거짓 약속이 아니라면 이만희 씨가 받은 것이 잘못 받은 거짓 돌일 가능성이 크다. 게다가 자신만이 이긴 자라고 주장하면서 동시에 자신이야말로 말씀 받은 흰 돌이라고 주장한다. 이긴 자에게 흰 돌을 준다면 자기에게 자기를 준다는 괴상한 논리가 성립한다. 둘 중 하나를 선택해야 한다. 이만희 씨가 이긴 자가 아니든지, 흰 돌이 아니든지 둘 중 하나이어야 논리적으로 타당하다.

8장

우상숭배를
회개하라
_두아디라 교회

(2:18-29)

이기는 자와 끝까지 내 일을
지키는 그에게 만국을 다스리는
권세를 주리니 그가 철장을
가지고 그들을 다스려 질그릇
깨뜨리는 것과 같이 하리라
나도 내 아버지께 받은 것이
그러하니라 내가 또 그에게
새벽 별을 주리라

☰ 이세벨이 멸망자인가? (20절)

두아디라 교회는 일종의 사업 조합인 '길드'가 발달한 내륙 상업 도시였다.[53] 이런 두아디라 교회를 향해 보낸 편지에는 이들이 처한 역사적 정황이 곳곳에 드러난다. 하지만 신천지는 이런 역사적 정황을 일체 무시하고 요한계시록을 빗대어 자신들의 교단이 형성된 이야기를 끼워 맞추기에 급급하다.

두아디라 교회는 주님으로부터 사랑과 믿음과 섬김과 인내를 칭찬받았다. 처음 시작보다 나중으로 갈수록 이들의 선한 행위들은 더해갔다. 하지만 주님은 이들이 이세벨을 용납한 것을 책망하셨다. 이세벨은 '자칭 선지자'였다. 자칭 하나님께 계시를 받았다는 것이다. 자기가 스스로 계시를 받았다고 주장했지만, 그녀의 계시가 초래한 열매는 좋지 않았다. 두아디라 교회의 많은 성도가 그리스도를 버리고 우상들을 따라갔고, 우상의 제물을 거리낌 없이 먹는 데까지 나아갔다(20절). 열매로 볼 때 자칭 계시 받은 자, 계시의 책을 받아먹은 선지자의 말은 심각한 폐해를 초래했다. 그리스도는 그녀에게 회개할 기회를 주셨지만, 그녀는 자기의 거짓 계시를 철회하지 않고 회개하지 않았다.

초대교회 때 거짓 선지자들의 문제가 종종 발생했다. 이들은 이방 제의를 끌고 들어와 성도들을 미혹해 우상 제물을 먹고 음란한 제의를 따르도록 부추겼다. 동서 양쪽으로 항구가 있었던 사치와 음란과 방탕의 도시 고린도에 위치했던 고린도 교회도 이런 문제에 많이 노출되었다. 고린도전서 5, 8, 10장은 이런 문제를 상당히 구체적으로 말하고 있다. 이들은 우상을 따라 실제 제물을 먹고, 실제로 음란한 제의를 따라 음란한 성관계를 가졌다. 상징적인 의미에서의 음행이 아니었던 것이다. 이런 면에서 우리는 주님이 은밀히 이루어지는 음란한 죄악에 대해 '불꽃 같은 눈'으로 사람의 뜻과 마음을 살피시는 분이라는 사실을 기억할 필요가 있다(18, 23절).

이런 거짓 여선지자 이세벨의 활동과 우상 제물에 관한 언급은 당시 초대교회가 둘러싸인 환경을 반영한다. 하지만 신천지는 이러한 역사성을 고려하지 않고 이세벨이 예수님의 종들을 꾀어 영적 우상의 제물인 비진리, 즉 거짓 가르침을 받아먹게 했다고 해석한다.[54]

이쯤 되면 이들이 해석하는 두아디라 교회에 나타난 자칭 선지자가 누구와 비슷한지 짐작이 갈 것이다. 스스로 계시 받은 자, 책을 받아먹은 자, 요한계시록의 일곱 봉인을 푼 자 등으로 자처하며 거짓 선지자 노릇을 하는 이단 교주들이 이에 해당한다. 이들은 한국 교회의 비판과 권면을 수차례 받았음에도 회개하기는커녕 도리어 수시로 법정에 고소, 고발한다.

이들이 받은 계시가 거짓 계시라는 증거가 있다. 그것은 이들이 받은 계시들을 비교해 보면 새로 나온 요한계시록의 해설이 이전 책에

비해 수정되어 나오는 부분들이 자꾸 발견된다는 것이다. 또 이들이 주장하는 언약을 성취하는 노정도 논리적으로 맞지 않는 경우가 종종 발견된다. 왜 그럴까? 진리가 아니라 자의적으로 만들어 낸 것이기 때문이다. 결코 하늘에서 내려온 계시가 아니다.

하지만 신천지는 이러한 거짓 선지자 이세벨이 자신의 교주가 아닌, 교주가 몸담았던 이전 단체를 배반하고 나온 자들이라고 한다. 예를 들어, 어느 단체는 이를 '니골라당을 주관하는 머리 된 거짓 목자'라고 해석하는데,[55] 이는 유재열 씨의 장막성전을 배도한 자들과 그들을 이끌었던 멸망자라고 본다. 하지만 본문은 두아디라 교회의 거짓 선지자를 버가모 교회를 혼란하게 했던 니골라당의 교훈을 지키는 자들이라고 소개하지 않는다. 성경이 말하지 않는 것을 무리하게 끌어와 연결하는 것은 자의적인 해석에 불과하다.

거짓 선지자가 두아디라 교회를 꾀어 행음하게 한 것은 무엇을 의미하는가? 우상 숭배를 말한다. 특히 '우상의 제물'을 먹는다는 것은 두아디라에 흔했던 상업 길드 조직이 섬기는 수호신을 단체로 숭배하며 제사하고 나온 음식을 먹는 것을 의미한다. 신천지는 이러한 역사적 정황을 무시하고 영적 행음은 장막성전을 배도한 니골라당을 주관하는 거짓 목자의 비진리를 받고 사탄의 영과 교제하는 것이라고 해석한다.[56]

더 나아가 만약 이세벨에 대한 이 말씀이 신천지가 주장하는 실상으로 드러나야 한다면 이세벨은 여자이어야 한다. 왜? 요한계시록에 분명 그가 '여자 이세벨'로 나와 있기 때문이다(20절). 이세벨은 비유라

하더라도 본문에서 분명 이세벨을 '여자' 이세벨로 강조하기에 실상은
반드시 '여자'로 드러나야 한다. 그러나 주요 이단 단체들은 여기까지
세세한 실상을 갖고 있지는 않은 것 같다.

☰ 침상과 환난이 둘째 사망인가? (22절)

그리스도는 회개하지 않는 이세벨에게 그녀를 침상에 던지겠다고 하
셨다(22절). 또한 그로 더불어 간음하는 자들도 회개하지 않으면 큰 환
난 가운데 던지겠다고 경고하셨다(22절). 신천지는 침상과 큰 환난이
둘째 사망(20:12-15)이라 주장한다. 또 그와 더불어 간음하는 자들, 곧
멸망자와 하나 된 배도한 장막성전의 성도들은 6장의 일곱 인의 재앙,
8-9장의 일곱 나팔의 재앙, 16장의 일곱 대접의 재앙, 곧 요한계시록
전 장에 기록한 재앙을 받는다고 한다.[57]

  하지만 이러한 해석은 둘째 사망이 무엇인지를 알고 있는 성도들을
상당히 당황하게 한다. 둘째 사망은 나중에 죽은 자가 부활해 하나님
의 백보좌 심판대에 서서 최후의 심판을 받은 후 영원한 지옥 불 못에
떨어지는 것이다. 이러한 심판을 받으려면 먼저 이세벨이 죽어야 한
다. 그리고 후에 최후의 심판 때 다시 살아나서 백보좌 심판을 받고 영
원한 불 못에 던져져야 한다.

  또한 요한계시록에 기록된 모든 재앙이 이세벨을 따랐던 두아디라
교회의 성도들, 곧 배도한 장막교회 성도들에게 부어진다는 것은 전
지구적 재앙을 한 교회에서 이탈한 성도들로 너무 작게 한정시키는 당

황스런 해석을 낳는다.

그렇다면 본문에서 말하는 침상과 환난은 무엇인가? 성경에서 침상은 '병상'을 뜻한다. "여호와께서 그를 병상에서 붙드시고 그가 누워 있을 때마다 그의 병을 고쳐 주시나이다"(시 41:3). 여기서 '병상'은 '침상'과 같은 말이다. 이세벨을 침상에게 던지겠다는 것은 그녀를 질병에 걸려 아프게 한다는 의미다(참조, 출 21:18; 시 6:6).[58]

이세벨을 따르며 그녀와 더불어 우상 숭배를 자행했던 이들이 받는 '큰 환난'은 무엇일까? 이들은 이세벨의 가르침을 함께 따랐던 자들을 가리키는데, 이는 거짓 가르침을 따라 우상 숭배를 자행한 것이 초래하는 환난을 말한다. 우상 숭배는 그 자체로 자기 파괴적인 성격이 있다. 우상 숭배는 하나님을 그 마음에 두기 싫어하는 것인데, 그렇게 되면 자연스럽게 찾아오는 현상이 모든 불의, 추악, 탐욕, 악의, 시기, 살인, 분쟁, 사기, 악독, 비방, 능욕, 교만, 악을 도모함, 부모 거역, 우매, 배약, 무정함, 무자비 등이다(롬 1:28-31). 이러한 악들이 찾아오면 그 자체로 커다란 환난에 처하게 된다. 이와 함께 하나님은 우상 숭배를 일삼는 이세벨의 가르침을 따르는 이들을 환난에 던지실 것이다.

신천지가 흔히 간과하는 심판의 대상이 하나 더 있다. 그것은 '이세벨의 자녀'들이다(23절). 자녀라는 것은 이세벨에 적극 순종하며 영적으로 친밀하고 가깝게 지내는 헌신된 이들을 가리킨다. 이런 이들을 향해 주님은 사망으로 죽일 것이라고 경고하셨다. 주님이 더 이상 허용하실 수 없는 죄악의 한계치에 이른 이들이다.

≣ 이세벨의 자녀는 장막성전의 성도인가? (23절)

신천지는 '이세벨과 더불어 간음하는 자들'(22절)과 '이세벨의 자녀'(23절)를 구별하지 않고 모두 동일한 '일곱 금촛대 장막의 성도'로 규정한다.[59] 이는 성경을 엄밀하게 읽지 않았기 때문이며, 둘을 구별하지 못하고 하나로 본 것이다.

또 이들에게 "내가 사망으로 그의 자녀를 죽이리라"라는 경고는 배도자들을 향한 심판으로 해석한다. 이들은 이것이 6장 8절에 '사망'이라는 이름의 '탄 자'가 청황색 말을 타고 나와서 땅의 짐승으로 사람들을 죽이는 역사로 성취된다고 한다.[60] 하지만 여기서 6장 8절의 일곱인 재앙 중 넷째 재앙을 벌써 끌어들이는 것은 이들이 시도하는 요한계시록 해석의 단면을 보여 준다. 그것은 요한계시록 전 사건이 결국은 장막성전과 배도자, 멸망자, 그리고 자칭 계시 받은 자가 세우는 구원의 증거장막성전의 스토리를 말하는 것으로 환원, 축소된다. 따라서 여기서 6장 8절을 끌어오는 것은 이들 신천지가 요한계시록의 어떤 사건이든지 신천지가 겪은 사건으로 환원해 축소 해석할 가능성을 보여 준다.

23절의 엄중한 심판의 말씀은 이들의 회개를 촉구하는 경고임을 기억할 필요가 있다. 주님은 여전히 이들이 돌아오기를 바라신다. 이 말씀은 두아디라 교회만이 아니라 '모든 교회'를 향한 말씀이다(23절). 주님은 '모든 교회가 주님이 사람의 뜻과 마음을 살피는 자'이신 줄 알기를 원하신다.

이어 주님은 두아디라 교회 가운데 믿음을 굳게 지키며 이기는 자들을 칭찬하고 격려하셨다(24-25절). 주목할 것은, 여기서 이기는 자들은 믿음을 굳게 지키는 두아디라 성도들로 묘사된다는 점이다. 이기는 자는 특별 계시를 받았다고 주장하는 자칭 이긴 자가 아니라 믿음의 선한 싸움을 끝까지 잘 싸워 가는 성도들인 것이다.

≡ 두아디라에 남은 자녀는 장막성전의 소수의 성도들인가? (24절)

신천지는 두아디라에 남은 자녀들이 당시의 성도들이 아니라, 멸망자에게 가르침을 받지 않음으로 사탄의 교리를 배우지 않고 사탄과 하나 되지 않은 장막성전 소수의 성도들을 가리킨다고 주장한다.[61] 만약 그렇다면 이들은 사랑과 믿음과 섬김과 인내를 굳게 잡은 자요(19절), 끝까지 주님의 일을 지키는 자이며, 이기는 자가 된다. 이기는 자는 새벽 별을 받아 신인합일하는 존재가 된다고 한다. 이렇게 연결하다 보면 배도한 일곱 사자에 속한 성도가 신인합일하여 14만 4천 제사장에 속하게 되는 아이러니한 상황에 놓이게 된다. 뿐만 아니라 신천지의 두아디라 교회의 실상은 첫 장막 성전의 일곱 사자 중 한 명(단수)인데, '두아디라에 남은 자녀'를 '장막 성전의 소수의 성도'(복수)로 이해하는 것은 무리한 해석이다. 두아디라의 남은 자와 신인합일한 이긴 자가 같아서는 안 된다.

≡ 철장 권세는 진리의 말씀인가? (27절)

예수님은 끝까지 내 말을 지키는 자에게 만국을 다스리는 권세를 주젰다고 약속하셨다. 주목할 것은, 이기는 자는 '예수님의 말씀'을 지키는 자를 말한다. 이기는 자는 새롭게 책을 받아먹은 자가 아니고 예수님의 말씀을 받아서 지키는 자다. 예수님은 이런 이들에게 두 가지를 약속하셨다. 첫째는 철장을 가지고 그들을 다스려 질그릇을 깨뜨리는 것과 같이 하리라는 것이다(27절). 둘째는 새벽 별을 주겠다는 것이다(28절).

첫째는, 철장의 권세로 다스리신다는 것이다. 이는 부활하신 그리스도가 만물의 통치를 회복하고 심판하실 때 성도가 이에 참여하게 됨을 말한다.

하지만 신천지는 여기서의 철장 권세를 교회를 치리하는 치리권을 의미하는 것으로 본다.[62] 즉 자신들의 교주, 곧 이긴 자가 멸망자의 장막을 치는 영원한 권세를 받았다는 것이다. 만약 이들의 주장대로라면, 철장 권세를 받은 이는 교주이고, 그가 심판하는 치리권을 받아 그 권세를 행사하는 것이 고작 편지를 보낸 것이 된다.

하지만 본문의 철장은 이보다 훨씬 더 넓은 의미가 있다. 여기서 철장이란 철로 된 막대기, 또는 철로 된 홀(scepter, NIV)을 의미한다. 전자는 원수를 심판하는 도구로, 후자는 다스리고 통치하는 도구로 사용된다. 철장을 가지고 다스린다는 뜻은 '심판하고 깨뜨린다'는 의미와 '돌보고 양육한다'는 이중적 의미가 있다. 이는 그리스도가 다시 오실 때 죄로 부패되었던 모든 피조 세계가 회복되고, 세상에 그리스도의 주재권이 회복되고, 그분의 통치가 드러나게 되는데 이때 성도가 그분의 심판과 통치에 참여하게 됨을 의미한다.

☰ 새벽 별을 주는 것이 신인합일인가? (28절)

이기는 자에게 약속하신 두 번째 권세는 새벽 별을 주겠다는 것이다. 신천지는 새벽 별의 실체는 "나는 광명한 새벽 별"이라고 말씀하신 예수님이며(22:16), 새벽 별을 주겠다고 하신 것은 이긴 자와 예수님이 하나 되는 것, 곧 신인합일하는 것이며, 만국은 신인합일한 이긴 자의 말을 듣고 지켜야 한다고 주장한다.[63] 여기서 신인합일이란 예수님의 영이 이긴 자에게 장가드는 것(호 2:19)이며, 이는 예수님의 영, 곧 성령이 이긴 자에게 임하는 것이다. 신천지는 신인합일이 일어나면 육체는 더 이상 병들거나 늙어 죽지 않으며 영생불사한다고 주장한다. 따라서 이긴 자는 새벽 별을 받은 죽지 않는 존재가 된다.

하지만 여기서 예수님이 주시는 새벽 별은 신인합일이 아니다. 새벽 별은 메시아적 통치를 상징하는 표현으로, '한 별이 야곱에게서 나오며 한 홀이 이스라엘에게서 일어날 것'을 예고한 민수기 24장 17절(개역한글)에 근거한다.[64] 여기서 '별'은 '홀'(忽)과 나란히 대등하게 등장하는데, 이는 별이 홀의 기능인 통치권을 의미함을 보여 준다. 이는 그리스도가 재림하실 때 성도가 이 땅에서 왕 노릇 하는 것으로 최종 성취된다(참조, 5:10).

더 나아가 '새벽 별'을 수여받는 것은 당시 로마 제국의 황제와 밀접한 관련이 있다. 황제야말로 새벽 별, 곧 금성(Venus)에서 온 신성한 존재이자 신의 아들이라고 주장했기 때문이다.[65] 하지만 본문 말씀에 따르면, 로마의 황제가 아닌 성도야말로 그리스도께 직접 새벽 별을 수여받아 그리스도와 함께 다스리는 존귀한 하나님의 자녀다.

9장

어린양의
생명책에
남는 이름
_사데 교회

(3:1-6)

이기는 자는
이와 같이 흰옷을 입을 것이요
내가 그 이름을 생명책에서
결코 지우지 아니하고
그 이름을 내 아버지 앞과
그의 천사들 앞에서 시인하리라

≡ 사데교회를 향한 책망

사데 교회가 위치한 사데는 삼면이 절벽으로 둘러싸인 난공불락의 요새였다. 하지만 역사적으로 고레스와 안티오커스 3세의 공격을 받아 함락된 적이 있는데, 이들은 요새의 튼튼함을 믿고 태만했다가 비밀 통로가 드러나 기습을 받고 무너졌다. 이들은 사데가 살아 있다고 자부했지만 거의 죽음이 임박한 상태임을 모르고 있었는데, 사데 교회를 향해 "살았다 하는 이름은 가졌으나 죽은 자"라고 하신 주님의 말씀에 그 상태가 반영되어 있다(1절). 사데 교회는 신천지의 요한계시록 2-3장 해석에서 매우 중요한 비중을 차지한다. 이는 이들이 주장하는 언약 노정과 긴밀한 관계가 있기 때문이다. 신천지의 예를 들어 보자.

이들은 이만희 씨가 전도관 첫 장막에 들어갔다가 1971년 고향인 경북 청도로 낙향한 후 상경해 1977년 말 백만봉 씨의 재창조교회로 들어갔다고 주장한다. 그러나 그 교회는 살았다 하는 이름은 있으나 실상은 죽은 교회였다. 그래서 이만희 씨는 1980년 3월 13일 재창조교회를 세 사람과 함께 나와 사데 교회에 회개하라고 편지했고, 흰옷 입은 몇 사람들과 함께 신천지 증거장막성전을 시작했다는 것이다.

특이한 것은 신천지의 경우, 일곱 교회의 실상을 명확하게 밝히기를 꺼린다는 점이다. 초창기에는 에베소-유재열, 서머나-정창래, 버가모-김영애, 두아디라-신종환, 사데-백만봉, 빌라델비아-신광일, 라오디게아-김창도 등으로 밝혔다. 그러나 시간이 갈수록 실상이 흐려지고 있다. 이는 이 실상이 제대로 들어맞지 않고 자주 바뀌었기 때문이다. 그런데 그나마 명확하게 주장하던 사데 교회의 실상도 들어맞지 않아 교리를 은근히 수정한 적이 있다. 사데 교회의 실상이 들어맞지 않은 것은 신천지 내부 강사의 이탈을 촉발할 정도로 충격적이었다. 그렇다면 이들의 주장을 좀 더 구체적으로 살펴보자.

≡ 사데 교회의 사자는 사명과 영이 죽은 배도자인가? (1절)

이만희 씨는 사데 교회의 사자를 배도자로 규정한다. 살았다 하는 이름은 가졌으나 죽었다는 것은 하나님의 언약의 말씀을 배도해 성령이 떠나셨기에 죽은 자라는 뜻이다.[66] 이들은 육신이 살아 있으나 사명이 죽었고 영이 죽었다.[67]

하지만 여기서 주의할 것이 있다. 사데 교회의 사자는 사데 목자의 영이 함께하는 사람 곧 목자가 아닌, 사데 교회를 지키는 천사(angel)라는 사실이다. 사데 교회의 천사는 사데 교회를 대표하므로, 사데 교회의 천사에게 편지한다는 것은 곧 사데 교회의 성도들에게 편지한다는 뜻이다.

신천지가 사데 교회의 사자를 한 특정 인물로 규정하고 '배도자'라고 하는 것은 신천지의 교주가 받았다는 요한계시록의 실상계시를 부각하기 위함이다. 이들이 백만봉 씨를 배도자로 규정하는 이유는 그만큼 자신이 몸담았던 전 조직과의 관계를 부정하기 위해서다.

사데 교회는 과연 배도자, 혹은 배도의 무리인가? 성경은 결코 사데 교회를 배도자로 규정하지 않는다. 사데 교회가 죽었다는 극단적인 표현을 사용하지만, 아직 살아 있는 부분이 미약하게 있다. '남은 바 죽게 된 것'이라는 표현은 미완료 시제로, 아직 죽지는 않았지만 거의 죽음에 가까운, 죽을 지경에 이른 상태를 말한다.[68] 지금 그리스도는 사데 교회가 쓰러져 심장만 겨우 미약하게 뛰고 있는 상태이지만, 그나마 조금이라도 살아 있는 이들에게 회개하고 살아날 것을 촉구하시는 것이다.

≡ 사데 교회가 주께 받은 것은 무엇인가? (3절)

거의 사망 직전에 이른 사데 교회가 회복하려면 '어떻게 받았으며 어떻게 들었는지'를 기억하고 지켜 회개해야 한다(3절). 그렇다면 사데 교회가 받은 것은 무엇을 의미할까? 신천지에서는 이를 하나님 보좌 앞 일곱 영으로부터 직접 듣고 보고 배운 말씀, 곧 직통계시를 받은 말씀이라 주장한다.[69]

하지만 '받은 것'은 사도들을 통해 받은 복음에 대한 교회의 전승이다(참조, 고전 15:3). 교회는 사도들과 선지자들의 터, 곧 이들을 통해 전해 받은 복음 전승의 터 위에 세워진 곳이다(엡 2:20). 그리고 그 터의 기초는 예수 그리스도이시다. 또 '들은 것'은 교회를 통해 선포된 복음의 가르침을 의미한다.

▤ 흰옷 입은 자들은 누구인가? (4절)

사데 교회에는 그 옷을 더럽히지 아니한 자 몇 명이 있어 흰옷을 입고
주와 함께 다닐 것이라 말씀하셨다(4절). 신천지는 옷을 더럽히지 않았
다는 것은 주의 말씀을 지키고 심령과 행실을 더럽히지 않았다는 뜻이
요, 이는 사탄과 행음하지 않고 우상의 제물, 곧 니골라당의 가르침을
먹지 아니한 모범 신앙인이라고 설명한다.[70] 이들은 주님과 함께 다니
고 주님이 인정하신 사람이다.

신천지는 여기서 흰옷 입은 사람 몇 명의 실상이 있다고 주장한
다. 여기 나오는 흰옷 입은 몇 사람이 6장 6절에 나오는 '밀 한 되 보
리 석 되'를 비유한 것의 실질적인 사람이라는 것이다. 만약 사데 교회
의 실상이 신천지가 주장하는 백만봉 씨의 재창조교회라면, 이는 이
만희 씨가 백만봉 씨의 가르침을 받아들이지 않고 그곳에서 이탈했음
을 뜻한다.

그렇다면 '밀 한 되 보리 석 되'가 가리키는 실상의 인물은 누구일
까? 밀과 보리는 잘 익은 곡식 알곡이고, '되'는 곡식을 담는 그릇으로
'말씀 가진 사람'을 의미한다.[71] 따라서 '밀 한 되 보리 석 되'는 밀 같은
사람 한 명, 보리 같은 사람 셋이다. 이들은 백만봉 씨의 재창조교회
에 있다가 이탈한 이만희 씨, 그리고 그와 함께 이탈한 세 사람(윤ㅇㅇ,
윤ㅇㅇ, 지ㅇㅇ)을 가리켰다. 이들은 알곡이고, 합당한 자들이고, 더 나

아가 죽지 않는다고 주장했다. 지금이야 두루뭉술하지만 신천지는 이들의 실상을 명확하게 밝힌 적이 있다. 이들은 주님과 함께 14만 4천을 인 치는 일을 하는 사람들로, 절대 죽어서는 안 되는 사람들이다.[72]

그런데 문제가 생겼다. 절대 죽어서는 안 될 보리 3명 중 하나인 윤 모 교육장이 2012년에 병들어 죽었다.[73] 지파가 완성될 때까지 절대 죽으면 안될 사람들인데 그중 하나가 죽은 것이다! 게다가 알고 보니 이들 중 두 사람은 백만봉 씨의 재창조교회에 있던 사람들도 아니었다. 이들은 에베소 교회 실상으로 주장하는 유재열 씨의 장막성전에 있던 자들이다.

세 보리 중 한 보리가 죽은 것을 알고 신천지 부산 야고보 지파에서 10년 동안 강사 생활을 하던 지명한 강사는 큰 충격을 받고 갈등하다 탈퇴를 결심했다. 이후 그는 공개 기자회견을 열고 신천지 실상의 허구를 폭로한 바 있다.[74]

사실 밀 한 되 보리 석 되의 실상은 신천지 내에서 수차례 바뀌었다. 하지만 1990년 이후 신천지에서 발간한 《천국비밀 계시》, 《천지창조》, 《요한계시록의 실상》 등에는 이러한 실상 교리에 관한 것이 자취를 감추기 시작했는데, 이마 이러한 교리의 오류 가능성을 어느 정도 인지했을 가능성이 크다.

흰옷 입은 몇 사람이 사도 요한 격 목자와 함께 사데 교회에서 나와 신천지와 같은 나름의 단체를 만드는 것은 성경적일까? 그렇지 않다. 그 이유는 이렇다.

첫째, 만약 그렇다면 요한계시록에 사도 요한이 사데 교회에서 이탈했다는 기록이 있어야 한다. 그러나 성경에는 없다. 사데 교회는 바울의 제자들이 세운 것으로 알려져 있다. 역사 기록에 따르면, 바울의 동역자 글레멘드(클레멘트)가 초대 주교였다(참조, 빌 4:3).[75]

둘째, 백만봉 씨의 재창조교회는 교회의 이름에서 나타나듯, 자신의 교회야말로 유재열 씨의 장막성전에서 나온 두 번째 참된 구원의 장막이라는 뜻이 들어 있다. 이만희 씨도 그런 신념으로 그곳에서 열두 사도의 역할을 했다. 그런데 그곳에서 다시 나온다면, 이만희 씨의 증거장막성전은 세 번째 성전이 된다.

셋째, 성경에 의하면, 주님은 사데 교회에 있는 흰옷을 입은 소수의 성도들을 칭찬하시며 끝까지 이길 것을 촉구하셨지, 사데 교회 밖으로 나가 또 다른 단체를 창설하라고 하시지 않았다. 성경적으로 볼 때 사데 교회에서 사람들이 나와 다른 교회, 혹은 장막을 세울 수는 없다.

넷째, 우리는 흰옷을 입었다는 것이 무엇인지를 바로 이해해야 한다. 흰옷 입은 자는 행실이 온전한 자가 아니라 예수 그리스도의 피로 깨끗함을 입은 자다. 사람은 자기 행실로 온전할 수 없다. 요한계시록에서는 흰옷을 입은 무리들을 설명하는데, 이들은 "어린양의 피에 그 옷을 씻어 희게" 한 자들이다(7:14). 이는 곧 예수님의 피로 모든 죄에서 사함을 얻어 깨끗하게 됨을 의미한다(요일 1:7; 참조, 히 9:14).

≡ 생명책은 이기는 자가 인도하는 교회의 교적부인가? (5절)

주님은 사데 교회에서 이기는 자는 그 이름을 생명책에 기록하고 지우지 않겠다고 약속하셨다(5절). 신천지는 여기서 말하는 생명책은 천국 호적으로, 이기는 자가 인도하는 신천지의 교적부라고 주장한다. 이기는 자가 이 땅에서 생명책에 기록하면 하늘 영계에서도 기록되고, 이 땅에서 도말하면 하늘 영계에서도 지워진다는 것이다.[76]

신천지에 가입했다 갈등하는 사람들이 두려워하는 요소 중 하나가 바로 생명책 교리다. 이들에게는 자신의 이름이 신천지에서 지워지면 하늘에서도 지워져 구원받지 못한다는 두려움이 있다. 그리고 한 번 지워지면 다시는 기록될 수 없다고 믿기에, 신천지 탈퇴는 곧 구원의 상실이자 지옥행으로 여겨진다.

그렇다면 신천지의 생명책은 누가 지우는가? 바로 이기는 자다. 신천지에서는 이탈자의 이름을 배도자로 규정하고 그 이름을 게시판에 게시하고 생명책에서 지워진 이들이라고 광고한다. 갈등하는 이들에게 자신들의 단체에서 이탈하면 배도자가 되고, 배도자가 되면 생명책에서 지워져 구원에서 이탈된다는 두려움을 심어 주기 위해서다.

하지만 생명책은 신천지의 교적부와 아무 상관이 없다. 주목할 것은 신천지의 교적부가 생기기도 훨씬 전에 생명책이 이미 존재했다는 사실이다. 빌립보서는 이렇게 말한다. "또 참으로 나와 멍에를 같이한 네게 구하노니 복음에 나와 함께 힘쓰던 저 여인들을 돕고 또한 글레멘드와 그 외에 나의 동역자들을 도우라 그 이름들이 생명책에 있느니라"(빌 4:3). 사도 바울이 빌립보 교회를 목회할 때 글레멘드를 비롯한 바울의 동역자들의 이름들이 생명책에 있다고 말한다. 이렇게 볼 때 생명책은 신천지가 생기기 훨씬 전부터 있었음을 알 수 있다.

5절의 문맥을 보더라도 이기는 자의 이름을 지우지 않고 시인하시는 분이 바로 천상에 계신 예수 그리스도로 등장한다. 다른 보혜사로 자칭하는 교주가 아니다. 또한 요한계시록에서는 이 생명책의 또 다른 명칭을 '어린양의 생명책'으로 소개한다(21:27). 이는 하나님의 어린양 예수 그리스도의 십자가와 부활의 복음을 믿고 고백하는 이들의 이름이 기록된 책이다. 두려워하지 말라. 예수 그리스도를 나의 구주요, 나의 하나님으로 고백하는 이의 이름은 반드시 어린양의 생명책에 기록되어 있다.

10장

누구도
흔들 수 없는 약속
_빌라델비아 교회
(3:7-13)

이기는 자는 내 하나님 성전에
기둥이 되게 하리니 그가 결코
다시 나가지 아니하리라
내가 하나님의 이름과
하나님의 성 곧 하늘에서
내 하나님께로부터 내려오는
새 예루살렘의 이름과
나의 새 이름을
그이 위에 기록하리라

≡ 빌라델비아 교회의 모습

'빌라델비아'는 '사랑'(헬, 필로스)과 '형제'(헬, 아델포스)가 결합된 단어로, 주전 2세기에 이 지역을 다스리던 버가모 왕국의 왕 에우메네스 2세와 그 동생 아탈루스라는 아름다운 형제에게서 비롯한 명칭이다. 형 에우메네스가 갑자기 사라지는 일이 발생하자 그 공백을 대신하기 위해 동생이 왕위에 올랐다. 하지만 다시 형이 나타나자 동생 아탈루스는 형에게 왕권을 순순히 넘겨주고 물러났다. 형도 동생에 대한 오해를 풀었다. 이후 로마 제국이 빌라델비아를 영향권 아래에 넣으려고 했다. 완강히 저항하는 에우메네스 2세를 꺾기 위해 동생 아탈루스에게 접근했지만, 동생은 이를 거부하고 형이 죽기 전까지 왕이 되지 않았다. 이런 신실한 형제 사랑의 이야기가 얽혀 있는 곳이 빌라델비아다.

이런 아름다운 전통 위에 자리 잡은 빌라델비아에 세워진 빌라델비아 교회는 작은 능력을 가지고도 그리스도를 배반하지 않은, 책망 없이 칭찬과 격려만 받은 교회다. 하지만 빌라델비아 교회의 이런 모습을 실상으로 해석하는 것은 신천지에 상당한 당혹감을 가져다줄 수 있다. 왜냐하면 신천지는 요한계시록 2-3장의 교회들은 배도한 교회들이라고 이야기하기 때문이다.

☰ 빌라델비아 사자는 언약을 버리지 않았는가, 배도했는가? (8절)

요한계시록 말씀을 따라 신천지는 빌라델비아 교회 사자는 일곱 교회 사자 중 유일하게 하나님의 언약을 버리지 아니한 사자라고 진술한다.[77] 하지만 이는 신천지의 근본 가정과 모순된다. 왜냐하면 이들은 일곱 교회의 사자들은 모두 배도했다고 주장하기 때문이다. 이러한 모순은 이들의 요한계시록 해석 책에 고스란히 등장한다. 예를 들어, 이만희 씨의 《요한계시록의 진상》을 보면 빌라델비아 교회 사자만이 유일하게 언약을 버리지 아니한 자라고 소개했다가(61쪽), 뒤에서는 일곱 사자들이 모두 배도해 범죄하므로 일곱 갈래로 흩어져 본연의 자리를 버렸다고 주장한다(67쪽). 일곱 천사가 배도했다는 주장은 실상계시를 증거한다고 주장하는 이 단체의 《신천지 발전사》에도 고스란히 등장한다. 이 책에서 일곱 천사는 '자기 지위와 처소를 떠나 흑암에 있는 자들'(유 1:6)로 일곱 갈래로 흩어졌다(신 28:25)고 주장한다.[78] 이러한 주장은 모순적으로, 성경을 자기들이 주장하고 싶은 틀에 끼워 맞추려다 일어난 오류다.

이들이 만약 빌라델비아 교회의 사자가 유일하게 배도하지 않았다는 성경 말씀을 받아들이고 인정한다면, 사도 요한이 빌라델비아 교회에 편지를 보낼 이유에 대한 적절한 설명을 찾기가 어려워진다. 이들은 사도 요한 격 사자가 편지를 보낸 것이 이들의 배도를 책망하고 회개를 촉구하기 위해서라고 주장하기 때문이다. 배도하지 않은 교회에 무엇 때문에 편지를 보내는가?

▤ '열린 문'은 무엇인가? (8절)

빌라델비아 교회에 대한 모순적인 입장은 '열린 문'에 대한 해석으로 이어진다. 신천지는 하나님이 열린 문을 두어 서로 왕래할 수 있게 하셨는데, 이는 장차 예비 제단에 임하실 예수 그리스도의 성령을 영접해 이 땅에서 구원자로서의 사명을 이룰 한 인물, 즉 교주가 이 교회에 왕래한다는 말로 해석한다.[79] 만약 앞서 언급한 것처럼 빌라델비아 사자의 실상이 신광일 씨라면, 신 씨는 교주를 영접해야 한다는 논리가 성립된다. 멸망당해야 할 일곱 교회 사자가 교주를 영접한다는 것은 논리적으로 모순된다. 왜냐하면 교주가 배도자와 왕래한다면 교주도 배도자의 무리에 들게 될 것이기 때문이다. 게다가 이 둘이 서로 왕래했다는 증거나 주장도 없다.

본문에서 말하는 열린 문이란 교회와 예수님의 영이 함께 머무른다고 주장하는 교주가 왕래한다는 뜻이 아니다. 여기서 열린 문은 예수 그리스도가 열어 두신 구원의 문을 말한다. 주목할 것은 이 문이 열린 문이라는 점이다. 이 문은 예수님의 이름을 믿고 들어가는 구원의 문으로, 예수님이 열어 두셨고 지금까지 열려 있다. 왜냐하면 누구도 닫을 사람이 없기 때문이다. 이 문이 예수님 초림 시대에 열렸다가 닫혔고, 다시 마지막 시대 때 새로운 교주가 나타나 계시를 받고 다시 열었다는 것은 그릇된 주장이다.

더 나아가 이들은 9절 말씀을 인용하며 사탄의 회당, 곧 자칭 유대 선민의 장막이라 말하나 실상은 뱀의 무리와 하나 된 거짓말하는 자들 중 빌라델비아 사자에게 절하며 그에게 머리 숙이는 무리가 나타날 것이라고 한다.[80] 그렇다면 이는 뱀의 무리, 곧 멸망자 오평호 씨의 무리 중에 빌라델비아 사자 신광일 씨에게 무릎 꿇는 실상이 있어야 한다는 말이다. 하지만 이후에 출간된 이만희 씨의 요한계시록 책인《천국 비밀 계시》,《요한계시록의 실상》등에서 이 부분은 자취를 감추었다.

기억할 것은 9절의 "거짓말하는 자들 중에서 몇"은 정확한 번역이 아니다. 원문을 충실히 번역하면 '자칭 유대인이라 하나 그렇지 아니하고 거짓말하는 자들, 곧 사탄의 회당에 속한 자들'이다. 이는 곧 사탄의 회당에 속한 자들 전체를 의미한다.

≣ 온 세상에 임하는 시험이 배도와 멸망인가? (10절)

예수은 빌라델비아 교회가 인내의 말씀을 지켰으므로 장차 온 세상에 임하는 시험을 면하게 하리라고 말씀하셨다(10절). 여기서 온 세상에 임하는 시험의 때는 언제인가?

신천지의 주장에 따르면, 이때는 배도와 멸망의 시기이며, 시험을 받는 '땅에 거하는 자들'은 니골라당이 미혹하러 들어온 일곱 금촛대 장막의 성도들, 곧 장막성전의 성도들이다.[81]

하지만 요한계시록에서 말하는 '온 세상에 임하는 시험의 때'는 로마 제국에 임할 환난과 심판의 때, 더 나아가서는 세상의 종말에 임하게 될 최후의 심판 때를 의미한다. 10절의 "땅에 거하는 자들"은 구원받지 못한 자, 특히 우상 숭배자들을 가리키는 전문 용어다(6:10, 8:13, 11:10, 12:12, 13:8, 12, 14, 14:6, 17:2, 8).[82]

중요한 것은 그리스도가 빌라델비아 교회에게 이때 임할 시험을 면제시켜 주시는 이유다. 그 이유가 무엇인가? 빌라델비아 교회가 작은 능력을 가지고도 환난과 고난 중에 그리스도의 인내의 말씀을 지켰기 때문이다(8-9절). 이들이 인내의 말씀을 지켰던 것처럼 그리스도도 이들을 지켜 주실 것이다.

≡ 하나님 성전에 기둥이 되게 한다는 뜻 (12절)

그리스도는 이기는 자에게 하나님 성전에 기둥이 되게 하리라고 말씀하셨다. 성전 기둥이 되게 하겠다는 것은 당시 지진이 만연했던 빌라델비아의 상황을 반영한다. 주후 17년경, 빌라델비아 지역에는 강력한 지진이 일어나 이곳에 즐비하게 세워졌던 여러 신전 기둥들이 속절없이 무너졌다.[83] 기둥은 무거운 신전 건물을 안전하고 든든하게 떠받치는 역할을 한다.

이 땅의 신전들은 지진 한 번으로 와르르 무너진다. 하지만 주님은 인내의 말씀을 지키며 이기는 성도들은 하늘 성전에 기둥이 되리라고 약속하셨다. 성전 기둥은 구약 솔로몬 성전 양쪽에 세워졌던 두 기둥, 곧 야긴과 보아스를 가리킨다(왕상 7:21). 이런 든든한 성전 기둥처럼 성도가 하늘 성전에 든든한 기둥이 되게 하시어 영속적인 안정성을 허락하시겠다는 약속이다. 이런 성도는 결코 그리스도를 떠나지 않는 든든한 성도가 될 것이다.

하지만 신천지는 여기서 성전 기둥이 되게 한다는 것을 성전(성도와 교회)을 지고 나갈 중책을 맡길 것이라고 주장한다.[84] 중책이란 단체를 세우고 완성해 나가기 위한 중요한 사명과 일을 말한다. 주목할 것은, 신천지는 이 기둥을 이기는 자, 즉 교주 하나로 본다는 것이다. 하지만 솔로몬의 성전 기둥은 둘이다. 이는 구조적 안정성과 함께 합법성을 상징한다(참조, 신 19:15; 민 35:30). 그렇다면 다른 한 기둥은 무엇인가? 여기서 성전 기둥은 그리스도의 신실한 증인이 되는 교회, 곧 성도를 의미한다.

이런 기둥 같은 성도로 신약성경은 예수 그리스도의 제자들을 언급한다. 곧 "기둥같이 여기는 야고보와 게바와 요한"(갈 2:9)이 그 대표적인 예다. 이들은 이전에 고기 잡던 어부들이었고 성전의 기둥이 아니었다. 그러나 그리스도 예수님을 믿고 그분의 제자가 되어 신실하게 믿음의 분투를 이어 오며 성전의 기둥이 되었다. 이렇게 성전 기둥이 되어 결코 다시 나가지 아니했던 이들이다(12절).

▤ 거룩한 성 새 예루살렘이 이기는 자에게 내려오는가? (12절)

그리스도는 빌라델비아 교회에게 이기는 자에게 하나님의 이름과 하나님의 성 곧 하늘에서 하나님께로부터 내려오는 새 예루살렘의 이름을 기록할 것이라고 약속하셨다(12절). 이는 무슨 뜻일까?

첫째, 하나님의 이름이 기록된다는 것은 빌라델비아 교회가 하나님께 속한 자녀가 됨을 의미한다. 성경은 하나님의 이름으로 일컫는 백성이 되는 것은 실질적으로 하나님의 복과 능력, 임재를 소유함을 뜻

한다(민 6:27; 신 28:10; 사 43:7; 단 9:18-19).[85]

둘째, 주님은 하나님의 성 곧 하늘에서 하나님께로부터 내려오는 새 예루살렘의 이름을 기록할 것이라 약속하셨다. 신천지는 새 예루살렘이 영계 하나님의 나라를 의미하며, 이기는 자 위에 새 예루살렘의 이름을 기록해 주는 것은 영계 하나님 나라가 와서 함께한다는 뜻이라고 주장한다.[86] 이것은 마치 초림 때 예수님께 영계 하나님의 나라가 임한 것과 같다. 이들은 예수님이 하나님의 나라가 자신에게 왔기 때문에 천국이 가까이 왔다 하셨고(마 4:17), 자신을 천국이라 하셨다고 말한다(마 13:24). 마찬가지로 요한계시록이 실상계시로 성취될 때에는 하나님의 성 새 예루살렘이 니골라당과 싸워 이기는 자에게 내려오기에 이기는 자가 있는 곳이 천국이 되고 예루살렘성이 된다고 주장한다.[87]

여기서 신천지는 새 예루살렘의 이름을 기록하는 것을 교주의 신인합일로 묘사한다. 교주가 신인합일한 존재이기에 교주가 있는 곳이 천국이라고 주장하는 것이다. 이들은 예수님도 하나님의 영이 임하여 신인합일하시고 바로 자신을 천국으로 선포하셨던 것처럼, 교주도 새 예루살렘의 이름이 교주에게 기록되는 신인합일을 했기에, 현재 교주가 이끌고 있는 단체가 새 예루살렘이 이 땅에 내려온, 새 하늘과 새 땅, 곧 신천신지(新天新地)가 된다고 주장한다.

하지만 새 예루살렘의 이름을 기록한다는 것은 그 배후에 보다 깊은 역사적 배경이 자리하고 있다. 도시의 이름을 기록한다는 것은 그 도시의 백성이 된다는 의미다. 이는 과거 빌라델비아가 황제의 후원을 위해 도시의 이름을 '네오 카이사레아', 이후 '플라비아' 등으로 바꾸었던 전력을 반영한다. 황제의 이름으로 도시 이름을 기록했던 빌라델비아가 새 예루살렘의 이름을 받는다는 것은 충격적인 일이다. 이는 빌라델비아 교회가 더 이상 황제의 백성이 아니라 새 예루살렘의 백성, 곧 하나님의 백성 됨을 의미하기 때문이다.

한편 이들이 마태복음 13장 24절을 인용해서 예수님이 자신을 천국이라고 하셨다는 주장은 엄밀히 따질 때 논리적으로 성립되지 않는다. 이 구절은 예수님이 천국은 마치 좋은 씨를 뿌린 '사람과 같다'고 하신 비유이기 때문이다. '~과 같다'라는 것은 '~이다'가 아니다. '내 마음은 호수와 같다'라고 하면 여기서 '내 마음'이 문자적 의미의 호수인가? 아니다. 호수와 같은 특정한 점을 내 마음도 갖고 있다는 뜻이다. 따라서 씨 뿌리는 비유에서 '씨 뿌리는 사람은 천국과 같다'는 표현은 씨 뿌리는 자가 곧 천국이라는 뜻이 아니다.

≡ 예수님의 새 이름은 무엇인가? (12절)

주님은 이기는 자에게 하나님의 이름과 새 예루살렘의 이름과 더불어 예수님의 새 이름을 기록하리라고 말씀하셨다(12절). 신천지는 여기서 예수님의 새 이름이 바로 교주의 이름이라고 한다. 이들이 주장하는 논리는 다음과 같다.

구약에서 불렀던 여호와의 이름은 신약시대에 "여호와의 입으로 정하실 새 이름으로 일컬음이 될 것"이라고 예언되었다(사 62:2). 이 예언대로 나온 실제 이름이 '예수'이므로(마 1:18-21, 25) '예수'는 곧 '하나님의 새 이름'이다.[88] 여호와 하나님이 새 이름을 가지셨듯이, 예수님도 새 이름을 가지게 되셨으니, 예수님이 장가드신 육체, 곧 이기는 자 교주의 이름이다(참조, 호 2:19; 요 10:30). 결국 이기는 자는 교주의 이름을 새긴다는 것이다.

그렇다면 이들의 주장을 곰곰이 생각해 보자.

하나님의 새 이름은 과연 '예수'인가? '예수'라는 이름은 구약성경에 '구원자'라는 이름으로 이미 여러 차례 등장한 바 있다(사 19:20, 43:3, 11, 45:15, 49:26, 60:16, 63:8; 호 13:4).[89] 보다 근본적인 질문을 해 보자. 영원하신 하나님의 이름이 바뀌는가? 다음 말씀을 생각해 보자. "하나님이 또 모세에게 이르시되 너는 이스라엘 자손에게 이같이 이르기를 너희 조상의 하나님 여호와 곧 아브라함의 하나님, 이삭의 하나님, 야곱의 하나님께서 나를 너희에게 보내셨다 하라 이는 나의 영원한 이름이요 대대로 기억할 나의 칭호니라"(출 3:15). 영원한 이름, 대대로 기억할 칭호가 새 이름으로 바뀔 수 있을까?

하나님의 이름 '여호와'는 신약시대에 없어지지 않았다. 여전히 신약시대에 '주'(헬, 퀴리오스)라는 호칭으로 불렸다. '주'라는 호칭은 히브리어 '아도나이'에서 온 것인데, 이는 하나님에 대한 경외감으로 인해 거룩한 이름 '여호와'를 직접 언급하는 것을 피하기 위해 부른 호칭이었다(롬 10:13; 욜 2:32과 비교). '아도나이'가 헬라어로 '퀴리오스'다.[90]

예수님의 이름은 구약에 이미 언급된 이름임에도 불구하고 하나님 역사의 확실성을 위해 예언되었다(마 1:21). 만약 그렇다면 교주의 이름도 신약성경이나 요한계시록에 예언되어야 할 것이다. 그러나 교주의 이름은 아무리 눈을 씻고 찾아봐도 나오지 않는다. 요한계시록이 완벽하게 성취되려면 교주의 이름은 요한계시록이 완성될 때 주어지는, 누구도 알 수 없는 감추어진 이름이 되어야 한다(계 2:17). 그러나 지금 교주의 이름은 인터넷과 언론에 도배되다시피 한, 이미 많은 사람이 아는 옛 이름이다.

11장

영적 분별력을
회복하라
_라오디게아 교회
(3:14-20)

볼지어다
내가 문 밖에 서서 두드리노니
누구든지 내 음성을 듣고
문을 열면 내가 그에게로 들어가
그와 더불어 먹고
그는 나와 더불어 먹으리라

≣ 라오디게아 교회의 배경

라오디게아는 주후 61년, 큰 지진으로 도심 전체가 무너져 내렸다. 라오디게아만이 아니었다. 라오디게아가 위치한 리쿠스 계곡 부근의 여러 성읍이 같이 무너졌다. 이때 로마 제국은 도심의 재건을 위해 막대한 재정을 투입했다. 이때 피해를 입은 도시 중 라오디게아만이 유일하게 로마의 도움을 거절하고 스스로의 힘으로 도시를 재건했다. 그만큼 경제적 능력이 있었던 것이다.

라오디게아가 경제적으로 부유했던 요인은 여러 가지가 있다.[91] 첫째, 지리적으로 여러 통행로가 교차하는 지점에 있었다. 둘째, 라오디게아에는 유명한 의과 학교가 있었는데 눈병 치료로 유명했다. 여기서 개발한 '브리기아 안약'은 특효약으로 알려졌고 이로 인해 라오디게아는 더 부유하게 되었다. 셋째, 라오디게아의 특산품 흑양모 생산은 고급 양털 옷감으로 많은 인기가 있었다. 넷째, 라오디게아는 로마와의 신실한 관계로 정치적 안정을 구가하고 있었다.

라오디게아는 부유한 도시였지만, 영적으로는 부요함을 누리지 못하고 있었다. 이에 대해 예수님은 라오디게아 교회의 신앙이 차지도 않고 뜨겁지도 않다고 책망하시며 (15절), 다시 열심을 내고 회개할 것을 촉구하셨다(19절).

≣ 미지근한 신앙의 역사적 배경을 고려하라 (15-16절)

주님이 라오디게아 교회의 신앙이 미지근해 차지도 뜨겁지도 않으므로 입에서 토하여 내칠 것이라고 하신 이유가 무엇일까? 이것을 이해하려면 그 역사적 배경을 고려해야 한다. 왜? 요한계시록은 역사성을 기반으로 한 책이기 때문이다.

라오디게아는 부유했지만 부족한 것이 하나 있었다. 바로 신선한 물의 공급이었다. 라오디게아는 자체적인 수원이 부족해 인근에 있는 히에라볼리와 골로새에 수로를 건설해 물을 끌어왔다. 히에라볼리에서 뜨거운 온천수를 끌어왔지만, 약 10km 거리를 이동하면서 온천수가 식어 미지근하게 되었다. 광물이 많이 포함된 온천수는 미지근해지면 비리고 역한 냄새가 많이 난다. 이런 물을 마시려면 종종 구토를 유발하기도 한다. 음용수로 사용하기에는 적합하지 못했던 것이다.

그래서 라오디게아는 인근 골로새에서 차갑고 신선한 계곡물을 끌어왔다. 그러나 수로의 길이가 히에라볼리의 2배에 가까운 18km나 되었다. 결국 라오디게아에 도달할 즈음이면 강렬한 태양 볕으로 미지근해져 그나마 미지근한 온천물보다는 낫지만 신선함을 잃어버렸다. 이들의 신앙이 마치 수로를 통해 히에라볼리와 골로새에서 공급되는 미지근한 물과 같았던 것이다.

≡ 요한계시록을 가감하는 자, 천국에 들어가지 못한다 (14절)

신천지는 미지근한 신앙을 지적하며 기성교회의 신학 교수, 목사, 성
도 등 기독교 세상을 한꺼번에 싸잡아 비판한다. 특히 신학교와 목회
자의 회개를 촉구하는데, 그 이유는 요한계시록을 제대로 가르치지
않고, 요한계시록에 기록한 예언을 가감했기 때문이라고 주장한다.[92]

하지만 이들 단체에서 펴낸 책을 살펴보면 아이러니하게도 이들의
요한계시록 해설이 가감되었음을 선명하게 볼 수 있다. 대표적인 것
이 예수 그리스도를 소개하는 "아멘이시요 충성되고 참된 증인이시요
하나님의 창조의 근본이신 이"(14절)에 대한 해설이다.

예를 들어, 요한계시록에 대한 해설서를 여러 번 펴낸 신천지를 이
끌고 있는 이만희 총회장의 저서를 보자. 그가 초창기에 펴낸《요한계
시록의 진상》에는 요한계시록 3장 14절에 대한 해설이 전무하다. 3년
후인 1988년에 펴낸《요한계시록의 진상 2》에서는 예수님을 '참 증인'
으로만 언급하고 넘어간다.[93] 1993년에 나온《요한계시록의 실상》에
는 14절을 그대로 인용하기만 할 뿐 아무런 해설을 시도하지 않는다.
1998년에 펴낸《천국비밀 계시》도 마찬가지다. 2011년에 나온《천국
비밀 요한계시록의 실상》에서도 이런 식으로 언급하면서 요한이 예수
님의 말씀을 대언해 편지하고 있다는 언급만을 추가했다.

하지만 14절이 소개하는 예수 그리스도는 매우 중요하다. 왜냐하
면 여기서 소개하는 예수님은 곧 하나님이시요, 삼위일체 중 한 분이
신 성자 되심을 매우 특징적으로 보여 주고 있기 때문이다. 신천지는
예수님을 하나님으로 인정하지 않는다. 초림 시대, 여호와의 영이 머

물렀던 구원자에 불과하다. 이런 관점을 지키려다 보니 성경이 명확하게 제시하는 예수님의 하나님 되심을 이해하는 데 중요한 단서를 제공하는 14절 말씀을 건너뛴다.

첫째, 예수님이 '아멘'이시라는 것은 그분이 '진리의 하나님'(히, 엘로힘 아멘)이심을 선언하는 이사야 65장 16절을 반영한다.

둘째, 하나님이신 그리스도가 '충성되고 참된 증인'이시라는 것은 "근본 하나님의 본체시나 하나님과 동등됨을 취할 것으로 여기지 아니하시고 오히려 자기를 비워 종의 형체를 가지사 사람들과 같이"(빌 2:6-7) 되신 성자의 자기 비움과 겸손을 나타낸다. 여기서 예수님은 하나님보다 본질에 있어서 열등해서 자신을 낮추신 것이 아니다. 그분은 성부 하나님의 뜻을 이루기 위해 자신의 동등됨을 보류하고(빌 2:6 난하주 참고) 사람이 되셨다. 이는 자신을 높이려는 신천지의 교주들과 대조된다.

셋째, 예수님은 '창조의 근본'이시다. 여기서 '근본'(헬, 아르케)이란 시작을 의미한다.[94] 주님은 하나님이 천지를 창조하실 때 창조를 시작하신 창조주다(참조, 잠 8:22-31).

이렇게 볼 때 예수님은 창조주이시요, 지금도 새 창조를 행하시는 하나님이다. 그 하나님이 말씀하시기에 라오디게아 교회는 그분의 말씀을 들어야 한다. 이렇게 볼 때 신천지는 정말 강조하고 믿어야 할 말씀을 은근슬쩍 빼 버렸다. 말씀을 감한 것이다. 그러고는 엉뚱한 주장을 덧붙였다. 신천지는 이런 예수 그리스도의 하나님 되심을 애써 감추고 지나가면서 도리어 엉뚱한 삼위일체를 덧붙여 주장한다. 이들은 예수라는 이름은 옛날 이름에 불과하다고 한다.[95] 중요한 것은 예수님의 영을 받아 새 이름으로 새 하늘 새 장막에 와서 역사하는 새 목자인 교주를 깨닫고, 알고, 믿어야 한다는 것이다.[96]

이들은 이단적 삼위일체론 중 하나인 양태론적 삼위일체를 주장한다. 구약의 여호와의 영이 신약시대에는 예수님께 임했고, 마지막 요한계시록 시대에는 예수님의 영이 교주에게 임해 그가 예수님과 같은 또 다른 보혜사가 되었다는 주장이다.[97]

이들은 2천 년 교회 역사를 통해 이단으로 판명된 잘못된 신학 사상을 가져와 교주에게 대입하려 한다. 대표적인 왜곡 작업이 바로 21절 말씀이다. "이기는 그에게는 내가 내 보좌에 함께 앉게 하여 주기를 내가 이기고 아버지 보좌에 함께 앉은 것과 같이 하리라." 하지만 이것은 요한계시록이 이야기하는 내용도 아니고 정상적인 삼위일체도 아니다. 예수님이 내 보좌에 함께 앉게 해 주겠다고 하신 것은 종말에 그리스도가 자신의 메시아적 왕의 권세를 공유하시며 열방을 통치하고 심판할 권세를 공유하시겠다는 뜻이다(참조, 마 19:28). 이는 앞서 언급한 "만국을 다스리는 권세"(2:26), "철장"(2:27), "새벽 별"(2:28)과 동일한 의미다.[98] 또한 이것은 그리스도의 몸 된 교회 됨의 영광을 의미하기도 한다.

주목할 것은, 에베소서에 따르면 이런 권세는 장차 임할 미래가 아니라 이미 교회에 임한 현재적 사건으로 진술된다는 사실이다. "허물로 죽은 우리를 그리스도와 함께 살리셨고 (너희는 은혜로 구원을 받은 것이라) 또 함께 일으키사 그리스도 예수 안에서 함께 하늘에 앉히시니"(참조,

엡 2:5-6). 여기 '함께 앉히셨다'(헬, 쉰에카띠센)라는 말은 과거형 동사다. 이는 하늘 보좌에 앉은 것이 이미 일어난 과거 사건임을 의미한다.[99] 이는 교회가 그리스도 안에서 하나님의 뜻대로 인내하며 승리하며 나아갈 때 현재적으로 그리스도의 통치에 동참하며 하늘 보좌를 공유하는 것과 같음을 의미한다.

성도들은 '그리스도 안에'(in Christ) 그리스도와 연합한 존재다. 따라서 그리스도가 누리는 하늘과 땅의 모든 권세를 현재적으로 함께 누리고 그분과 연합해 그분의 통치에 동참한다. 영적으로 그리스도를 믿을 때 그리스도와 함께 일으키심을 받아 그분과 함께 하늘 보좌에 앉아 영광을 누리게 되었다.[100] 기억하라! 성도는 이미 그리스도의 보좌에 앉아 하늘의 영광과 특권을 누리는 존귀한 존재들이다!

그러나 이것은 영적 변화이기에, 성도가 실제로 하늘에 앉아 있는 것은 아니다. 최종적인 보좌에 앉음은 종말에 성도가 몸의 부활을 통해 하나님의 최종적인 나라에 들어갈 때 성취될 것이다.

≣ 라오디게아 성도는 왜 부자라고 했을까? (17절)

라오디게아 교회는 자신이 부자이기에 부요하여 부족한 것이 없다고 했지만, 예수님은 실상으로는 곤고하고, 가련하고, 가난하고, 눈멀고, 벌거벗은 것을 알지 못한다고 말씀하셨다(17절).

신천지는 여기서 부자이기에 부족함이 없다는 말이 물질적인 부요함이 아니라 금, 은, 보화처럼 귀한 하나님의 말씀을 뜻한다고 해석한다.[101] 신천지는 라오디게아 교회가 자신이 하나님의 말씀을 많이 알고 있다고 자부했지만, 말씀에 무지한 영적 가난의 상태에 있는 것으로 본다. 또 이들이 눈먼 것은 문자적으로 눈이 먼 것이 아니라 실제로는 하나님의 일곱 눈, 곧 보좌 앞 일곱 등불의 영(5:6)이 떠나 마음의 눈이 어두워진 것이라고 말한다.[102] 이런 상태로는 말씀의 실상을 보아도 깨닫지 못하게 된다는 것이다(참조, 사 42:18-20). 벌거벗었다는 것은 말씀을 떠나 임의로 행하고 이방 신과 행음하는 상태를(겔 16:36), 반대로 옷을 입었다는 것은 예수 안에서 옳은 행실을 하는 자를 말한다(계 19:8)고 주장한다.

하지만 이런 영적 해석은 라오디게아의 역사적 배경을 배제한 것이다. 성경이 역사적 상황 가운데 기록되었기에, 우리는 역사적 배경을 반드시 고려해야 한다.

이들이 부요하다고 한 부분을 살펴보자. 이들이 부요하다고 한 것은 영적으로 부요한 것이 아니라 실제적으로 부유했기 때문이다. 라오디게아는 주후 61년 지진으로 도심 전체가 파괴된 후 로마 제국의 지원 없이 스스로의 힘으로 일어설 정도로 부유했다. 게다가 앞에서 언급한 대로, 도시가 갖고 있는 여러 요소들이 라오디게아에 많은 부를 선사해 주었다. 라오디게아 교회는 물질적 부요함에 취해 자신들이 영적으로 가난하다는 사실을 알지 못했다.

또한 이들은 물질적 부요함에 취해 자신들이 눈먼 것과 벌거벗은 것을 알지 못했다. 눈먼 것은 물질을 비롯한 다른 우상 숭배에 사로잡혀 제대로 된 영적 현실을 보지 못함을 말한다(참조, 시 115:4-8; 사 6:9-

10). 하지만 라오디게아 지역에 눈 질환 치료로 유명한 의학 학교가 있었고, 여기서 개발한 안약으로 유명했다는 사실을 고려하면 눈멀었다는 의미가 더욱 풍성해진다. 이들은 육신의 눈을 치료한다는 지역에 있으면서, 영적으로는 제대로 된 하나님의 현실을 보지 못하고 있었던 것이다.

벌거벗었다는 표현은 이 지역에 유명한 흑모 양털을 생각나게 한다. 겉으로는 값진 흑모 양털을 두르고 기품 있게 보일지 모르지만 그 영적 현실은 벌거벗은 것과 같다는 의미이다.

요컨대, 이들은 물질적으로 부요하고 부족함이 없는 것 같았으나, 영적으로는 곤고하고 가련하고 가난하고 눈멀고 벌거벗었다.

▦ 연단한 금, 흰옷, 안약 (18절)

예수님은 이런 라오디게아 교회에게 3가지로 권면하셨다. 첫째, 불로 연단한 금을 사서 부요하게 하고, 둘째, 흰옷을 사서 입어 벌거벗은 수치를 보이지 않게 하고, 셋째, 안약을 사서 눈에 발라 보게 하라는 것이다.

이에 대한 신천지의 해석은 다음과 같다. 첫째, 불로 연단한 금을 사라는 것은 변하지 않는 하나님의 말씀을 붙들라는 뜻이다(참조, 잠 20:15, 25:11-12). 둘째, 흰옷은 말씀으로 씻어 깨끗해진 마음과 옳은 행실을 뜻한다(요 15:3; 19:8). 셋째, 안약은 영의 눈을 뜨게 하는 일곱 등불의 영(4:5)이 증거하는 말씀, 즉 여기서는 신인합일한 교주가 증거하는 예언과 실상의 말씀을 뜻한다.

말씀을 가감하지 않고 성경을 성경으로 푸는 신천지의 이런 해석이 과연 성경적인지 검토해 볼 필요가 있다. 특이한 것은 첫째, 둘째, 셋째의 대안이 모두 말씀이라는 것이다. 이는 교주가 가르치는 거짓 해석이 절대적 진리임을 강조하기 위한 자의적 해석에 불과하다. 이것이 자의적인 이유는 이들이 성경을 자의적으로 해석해 연결시키기 때문이다.

첫째, 불로 연단한 금이 말씀이라는 근거로 든 잠언 20장 15절과 25장 11-12절은 전혀 이 주장을 뒷받침하지 않는다. "세상에 금도 있고 진주도 많거니와 지혜로운 입술이 더욱 귀한 보배니라"(잠 20:15). 이 말씀이 어떻게 금이 말씀이라는 증거가 될까? 금보다 입술이 더 귀하다는 것을 말하기 위한 비교 대상일 뿐이다.

그다음 인용 성구도 마찬가지다. "경우에 합당한 말은 아로새긴 은 쟁반에 금 사과니라 슬기로운 자의 책망은 청종하는 귀에 금 고리와 정금 장식이니라"(잠 25:11-12). 여기서는 경우에 적절한 말이 은 쟁반에 놓은 금 사과와 같다고 말한다. 귀한 가치가 있다는 뜻이다. 그런데 여기서의 '말'은 하나님의 말씀이 아니다. 경우에 적절한 사람의 말을 뜻한다. 이어지는 말씀은 슬기로운 자의 책망이 귀에 금 고리와 정금 장식과 같다고 한다. 여기서도 '슬기로운 자의 책망'은 하나님의 말씀이 아니다. 또 금 고리와 정금 장식이 말하는 것은 금의 귀함이라기보다 적절한 곳에 자리해 빛나는 가치를 발하는 것을 묘사한다. 결국 불로 연단한 말씀이 금이라는 결론은 너무나도 성급하게 내린 근거 없는 주장이다.

그렇다면 불로 연단한 금은 무엇을 의미할까? 고난을 통해 연단되고 정결하게 된 믿음을 가리킨다. 이에 대한 근거는 다음과 같다. "너희 믿음의 확실함은 불로 연단하여도 없어질 금보다 더 귀하여 예수 그리스도께서 나타나실 때에 칭찬과 영광과 존귀를 얻게 할 것이니라"(벧전 1:7). "그러나 내가 가는 길을 그가 아시나니 그가 나를 단련하신 후에는 내가 순금같이 되어 나오리라"(욥 23:10). 라오디게아 교인들은 이런 금을 예수님에게서 사야 한다. 그리스도를 붙들고 고난과 핍박 가운데서도 끝까지 아름다운 믿음을 지켜 나가야 하는 것이다.

둘째, 흰옷이 말씀으로 씻어 깨끗해진 마음과 행실이라는 주장이다. 이들은 특별히 19장 8절을 인용해 옳은 행실을 강조한다. 그러나 요한계시록에서 흰 세마포 옷이 의로운 행실이 되는 것은 단순히 윤리적 올바름을 의미하지 않는다. 이는 예수 그리스도의 피로 씻어 정결하게 되어 의롭게 된 행실을 의미한다. 7장은 흰옷 입은 무리들이 나오는 것을 보도하면서 이들이 누구인가를 묻는다. 이에 대한 요한의 대답은 다음과 같다. "이는 큰 환난에서 나오는 자들인데 어린양의 피에 그 옷을 씻어 희게 하였느니라"(7:14). 이들은 어린양의 피로 깨끗게 되었기에 어린양의 생명책에 기록된 자들이다(3:5, 13:8, 21:27).

셋째, 안약이 일곱 등불의 영이 증거하는 예언과 실상의 말씀이라는 주장이다. 안약이 예언과 실상의 말씀이 되는 근거는 영의 눈을 뜨게 하는 일곱 등불의 영이 증거하기 때문이다(4:5).[103] 하지만 엄밀하게 말해서 일곱 등불의 영이 눈을 뜨게 한다는 성경 구절은 존재하지 않는다! 일곱 등불의 영이 말씀을 증거한다는 성경 구절도 없다! 이들은 '삼위일체'라는 말이 성경에 없다고 난리를 치면서도, 자신들의 해석에는 그럴싸한 자의적 비유 풀이 해석 이렇게 마음껏 덧붙인다.

여기서 '안약을 사서 눈에 발라 보게 하라'는 것은 하나님의 말씀으로 영적 분별력을 회복하라는 뜻이다.[104] 성경은 우상 숭배하는 자들의 특징을 영적 맹인 상태로 지적한다(사 6:9-10; 시 115:4-8). 그리스도는 라오디게아 교회가 우상 숭배를 버리고, 하나님과의 교제를 회복하고, 성령으로 충만해 바른 영적 분별력을 가지기 원하셨다.

☰ 예수님과 보좌에 함께 앉는 자는 오직 한 사람? (21절)

신천지는 이기어 그리스도의 보좌에 앉게 될 이가 곧 그리스도라고 착각해서는 안 된다고 주장한다.[105] 보좌에 함께 앉는다는 말씀은 예수님이 이긴 자에게 임하사 하나 되어 성전 보좌에 함께 앉는 것이라고 말한다.[106] 이는 자신들의 교주가 예수님의 영과 신인합일했다는 기괴한 양태론적 삼위일체를 전제한다. 예수님의 영이 이긴 자에게 임해 신인합일하여 하나님 보좌에 앉는 것이 삼위일체라는 것이다.

그래서 신천지는 영생과 천국을 얻기 위해 성도라면 예수님이 약속하신 이긴 자를 찾아야 한다고 말한다.[107] 이들은 요한계시록에는 이기는 자들이 여러 명 등장하는 것은 인정하지만, 이들이 전부 예수님이 '약속하신 목자'는 아니라고 한다. 이는 순교자들의 영과 성도들의 육체와 결합한다는 신인합일을 말한다. 이들은 주와 함께 있는 순교자들의 영혼을 '성령들'이라고 지칭한다.[108] 이들은 성령을 삼위일체 하나님의 한 분으로 보지 않고, 하나님께 속한 선한 영들을 총칭한 것으로 본다. 그러나 이것은 잘못된 이해다. 성령은 분명 삼위일체 하나님 중 한 분이시다. 성령이 한 분이시기에 성령은 복수로 기록된 곳이 성경에 없다(참조, 엡 4:4).

이들은 또한 순교자들도 이긴 자라고 할 수 있겠지만, 예수님의 새 이름을 기록 받은 이긴 자는 '오직 한 사람'이므로, 다수의 이긴 자들과 이 약속한 목자 한 사람을 구분할 줄 알아야 한다고 주장한다.[109] 그러나 앞서 말했듯, 성경에 이긴 자는 등장하지 않는다. 이기는 자만이 있을 뿐이다. 이는 현재 계속되는 믿음의 분투에서 인내하며 승리해 나아가는 교회의 성도들을 말한다. 이긴 자는 성경에 없고, 이기는 자는 한 사람이 아닌 다수의 성도임을 반드시 기억하라.

≡ '이긴 자'는 정말 편지를 보냈는가?

여기서 우리는 신천지가 주장하는 실상계시의 진위를 다시 한 번 점검할 필요가 있다. 요한계시록이 성취된 실상으로 오늘날 이 시대에 이루어지려면 사도 요한 격 목자가 반드시 일곱 교회 사자에게 편지를 보내야 하기 때문이다. 그러나 이들이 실상이라고 주장하는 자료들을 가만히 살펴보면 자칭 '이긴 자'가 정말 편지를 보냈는가에 대한 의심스러운 부분들이 보인다.

실상을 주장하는 단체 중 하나로 신천지가 '이긴 자'가 편지를 보낸 사실에 대해 주장하는 바를 살펴보면 다음과 같다.[110] 사도 요한 격 목자인 이만희 씨는 첫 장막에 니골라당, 곧 청지기교육원이 침노하고, 일곱 사자들이 니골라당의 교훈과 우상의 제물을 먹고 있는 것에 분노해 "회개하라"고 편지를 보냈다. 편지의 핵심적인 내용은 일곱 교회가 처해 있는 상황과 침노한 니골라당의 존재를 알려 주고, 회개하고 싸워 이기면 복을 준다는 것이다.[111] 니골라당이 침노한 공식적인 날짜는 1981년 9월 20일, 이삭중앙교회에서 있었던 목사 임직 예배다. 신천지에 따르면, 이날은 장막성전이 이삭중앙교회로 명칭을 바꾸고 정통교회로 편입된 비극적인 날이요, 짐승의 표를 받은 날이다.

이에 대해 객관적인 사실을 살펴보자.

첫째, 편지를 보냈다는 이만희 씨의 증언 자체가 오락가락한다. 그의 책 《천지창조》에서 이만희 씨는 1979년에 첫 장막의 일곱 사자에게 편지했다고 진술했다.[112] 하지만 《신천지 발전사》에 따르면, 이만희 씨는 1980년 9월에 편지를 보냈다.[113] 계시 받은 자의 활동 날짜가 서로 다르다.

날짜가 중요한 또 다른 이유가 있다. 1979년이면 이만희 씨가 아직 백만봉 씨의 재창조교회(사데 교회)에서 그의 열두 사도 중 하나로 백만봉 씨를 주님으로 모시고 있을 때다. 이때는 편지를 보낼 수 없을 때다. 이만희 씨가 1980년 9월에 편지를 보냈다는 주장도 모순된다. 왜냐하면 니골라당, 곧 청지기교육원의 침노는 1981년 9월 20일에 임했기 때문이다. 논리적으로는 청지기교육원이 침노한 후에 이만희 씨가 편지를 보내는 것이 타당하다. 즉 사도 요한 격 목자 이만희 씨가 편지를 보내려면 적어도 1981년 9월 20일 이후가 되어야 하는 것이다.

둘째, 편지를 보낸 객관적인 증거를 확보하기 어렵다. 이만희 씨는 일곱 목자들에게 편지를 보냈다고 하지만, 정작 첫 장막 일곱 목자들은 편지를 받은 적이 없다고 증언한다. 이 부분은 이단 전문 연구가들이 이를 확인하기 위해 일곱 목자들에게 연락을 취해 확인한 바다. 만약 이만희 씨가 편지를 정말로 보냈다면 적어도 편지의 사본이라도 공개했어야 하는데, 편지의 구체적인 내용은 물론 사본까지도 아직까지 공개되지 않았다. 즉 편지를 보냈다는 것은 이만희 씨의 일방적인 주장일 뿐, 이것을 지지해 주는 증거는 아직까지 나오지 않고 있다.

셋째, 일곱 사자에게 편지했다고 주장하는 내용은 2-3장의 편지 내용과 일치하지 않는다. 신천지는 2-3장 내용을 빗대어 자신들의 단체의 교주도 니골라당의 교훈을 받은 배도한 일곱 천사에게 회개하라고 촉구했다고 한다. 하지만 이들은 잘한 사자에게 칭찬했다는 주장은 하지 않는다. 빌라델비아 교회는 작은 능력을 가지고서도 예수님의 말씀을 지키며 배반하지 않았다는 칭찬을 받았다(3:8). 서머나 교회는 책망받지 않고 죽도록 충성하라는 격려를 받았다(2:10). 그럼에도 신천지는 이런 교회들이 잘한 내용을 의도적으로 언급하지 않는다. 이들에게는 일곱 교회를 모두 배도자로 보려는 프레임이 이미 자리 잡고 있기 때문이다.

일곱 교회의 편지에 담긴 내용을 정리한 다음 표를 면밀하게 검토해 보라. 주님이 이들을 배도자로 정죄하시는 것인지, 더욱 힘을 내어 믿음을 지켜 가라고 하시는 것인지가 분명하게 드러날 것이다.

교회	에베소	서머나	버가모	두아디라	사데	빌라델비아	라오디게아
칭찬	행위, 수고, 인내, 거짓 교리를 드러냄	환난과 궁핍 가운데 있지만 실상은 부요함	사탄의 권좌가 있는 곳에서 그리스도의 이름을 굳게 잡음, 충성된 증인 안디바가 죽임을 당할 때도 믿음을 버리지 않음	사업, 사랑, 믿음, 섬김, 인내	옷을 더럽히지 않은 자 몇 명이 있음	작은 능력을 가지고도 예수님의 말씀을 지키며 예수님의 이름을 배반하지 않음	없음
책망	처음 사랑을 잃어버림	없음	발람과 니골라당의 교훈을 지키는 자가 있음	이세벨의 교훈을 따르는 자가 있음	살았다 하는 이름을 가졌으나 죽은 자	없음	미지근함, 곤고하고 가난하고 눈멀고 벌거벗음

3부

일곱 인 심판의 주관자를 바르게 알라

12장

현실을
새롭게 하는
하늘 비전

(4:1-5)

보좌로부터 번개와 음성과
우렛소리가 나고 보좌 앞에
켠 등불 일곱이 있으니
이는 하나님의 일곱 영이라

≡ 이 일 후에 마땅히 될 일은 무엇인가? (1절)

요한계시록 4-5장은 하나님과 어린양이 계신 하늘 보좌와 그 둘레에서 일어나는 장엄한 예배의 장면을 다룬다. 이는 이 땅에서 핍박받으며 믿음의 선한 싸움을 싸우는 교회들을 격려하며 결코 이 믿음의 선한 싸움을 포기하지 말라고 격려하기 위해서다.

하지만 신천지에게 4-5장은 오늘날 이 시대에 신천지가 설립된 배경을 제공하는 설계도와 같은 역할을 한다. 사도 요한이 4-5장에서 하늘 보좌를 보았던 것을, 사도 요한 격 목자인 교주가 오늘날 이 땅에 실상으로 이루어 놓았다는 것이다.[1] 그렇다면 이들의 주장을 살펴보자.

신천지의 요한계시록 해석의 특징은 요한계시록 전 장의 진행을 시간 순으로 해석한다는 점이다. 이런 면에서 이들은 1절에 나오는 '이 일 후'라는 표현을 상당히 중요하게 본다. '이 일 후'란 말은 요한계시록 전 장에 6회(4:1, 7:1, 9, 15:5, 18:1, 19:1) 나오는데, 이는 사건의 앞뒤를 구분해 주는 것이므로 이 말이 나올 때마다 사건의 전후를 따져보아야 한다는 것이다.[2] 여기서 '이 일'이란 2-3장의 사건, 즉 요한이 일곱 금촛대 장막의 일곱 사자에게 대언의 편지를 보낸 후를 말한다. 따라서 '이 일 후'는 2-3장 이후의 사건인 4장에서 일어난 일을 말한다.[3]

그러나 신천지의 주장은 옳지 않다. 요한계시록에 등장하는 '이 일 후'는 시간적 순서를 나타내는 것이 아니라 환상 장면의 전환을 나타내는 수사학적 장치다.[4] 요한계시록은 환상을 구성할 때 하늘과 땅의 환상을 번갈아 가며 제시하는데, 이렇게 하는 것은 이 땅에서 일어나는 일이 하나님의 주권 아래 있음을 선명하게 부각시키기 위해서다. '이 일 후'라는 표현은 요한계시록에서 주요한 환상의 전환 국면에 등장하는데, 이는 시간 순이 아니라 하늘과 땅의 상호 변증법적 구조를 드러내기 위한 것이다. 다음 구조를 참조하라.[5]

- 하늘: 1장   4-5장   7장   10장   14장   19-22장
- 땅: 2-3장   6장   8-9장   11-13장   15-18장

교주가 '이 일 후'에 보좌를 보았다는 것을 신천지의 주장대로 시간적 순서로 본다면 문제가 생긴다. 신천지가 주장하는 절대적으로 틀림없어야 할 실상에 시간적 오류가 생기기 때문이다. 신천지 이만희 씨의 예를 들어 보자. 《신천지 발전사》에 따르면, 그가 일곱 사자에게 편지를 보낸 것은 1980년 9월이었다. 신천지문화부에서 펴낸 《신천지 발전사》는 다음과 같이 기록하고 있다.

… 지금까지 걸어온 신천지 역사를 다시 돌이켜 보면 1980년 9월 하나님이 택하신 대언자 증인이 과천 소재 청계산 하에 있는 첫 장막 일곱 사자에게 편지로 증거하다가 …[6]

하지만 그가 쓴 《계시록 완전해설》 머리말에는 이러한 주장과 상충되는 이만희 씨의 진술이 들어 있다.

> 그 후 1980년 봄 구름을 입고 오시는 성령체에게 안수 받고 … 성령에 이끌리어 가서 책에 기록된 말씀의 실체 곧 하나님 사자들의 조직의 비밀과 사단의 사자들 조직의 비밀을 보여 주시며 …[7]

이 진술에 따르면, 이만희 씨는 자신이 하늘 보좌를 보는 계시가 1980년 봄에 있었다. 하지만 앞서 《신천지 발전사》에는 가을(9월)에 편지했다고 한다. 이러한 주장대로라면 이만희 씨는 먼저 하늘 보좌를 보고, 편지를 써서 증거한 것이다. 하지만 그가 해설하는 '이 일 후'는 먼저 편지를 써서 증거하고 나서 하늘 보좌를 보아야 한다. 무엇이 맞는 것일까? 성경일까, 실상일까? 만약 성경이 맞다면 이만희 씨는 요한계시록을 이룬 사람이 아니다. 그렇지 않다면 성경이 바뀌어야 한다.

≡ 과연 교주는 보좌를 보았을까? (2절)

요한은 하늘 보좌를 어떻게 보았을까? 성령에 감동되어 보았다. 성령의 감동이라고 해서 입신과 같은 유체 이탈을 의미하는 것이 아니다. 성경에는 성령의 감동으로 하늘 보좌를 본 이들이 있다. 이사야(사 6장)도 보았고, 에스겔(겔 1, 47장)도 보았고, 모세도 보았다. 이들은 육신의 상태에서 성령의 감동으로 보았다. 모세는 시내산에 올라가 하나님의 영광을 보았다. 이렇게 볼 때 성령의 감동을 꼭 영으로만 보는 것으로 간주할 필요가 없다. 하지만 신천지는 교주의 영이 하늘에 올라가 하늘 보좌를 보았다고, 마치 특별한 계시를 받은 것처럼 주장한다.

더 나아가 이들은 교주 한 사람만이 하늘 보좌를 보고 왔다고 주장한다. 이들이 이렇게 주장하는 근거는 "하늘에서 내려온 자 곧 인자 외에는 하늘에 올라간 자가 없느니라"(요 3:13)라는 말씀이다. 이들은 이 말씀을 가감해 '하늘로 올라간 자도 나(교주)뿐이요, 하늘에서 보고 내려와 증거하는 이도 나(교주)뿐'이라고 주장한다.[8] 이들의 주장을 들어 보자.

> 오늘날 하늘에 올라간 자도, 내려온 자도 이 사도 요한 격인 대언자뿐이며, 오실 영계의 나라 하나님과 예수님도 오직 사도 요한 격인 목자에게 오시게 된다(계 3:12). 그러므로 성도는 깨달아 이 대언자에게 증거를 받아야만 한다는 것을 잊지 마시기 바란다.[9]

신천지가 인용하는 요한복음 3장 13절은 교주 한 사람만이 하늘 보좌를 보았다는 것을 강변하려는 증거 본문이 아니다. 이 말씀의 본래 의미는 하늘에서 내려오신 분은 예수님 외에 아무도 없다는 것에 대한 강조다.

여기서 궁금증이 하나 생긴다. 만약 교주가 가서 하늘 보좌를 보고 왔다면 그는 도대체 무엇을 보고 온 것일까? 요한계시록에 나타난 하늘 보좌의 장면을 본 것일까, 아니면 그것이 신천지로 이루어지는 것을 보고 온 것일까? 그가 보고 온 것이 구체적으로 무엇인지에 대해서 신천지의 책들은 침묵한다. 게다가 교주가 영계를 보았다고 주장하는 것은 그 자신의 주장일 뿐, 그 어떤 증거도 찾을 수 없다. 예를 들어, 그가 영계를 볼 때 육체가 쓰러져 죽은 사람처럼 되어 주변에 누군가가 이것을 보고 증거한다면 더욱 이 일이 신빙성 있을지 모른다. 그러나 누구도 이런 일에 대해 증거하지 않는다.

성경은 증언의 책이다. 교주의 하늘 보좌 계시에 대해 그 누구도 증언하지 않는다면 이런 증거는 교주의 허황된 자기주장일 가능성이 크다. 게다가 요한계시록에 기록된 하늘 보좌를 보았다고 하면서, 그 순서(2-3장과 4장)가 어긋난다면 이는 거짓일 가능성이 크다.

≡ 하나님의 형상과 보좌 (3절)

요한이 본 하나님이 하늘 보좌에 앉으신 모양은 어떠했는가? 벽옥과 홍보석 같았다. 신천지는 푸른색의 벽옥은 하늘을, 붉은 빛깔의 홍보석은 땅을 상징하며, 이 두 보석이 함께 천지 창조주를 상징한다고 주장한다.[10] 하지만 성경에서 말하는 이 보석들의 의미는 이러한 해석과는 다소 차이가 있다.

먼저, 벽옥(헬, 야스피스)은 푸른색이 아니라 붉은색 계열의 보석이다. 때로는 노란색, 녹색, 흰색을 띠기도 한다. 이러한 벽옥은 하늘에서 내려오는 새 예루살렘성을 둘러싼 성곽의 재료이고(21:18), 성곽의 기초를 이루는 열두 기초석 가운데 첫 번째 재료이기도 하다(21:19).[11] 또한 벽옥은 대제사장 흉패에 다는 열두 보석 중 마지막 재료이기도 하다. 이렇게 볼 때 벽옥은 하나님의 영광과 위엄, 성결과 순결을 의미한다.[12]

홍보석(헬, 사르디스)은 오렌지 계열의 붉은색을 띠며 '사데'라는 도시 이름의 기원이 되기도 한다. 이는 사람의 기력을 보강하고 활력을 주는 보석으로 알려졌다. 홍보석 또한 대제사장 흉패에 다는 보석 중 하나로 하나님의 영광을 드러낸다. 특별히 홍보석에는 하나님의 진노와 심판의 이미지가 들어 있는 것으로 여겨진다.[13]

이렇게 볼 때 벽옥이 푸른색으로 하늘을, 홍보석이 붉은 빛깔로 땅을 상징한다는 것은 성경적 근거가 희박한 자의적인 해석임을 알 수 있다.

≡ 24장로는 누구인가? (4, 10-11절)

하나님 보좌에 둘려 앉은 24장로들은 누구인가? 이들은 흰옷을 입고 머리에 금관을 쓰고 앉아 있었다(4절). 이들은 가만히 앉아 있기만 하지 않았다. 하나님께 엎드려 자기의 관을 보좌 앞에 드리며 하나님께 영광과 존귀와 권능을 올려 드렸다(10-11절).

신천지는 24장로를 가리켜 하나님 나라의 모든 일을 맡아서 주관하는 24영으로 해석한다.[14] 이들은 24장로는 행정적인 일들을 주로 맡아 보는 문관(文官)에 해당하는 자들로, 네 생물(6절)은 심판을 담당하는 무관(武官)에 해당하는 자들로 본다. 이러한 해석의 배후는 24장로와 네 생물에 해당하는 조직을 신천지에도 조직했음을 은연중에 보여주기 위함이다.

여기서 기억할 것이 있다. 신천지에게 4장의 하늘 보좌 해석은 자신들의 단체야말로 하늘 보좌의 모습대로 실제 조직체를 구성한 가장 성경적이고 요한계시록을 성취한 단체임을 강조하기 위한 억지 근거가 된다. 실제로 신천지와 같은 단체의 경우, 자신들의 조직을 소개한 《신천지 발전사》를 보면 24장로를 신천지 증거장막성전의 모든 행정 실무를 담당하는 이들로 소개하며 구체적인 이름과 사진이 실려 있다.[15]

이들이 이렇게 하는 것은 본문에 등장하는 하늘 보좌를 구성하는 모든 영은 21장 1-2절의 예언대로 이긴 자가 있는 신천지에 강림해 이 땅의 보좌를 구성하여 실현된다고 믿기 때문이다. "또 내가 새 하늘과 새 땅을 보니 처음 하늘과 처음 땅이 없어졌고 바다도 다시 있지 않더라 또 내가 보매 거룩한 성 새 예루살렘이 하나님께로부터 하늘에서 내려오니 그 준비한 것이 신부가 남편을 위하여 단장한 것 같더라"(21:1-2). 하지만 본문은 처음 하늘과 처음 땅, 곧 이 세상에 종말의 심판이 일어난 이후에 새롭게 된 이 세상에 하나님의 나라가 임한다는 것을 의미한다.

신천지는 하늘의 24영이 이 땅의 신천지 24장로들의 육체에 강림해 일종의 신인합일을 이루는 것으로 본다. 그때까지 24장로는 니골라당(청지기교육원)과 짐승(오평호 씨)을 상대로 이기고 세운 새 하늘과 새 땅,

즉 신천지가 14만 4천 명의 지파를 완성하기까지 변함없이 사명을 감당해야 한다. 하나님의 보좌를 지키고 경배하며 백성을 치리하고 지켜 주는 사명을 감당해야 하는 것이다(참조, 19:4). 이런 거룩한 신적 사명을 맡은 장로들은 절대 그 사람이 바뀌어서는 안 된다.

놀라운 사실은 1997년 구성되었던 24장로가 신천지 내부 자료에 의하면, 2년 후인 1999년 19장로로 줄어들었고, 남은 19명 중에서도 무려 5명이나 바뀌었다는 사실이다.[16] 2000년에는 24장로 중 휴무자가 10명으로 늘어났다. 2009년에는 거의 상당수가 교체되었다. 심지어 24장로 중 하나는 적그리스도가 되어 신천지 생명록에서 지워져 사망록에 오르기까지 했다.

이런 빈번한 교체와 이탈이 일어나는 이유가 무엇일까? 그것은 신천지가 주장하는 24장로의 보좌 구성이 참된 하늘나라 보좌 구성을 반영한 것이 아니라, 사람들을 거짓으로 미혹하기 위한 허구라는 점이다.

그렇다면 하늘 보좌에 있는 24장로는 누구를 말하는 것일까? 주목할 것은 '24'라는 숫자가 갖는 상징성이다. 요한계시록에서 숫자는 종종 상징성을 띠는데, '24'는 구약의 백성을 대표하는 12지파와 신약의 백성을 대표하는 12제자가 합쳐진 수로, 신구약 백성 전체를 대표한다. 이들은 신구약 교회를 대표하는 천사들로, 천상 예배를 인도하고, 성도들의 기도를 하나님께 봉헌하며(5:8, 8:3-4), 하늘의 환상을 해석해 주고(5:5, 7:13), 우리를 위해 활동하는 직분을 수행한다(참조, 마 18:10).[17]

▦ 일곱 등불의 영은 무엇인가?

신천지는 하나님의 보좌 앞에 켠 일곱 등불, 즉 하나님의 일곱 영이 온 세상에 하나님의 말씀을 대언하는 일곱 사자라고 주장한다.[18] 이들은 온 세상에 보내심을 받은 '하나님의 일곱 눈'이고(5:6), 온 세상을 두루 행하는 '여호와의 일곱 눈'이기도 하다(슥 4:10). 일곱 영을 일곱 등불 이라고 하는 이유는 어두운 세상을 비추는 등불과 같은 하나님의 말씀(시 119:105)으로 무지한 심령을 밝히기 때문이고, 일곱 눈이라고 하는 이유는 하나님의 일을 감찰하는 눈과 같은 사명을 감당하고 있기 때문이다.

신천지는 하나님의 보좌 앞에 켠 일곱 등불은 예수님의 이름으로 오시는 보혜사 성령과 함께 오는 영들로, 모든 말씀을 깨우쳐 주는 스승이라 주장한다.[19] 이런 주장에 기초해 여러 이단 단체들은 하늘 보좌를 자신들의 단체에도 구성한다고 하면서 일곱 등불에 해당하는 사람들을 세웠다. 유재열 씨의 장막성전에도 일곱 등불이 있었고, 이것을 보았던 이만희 씨도 신천지에 일곱 등불을 세웠다.

하지만 시간이 지나며 24장로와 같이 일곱 등불은 자주 바뀌었다. 후에는 보혜사의 말씀을 밝히 드러내어 가르치는 일곱 강사, 또는 일곱 교육장으로 세우기도 했지만, 이들 중 상당수는 신천지를 이미 탈퇴했다. 특히 일곱 교육장 중 하나였던 신현욱 전 신천지 교육장은 신천지를 탈퇴해 도리어 신천지에 빠진 사람들을 상담해 회심하게 하는 이단 전문 상담사로 활동하고 있다. 하나님의 보좌 앞 일곱 영이 배도하는 기이한 사건이 일어난 것이다. 이처럼 신천지에 사람을 세워 하늘 보좌를 구성하고 하늘 조직체가 실상으로 드러났다는 주장은 허구임을 알 수 있다.

그렇다면 본문에서 말하는 일곱 등불은 본래 무엇을 의미하는가? 이는 삼위일체 하나님의 한 분이신 성령 하나님을 의미한다. 이것이 요한계시록 서두(1:4-5)에서는 선명하게 드러난다. 여기에 성부(이제도 계시고 전에도 계셨고 장차 오실 이)와 성령(그의 보좌 앞에 있는 일곱 영)과 성자(예수 그리스도)가 나란히 등장하시는데, 하나님의 보좌 앞에 있는 일곱 영, 곧 성령은 4장 5절에 따르면 '보좌 앞에 켠 일곱 등불'과 동일한 분으로 진술되고 있다. 여기서 '일곱'은 완전함을 의미하는 상징 수다. 성령은 하나님의 피조물을 두루 살피고 감독하시며 성부 하나님의 통치에 참여하시는 분이다.

13장

유리 바다와
네 생물과 눈

(4:6-11)

보좌 앞에 수정과 같은
유리 바다가 있고 보좌 가운데와
보좌 주위에 네 생물이 있는데
앞뒤에 눈들이 가득하더라

☰ 유리 바다 (6절)

본문은 계속해서 하나님의 보좌 앞에 있는 유리 바다와 보좌 주위의
네 생물에 대해 말한다. 유리 바다와 네 생물은 무엇인가?

먼저 하나님 보좌 앞에 있는 유리 바다는 성막의 물두멍(출 25:8-9,
30:17-20)에 해당하는 것으로, 신천지는 그 실상이 우리의 속사람을 씻
어 주는 '하나님의 말씀'이라고 주장한다.[20] 물두멍에 담긴 물이 우리의
손발을 씻어 주는 것처럼, 유리 바다의 말씀이 우리의 심령을 깨끗하게
한다는 것이다. 하나님의 보좌 앞에 유리 바다가 수정같이 맑다는 것
은 하나님의 말씀이 흠도 티도 없이 온전하다는 뜻이라고 주장한다.[21]

하지만 본문을 자세히 살펴보면 유리 바다가 우리의 심령을 깨끗
이 씻어 주는 말씀이라는 근거를 찾기 어렵다. 그렇다면 유리 바다가
우리에게 선포되거나 우리가 유리 바다에 던져져 유리 바닷물로 씻겨
야 할 것이다.

도리어 하나님의 말씀은 보좌로부터 직접 '번개와 음성과 우렛소리'
가 나오는 것으로 묘사된다(5절). 이는 하나님이 시내산에서 이스라엘
백성에게 나타나실 때와 유사하다(출 19:16-17). 이렇게 하나님의 말씀
이 보좌에서 선포되는데, 유리 바다가 또다시 말씀이라고 한다면, 위

엄 있는 말씀이 보좌 앞에 유리 바다로 변했다는 이상한 논리가 성립한다. 본문에서 하나님의 위엄 있는 말씀과 유리 바다는 분명 다른 것임을 알 수 있다.

에스겔서에 따르면, 유리 바다는 네 생물 머리 위에 수정 같은 궁창의 형상으로 펼쳐져 있다(겔 1:22). 유리 바다는 하나님의 보좌의 바닥을 형성하면서, 피조물인 네 생물을 분리시키는 역할을 한다. 창조주와 피조물의 질적 차이를 보여 주는 것이다. 네 생물은 수정 같은 궁창, 곧 유리 바다 아래에서 하나님께 영광과 경배를 돌린다(4:9).[22]

여기서 유리 바다가 구약 성막의 물두멍을 반영한다는 점은 주목할 필요가 있다. 성막의 물두멍은 훗날 솔로몬 성전에 설치된 '바다'로 발전한다. 이는 제사장이 성소에 들어가기 전 손발을 씻어 정결하게 준비할 수 있도록 물을 담는 거대한 놋대야를 가리킨다(왕상 7:23-26; 대하 4:2-6). 여기서 '바다'는 성소 밖에 설치되어 성소 안과 바깥마당을 구별 짓는 일종의 제의적 경계선 역할을 했다. 이렇게 볼 때 유리 바다는 거룩하신 하나님과 나머지 피조물을 구분하는 제의적 경계선 역할을 한다.

☰ 네 생물 (6-7절)

하나님 보좌 주위에는 네 생물이 있는데, 이들은 앞뒤에 눈들이 가득하고(6절), 각각 여섯 날개를 가졌다(8절). 신천지는 하나님의 보좌 앞 일곱 등불, 곧 일곱 사자의 영이 하나님의 일곱 눈이 되어 역사했던 것처럼, 천사 주위에 가득한 많은 눈을 천사를 둘러싸고 있는 천천만만의 천사로 본다.[23] 따라서 네 생물은 수많은 천사를 나누어 지휘하는 네 천사장으로서, 이들은 수많은 천사를 네 조직으로 나누어 지휘한다고 주장한다.[24]

네 생물은 그 얼굴이 각각 사자, 송아지, 사람, 독수리와 같다(7절). 이것은 무엇을 의미할까? 이만희 씨는 《요한계시록의 실상》(2011)에서 이를 다음과 같이 해석한다.[25]

> 사자: 하나님의 말씀을 깨닫지 못한 짐승과 같은 사람을 심판하는 천사장이다(참조, 시 49:20; 잠 30:2-3).
> 송아지: 사람의 마음을 갈고 가라지를 뽑는 천사장이다.
> 사람: 만물의 영장으로 지각을 사용하여 참과 거짓을 심판하는 천사장이다.
> 독수리: 새들의 왕으로 영을 심판하는 천사장을 나타낸다.[26]

하지만 이러한 해석은 이만희 씨의 초기 저술과 비교할 때 자체적인 모순을 보인다. 그가 1995년 저술한 《성도와 천국》에서는 네 생물을 다음과 같이 해석한다.[27]

> 사자: 치리하는 목자를 비유(창 49:9)
> 소: 일하는 사람을 비유(고전 9:9)
> 사람: 밭을 가는 사람을 비유(사 28:24)

독수리: 심판하는 군대를 비유(렘 48:40)

이러한 해석은 그의 초기 저술인 《요한계시록의 진상》(1985)을 보면 또 다르게 해석되어 있다.[28]

사자: 영육 간의 심판을 베푸는 자

송아지: 사명자인 일꾼

사람: 인간 창조의 완성을 의미하는 것으로 영계의 성령과 지상의 인간이 결합함으로 참사람이 나타나는 것을 보여 줌

독수리: 절대적인 성취의 기상을 상징하는 것으로 하나님의 명을 받아 이를 실천하는 생물의 사명

이를 도표로 비교하면 다음과 같다.

책 네 생물	《요한계시록의 진상》 (1985)	《성도와 천국》 (1995)	《요한계시록의 실상》 (2011)
사자	영육 간의 심판을 베푸는 자	치리하는 목자를 비유 (창 49:9)	하나님의 말씀을 깨닫지 못한 짐승과 같은 사람을 심판하는 천사장 (참조, 시 49:20; 잠 30:2-3)
송아지	사명자인 일꾼	일하는 사람을 비유 (고전 9:9)	사람의 마음을 갈고 가라지를 뽑는 천사장
사람	인간 창조의 완성을 의미하는 것으로 영계의 성령과 지상의 인간이 결합함으로 참사람이 나타나는 것을 보여 줌	밭을 가는 사람을 비유 (사 28:24)	만물의 영장으로 지각을 사용해 참과 거짓을 심판하는 천사장

독수리	절대적인 성취의 기상을 상징하는 것으로 하나님의 명을 받아 이를 실천하는 생물의 사명	심판하는 군대를 비유 (렘 48:40)	새들의 왕으로 영을 심판하는 천사장

네 생물에 대한 해석이 이처럼 일관성 없이 오락가락하는 것처럼, 6장 일곱 인 재앙에 등장하는 네 말(馬)의 실상의 이름도 바뀐다. 이전에는 이종호, 신문배, 이찬선, 신상훈 씨로 주장했던 것을 이만희 총회장이 성령의 지시를 받고 열린 성경책을 받아먹고서는 이만희, 신문배, 이찬선, 신상훈 씨로 바꾸어 주장했다.[29] 하지만 전 신천지 교육장을 역임했던 신현욱 목사의 증언에 따르면, 이러한 변화는 2004년 신천지를 이탈했던 최우평 씨가 제기했던 실상의 문제에 대해 이만희 총회장이 성급하게 대처하면서 생긴 오류인 것으로 드러났다.[30]

네 생물 각각에 있는 여섯 날개는 무엇인가? 신천지는 천사장을 돕는 여섯 장로라고 말한다. 여기서 이들은 하나님의 보좌를 둘러싼 24장로들이 한 천사장에게 6명씩 배정되어 있어 날개 역할을 하며 돕는다는 논리적인 비약을 시도한다. 네 생물 앞뒤에는 눈들이 가득한데, 여기서 수많은 눈은 천천만만의 천사들을 가리킨다고 한다(5:11).[31] 이들은 영계 하나님의 보좌 앞에 많은 천사가 4개의 집단을 형성하고 있다고 주장하는데, 이것이 바로 에스겔 10장에 나오는 그룹(cherubim)들이다.[32] 이들은 이를 근거로 자신들의 단체에도 교회 안에 네 생물에 해당하는 4개의 부서 조직이 있고, 각 부서에는 여섯 날개에 해당하는 6명의 임원(사명자)들이 있어 날개 역할을 한다고 한다.

이러한 해석에 기초해 신천지는 자신들의 조직이 하늘 보좌의 모양을 보고 이 땅에 그대로 구현되었음을 보여 주려 하는데, 이를 7교육장, 12지파, 24장로, 4그룹 등으로 구성했다.

4그룹은 다음과 같다. [33]

천교그룹: 총무부, 서무부, 내무부, 감사부, 교육부, 신학부
청학그룹: 문화부, 출판부, 홍보부, 찬양부, 체육부, 정보통신부
천장그룹: 섭외부, 기획부, 법무부, 교법부, 건설부, 봉사교통부
천부그룹: 외무선교부, 전도부, 사업부, 후생복지부, 재정부, 신문고

이러한 조직들의 실상을 볼 때 두 가지 의문이 떠오른다.

첫째, 이후 변경한 실상에서는 네 생물 중 하나가 총회장이라고 주장하는데, 그렇게 되면 총회장은 네 생물 중 하나, 즉 부서장이 되어 있어야 한다.

둘째, 영계의 조직을 그대로 구현한 것이 이 조직이라면, '과연 그럴까?'라는 의구심이 든다. 이들은 하늘 보좌와 동일한 조직을 구성한 자신들의 조직인 신천지에 장차 하늘의 모든 영이 강림해 새 하늘 새 땅을 이룬다고 주장한다. [34] 과연 영계에 체육부가 있을까? 영들이 있는 곳에 체육 활동이 필요할까? 그 좋은 천국에 후생복지부가 필요할까? 완벽한 천국에 신문고가 필요할까? 재정부는 어떠한가? 정보통신부는? 천국에서도 감사부가 열심히 감사와 사찰 활동을 벌일까? 결국 이러한 조직들은 자신들의 단체를 24라는 숫자에 끼워 맞추기 위해 작

위적으로 만든 것에 불과하다는 사실을 알 수 있다.

그렇다면 네 생물이 의미하는 바른 해석은 무엇인가? 네 생물은 온 세상의 피조물을 대표하는 천상의 존재를 의미한다.[35] 사자는 맹수를 대표하고, 송아지는 가축을, 독수리는 날짐승을, 사람은 모든 피조물을 대표한다. 왜 넷일까? 이는 넷이 동서남북, 네 방향의 온 세상을 의미하기 때문이다. 이들의 날개 안과 주위에 눈이 가득하다는 것은 이들이 하나님이 창조하신 피조 세계를 쉬지 않고 깨어 감찰하는 것을 의미한다(참조, 겔 1:18, 10:12).

▤ 과연 이 땅에 보좌 구성이 필요할까?

신천지가 이 땅에 요한계시록에 나타난 보좌를 구성해야 한다고 강변하는 이유가 무엇일까? 이는 그들의 단체가 바로 하늘나라가 제일 성경적으로 구현된 특별한 곳이라는 주장을 하기 위해서다. 이들이 조직한 보좌 구성은 장차 21장에서 하나님의 나라가 이 땅에 내려오며 신인합일할 때 완성된다고 주장한다. 이들이 주장하는 바를 그림으로 나타내면 오른쪽 그림과 같다.[36]

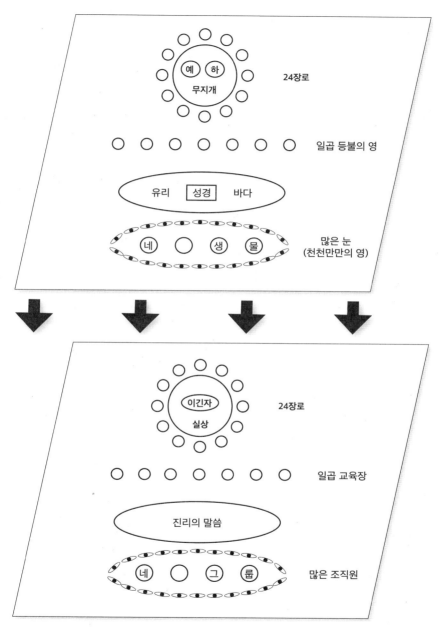

24장로

예 **하**
무지개

일곱 등불의 영

유리 **성경** 바다

네 ○ **생** **물**

많은 눈
(천천만만의 영)

24장로

이긴자
실상

일곱 교육장

진리의 말씀

네 ○ **그** **룹**

많은 조직원

<신천지 보좌 구성>

이런 주장을 위해 이들은 예수님도 하나님의 나라를 다 이루지 못하셨다고 주장한다. 영계의 천국이 예수님 초림 때 이스라엘 백성에게 임했으나, 이스라엘 백성이 예수님을 제대로 알아보지도 못하고 영접하지도 아니하여 본래 있던 영계로 떠나갔다는 것이다.[37] 예수님은 주기도문을 통해 아버지의 뜻이 땅에 이루어진다고 가르치셨고(마 6:10), 사도 요한 격 목자는 하늘에 올라가 하늘 보좌를 본 그대로 이 땅에서 보좌를 구성했다고 한다. 이렇게 되면 종말에 사도 요한 격 목자가 구성한 육계의 보좌로 하늘 영계의 보좌가 임하게 되는데, 이것이 바로 이들이 주장하는 영육합일, 또는 신인합일이다.

그러나 이러한 주장에 대한 성경적 근거는 얼마나 타당할까?

첫째, 무엇보다 성경에는 육계의 보좌를 구성해야 영계의 천국이 임한다고 예언하거나 명령한 구절이 없다. 예수님이 이 땅에 오신 것은 회개하고 천국을 맞이하라는 복음을 선포하시기 위함이지, 7교육장, 12제자, 24장로, 4그룹을 형성하기 위해 오신 것이 아니다. 예수님은 한 번도 자신이 보좌 구성을 하기 위해 왔다거나, 제자들에게 나아가 보좌 구성을 하라고 말씀하신 적이 없다. 도리어 복음을 받아들인 이들에게 천국이 이미 임했다고 선언하셨다(마 12:28, 18:20; 눅 11:20; 참조, 골 1:6).

둘째, 예수님이 가르치신 '아버지의 뜻'은 보좌 구성이 아니다. '아버지의 뜻'은 예수 그리스도를 통해 선포된 복음의 말씀과 하나님이 창세전부터 세우셨던 구속의 경륜을 말한다(엡 1:4-5).

셋째, 하나님의 나라는 교주가 나타나기 전에 이미 임했고, 성취되었다. 이는 우리의 속량, 곧 죄 사함으로 나타난다(골 1:13-14).

넷째, 하늘에서 내려오는 새 예루살렘에는 성전이 없다(21:22). 그렇다면 새 하늘과 새 땅에서는 하나님 보좌 주변의 보좌 구성이 사라져야 한다. 새 예루살렘에는 왜 성전이 없을까? 이는 하나님과 어린양이 친히 성전이 되시기 때문이다(마 26:61, 27:40, 63-64; 요 2:19).

다섯째, 보좌 구성보다 중요한 것은 보좌 주변의 네 생물과 24장로들이 하는 행동이다. 이들은 보좌 주변에서 밤낮 쉬지 않고 하나님을 "거룩하다 거룩하다 거룩하다" 찬양했고(8절), 그분 앞에 엎드려 자기의 관을 보좌 앞에 드리며 영광과 존귀와 권능을 올려 드렸다(10-11절).

만약 이 땅의 보좌 구성이 영계를 모방한 것이라면 이들 네 생물과 24장로는 밤낮 쉬지 않고 끊임없이 하나님께 찬양과 경배를 올려 드려야 한다. 그러나 이들은 재정, 행정, 섭외, 재무, 정보통신, 고소·고발 및 법무, 신문고 등 여러 가지 잡다한 일로 밤낮 쉬지 않고 경배드리는 일을 하지 못한다. 그렇다면 이들은 영계의 참된 실상을 드러내지 못하는 거짓 실상이다. 게다가 보좌를 구성했다가 배도하고 이탈하는 것은 하늘의 참된 예배자와는 거리가 먼 모습이다. 하늘의 어느 피조물이 하나님을 경배하다 배도하고, 이탈하고, 수시로 바뀌는가?

여섯째, 만약 보좌를 구성하는 이들이 하늘의 영들과 신인합일하게 된다면, 이들은 죽어서는 안 될 존재들인가? 죽으면 다른 이들로 바뀔 수 있는 존재들인가? 이 질문을 하는 이유는 실제로 이들 중에는 이런저런 이유로 죽거나 이탈한 경우가 꽤 있기 때문이다. 그럼에도 보좌 구성이 흔들림 없이 간다고 믿는 것은 좀 이상하지 않은가? 만약 괜찮다고 한다면 사도 요한 격 목자이자 예수님의 영이 머무르며 신인합일했다고 주장하는 이도 죽을 수 있는 것 아닌가?

일곱째, 주님의 몸 된 참 교회는 하늘 보좌와 유사하게 사람들을 배치해 조직을 갖추었다고 해서 참 교회가 아니다. 참 교회는 바른 신앙 고백, 즉 주는 그리스도시요 살아 계신 하나님의 아들이시며, 그분이 우리 죄를 위해 죽으신 온 세상의 구주이심을 바로 고백하고 죄 사함을 받은 이들이 주님의 이름으로 모인 것이다(마 18:20). 주님의 몸 된 교회는 각 지역에도 있지만, 동시에 한 장소에만 머물러 있는 것이 아니다. 온 세상에 퍼져 모두가 한 보편적 교회(universal church)를 이루고 있다.[38]

14장

일곱 인을 떼기에 합당한 하나님의 어린양

(5:1-7)

장로 중의 한 사람이 내게 말하되
울지 말라 유대 지파의 사자
다윗의 뿌리가 이겼으니
그 두루마리와 그 일곱 인을
떼시리라 하더라

≡ 두루마리의 인봉은 누가 뗄 수 있는가

본문은 하나님의 오른손에 있는 두루마리에 주목한다. 이 두루마리는 안팎으로 썼고 일곱 인으로 봉한 상태였다. 일곱 인으로 봉했다는 것은 누구도 함부로 펼쳐 보지 못하게 막아 놓았다는 것이다. 이 두루마리의 인봉을 과연 누가 취해 뗄 것이며, 펼쳐 볼 수 있을까? 5장은 이 두루마리의 인봉을 취하시는 어린양 예수 그리스도께 집중한다. 그리고 그분께 천상과 온 우주의 모든 피조물이 찬송과 영광을 올려 드린다. 5장의 주인공은 바로 죽임을 당해 자기 피로 사람들을 사서 하나님께 드리신 유다 지파의 사자, 다윗의 뿌리이신 하나님의 어린양, 예수 그리스도이신 것이다.

하지만 신천지는 5장의 주인공을 죽임을 당하신 어린양이 아니라 그동안 봉인되었던 두루마리를 취해 그 인봉을 뗐다고 주장하는 교주에게로 집중시킨다. 그렇게 하다 보니 5장의 주인공은 어린양이 아니라 교주가 된다. 교주가 이 인봉을 뗐었기에 두루마리에 있는 비밀한 계시에 따라 이 땅에 영적 이스라엘인 자신들의 단체가 창설되었다는 것이다.

☰ 하나님의 오른손에 있는 두루마리는 봉함된 요한계시록인가? (1절)

사도 요한은 환상 중에 보좌에 앉으신 하나님의 오른손에 일곱 인으로 봉해진 두루마리를 보았다. 신천지는 이 책이 성취될 때까지 '비유'로 감추어 둔 '요한계시록'이며, 안팎으로 기록된 것이 요한계시록 말씀이라 주장한다.[39] 요한계시록이 봉해지면 성경 전체가 봉해지는 결과가 되고, 요한계시록이 개봉되면 성경 전체가 개봉된다고 한다. 요한계시록이 봉해지면 구원의 실마리가 닫히고, 요한계시록이 펼쳐지면 구원의 실마리가 풀리게 된다는 것이다.[40]

하지만 이 두루마리가 요한계시록이라는 해석은 근거가 없다. 요한계시록은 사도 요한이 환상을 보고 기록한 책이기 때문이다. 따라서 5장의 시점에서 사도 요한은 아직 요한계시록을 기록하지 않았다. 일곱 인으로 인봉된 두루마리는 6장부터 본격적으로 기록된다. 두루마리는 인봉되어 아무도 볼 수 없었는데, 만약 그렇다면 요한계시록에 그동안 진술되었던 1-4장의 내용은 포함하지 말아야 한다. 이렇게 볼 때 요한계시록 안에 등장하는 두루마리가 곧 요한계시록인 것은 아니다. 이 둘은 구분되어야 한다.

본문에 나오는 두루마리는 온 세상을 경영하시는 하나님의 구속 경륜과 심판을 담은 계획이다. 이를 알 수 있는 근거가 에스겔서다. 에스겔은 환상 중에 무엇인가 안팎으로 기록된 두루마리를 보았는데, 하나님이 이 두루마리를 펼쳐 보여 주시자 그 위에 애가와 애곡과 재앙의 말이 기록된 것을 보았다(겔 2:9-10). 이는 조만간 닥칠 하나님의 세상 경륜, 곧 심판을 의미한다. 요한계시록에 등장하는 두루마리의 내용도 이와 유사하다. 두루마리의 내용은 "많은 백성과 나라와 방언과 임금에게" 선포해야 할 것이다(10:11). 이는 이스라엘만이 아닌 온 세상을 대상으로 한 하나님의 심판과 구원 경륜을 의미한다.[41]

요한계시록이 봉해지면 성경 전체가 봉해지는가? 결코 그렇지 않다. 성경은 예수님이 하나님의 아들, 그리스도이심을 믿게 하는 책이요, 우리로 하여금 믿고 그분의 이름을 힘입어 생명을 얻게 하기 위해 기록된 책이다(요 20:31). 요한계시록은 분명 하나님의 구원 경륜 전체를 이해하게 하는 중요한 책이지만, 그렇다고 해서 요한계시록이 봉함되어 구원의 실마리도 닫히고 성경 전체가 봉함된다는 주장은 이치에 맞지 않는다.

이들이 이렇게까지 무리한 주장을 하는 이유는 무엇일까? 그것은 신앙의 모든 초점을 자신들의 교주에게 맞추기 위함이다. 교주야말로 마지막 시대에 요한계시록의 인봉을 뗀 자요, 요한계시록의 비밀을 풀어 성경의 비밀을 개봉하고, 요한계시록 시대에 성취될 자신들의 단체를 통한 구원을 제시한 특별한 분이라는 것을 강조하기 위함이다. 이는 곧 구원은 자신들의 단체에만 있다는 독선적이고 배타적인 주장이다.

≡ 두루마리 책이 일곱 인으로 봉함된 이유 (1-3절)

신천지는 두루마리 책이 봉인되어 그 계시가 감추어졌다고 주장한다. 그렇게 주장하는 이유는 무엇일까? 신천지는 그 이유를 자신이 몸담았던 장막성전의 일곱 금촛대 장막의 일곱 목자가 배도하고 떠나 멸망자인 니골라당(청지기교육원)과 교제하며 그들의 교법을 받아들이자, 일곱 등불의 영이 일곱 사자를 떠났기 때문이라고 설명한다.[42] 하나님의 영이 떠나가자 두루마리 책은 다시 자동적으로 봉해졌다는 것이다. 기독교 세계를 대표해 하나님께 택하심을 받은 일곱 사자들은 영적 맹인이 되어 더 이상 성도에게 생명수 말씀을 전해 주지 못하게 되었고, 이 세상에는 영적 기갈이 찾아왔다고 이들은 말한다(암 8:11-12).[43]

만약 이 말대로라면, 두루마리 책의 인봉은 장막성전 시대에 먼저 떼어졌다는 말이 된다. 그랬던 것이 배도해서 다시 인봉되었다는 것이다. 이들은 두루마리 책은 본래 펼쳐져 있어 하나님의 보좌 앞에 있는 일곱 등불의 영이 장막성전의 일곱 목자를 들어 성도들을 인 치는 말씀이었다고 주장한다.[44]

두루마리가 일곱 인으로 봉해진 또 다른 이유는 이방 니골라당의 일곱 목자(용의 일곱 머리)가 하나님의 일곱 목자(일곱 별)를 이기고 누구든지 자신들(짐승)의 표를 가진 자 외에는 매매(설교)를 못하게 했기 때문이라는 것이다(참조, 13:16-17).[45] 이로써 하나님의 일곱 목자가 대적의 일곱 목자에게 침해를 받아 하나님의 말씀을 증거하지 못하게 되었다는 것이다.

이 말이 무슨 뜻인가? 지금 이전의 장막성전 단체를 새로운 청지기교육원이 들어와 기성 교단의 목사로 서약해 더 이상 이전의 이단적 가르침을 전할 수 없었기 때문에 봉해졌다는 것이다. 이들의 주장대로라면 두루마리 책은 이전의 장막성전의 유재열 씨가 가르치던 이단적 가르침이었다는 말이 된다. 장막성전이 정통 교단으로 배도하게 되어 다시 두루마리가 봉해졌고, 이제 교주가 다시 그 가르침을 재개해 봉인이 풀렸다는 논리가 들어 있다.

그렇다면 두루마리의 인은 시대마다 열렸다, 닫혔다 하는가? 이에 대한 성경적 근거는 찾아보기 어렵다. 성경 어느 곳에도 첫 장막 일곱 목자가 인봉된 두루마리 책을 열었다는 예언이 없기 때문이다. 이들의 주장대로 장막성전 때 인봉이 풀렸다가 이들의 배도로 다시 닫혔다는 해석은 자의적인 해석일 뿐 성경적 해석이라 할 수 없다.

교주가 두루마리를 취해 인봉을 풀었다는 것은 신천지가 주장하는 실상의 사건 진행 순서상 4장과 맞지 않다. 4장은 신천지가 요한계시록의 하늘 보좌 구성을 한 사건으로 푼다. 사건 진행 순서대로 하면, 하늘 보좌 구성을 하고 요한계시록 책을 받아먹고 인봉을 푼 것이 되어야 한다. 그러나 신천지 교주는 자신이 1980년 초에 책을 받아먹고,[46] 1995년에 보좌 구성을 했다고 주장한다.[47] 요한계시록의 순서와 정반대가 된 것이다.

다니엘서에 따르면, 하나님의 구원 경륜의 책은 마지막 때까지 간수하고 봉함된다(단 8:17-19, 26, 12:4, 9). 다니엘서가 말하는 하나님의 구원 경륜은 예수 그리스도를 통해 성취될 하나님 나라의 도래를 말하는 것인데, 이 나라는 지상의 모든 나라의 권세를 능가하는 영원한 나라다.[48] 이렇게 볼 때 본문의 두루마리 책의 인봉은 예수 그리스도의 때까지 봉함되었다.

우리는 종말의 때에 대한 개념을 정립할 필요가 있다. 종말의 때는 자기들이 새 하늘 새 땅이라고 주장하는 신천지가 생겨나는 때가 아니다. 이들은 이때가 요한계시록이 성취되는 종말의 때라고 한다. 그러나 성경은 예수 그리스도가 자기 피로 사람들을 사서 하나님께 드리고 성령을 이들에게 부어 주실 때를 종말로 본다(행 2:16; 참조, 욜 2:28-29). 예수 그리스도의 십자가와 부활 이후로 새로운 종말의 시대가 시작된 것이다. 따라서 초대교회 시대부터 종말의 시대가 시작되었다.

본문에 등장하는 두루마리가 안팎으로 기록되어 봉인했다는 것은 무슨 뜻일까? 이는 고대 근동의 계약 관행을 반영하는데, 당시 헬라, 로마 세계에서는 계약서를 작성할 때 안쪽에는 구체적인 내용을 기록했고, 바깥에는 이에 관한 짧은 요약적 설명을 기록하곤 했다.[49] 계약서는 공증의 절차가 필요한데, 이때 적어도 세 증인을 의미하는 3개의 인봉에서부터 7개의 인봉으로까지 봉함한다.[50] 이렇게 볼 때 요한계시록의 봉함된 두루마리 책은 하나님이 인류와 맺으신 언약과 깊은 관련이 있음을 알 수 있다.

이 언약이 계속해서 성취되어야 하는데, 본문은 이 인봉을 떼고 성취해 가셔야 할 분이 바로 예수 그리스도이심을 밝힌다. 이렇게 볼 때 여기서 인을 떼는 행위는 요한계시록 말씀을 단순히 해석하는 차원이 아니라, 하나님의 구원 경륜을 실질적으로 하나씩 성취해 가는 것임을 알 수 있다.

예수 그리스도가 인을 떼기에 합당한 자격을 갖추신 이유가 무엇인가? 이는 예수 그리스도가 죽임을 당하여(5:6, 9, 12) 자기 피로 사람들을 사서 하나님께 드리셨기 때문이다! 예수 그리스도가 두루마리를 취하고 인을 떼실 수 있었던 이유는 오직 그분만이 자신의 죽음으로 죄와 사탄의 세력과의 싸움에서 승리하셨기 때문이다.[51] 그분의 죽음과 부활은 온 세상을 뒤엎을 결정적인 승리와 종말의 시대를 가져왔기에, 그야말로 하나님의 종말적 구속 경륜의 인봉을 떼기에 합당한 자격이 부여된다.

여기서부터 신천지의 요한계시록 해석은 요한계시록이 본래 말하고 집중하는 것에서 멀어지기 시작한다. 이들은 요한계시록 인봉을 떼는 것은 하나님의 일곱 영이 임했기에 가능하다고 해석한다. 이는 교주가 하나님의 영이 임해 요한계시록을 해석하고 이 땅에 요한계시록을 성취한다는 주장을 하기 위함이다. 그러나 인봉을 떼는 것은 요한계시록을 해석하는 차원으로 그치지 않는다. 인봉을 뗄 수 있는 근거로 하나님의 영이 임했다는 것도 성경적 근거가 아니다. 요한계시록은 어린양이 인봉을 떼실 수 있는 유일한 근거로, 그분이 피 흘려 죽음으로 사람들을 사서 하나님께 드리신 것 외에 결코 다른 것을 말하지 않는다!

≡ 어린양의 일곱 뿔과 일곱 눈 (6-7절)

본문 6절은 어린양에게 일곱 뿔과 일곱 눈이 있다고 한다. 일곱 뿔과 일곱 눈은 무슨 의미일까?

신천지는 일곱 눈과 일곱 뿔이 문자 그대로의 것이라면 예수님의 모습은 괴물과 같을 것이기에 이것이 가리키는 실상이 있다고 한다.[52] 일곱 눈은 온 세상에 보내심을 받은 '하나님의 일곱 영', 곧 '하나님의 말씀을 대언하는 일곱 사자'라 주장한다(참조, 4:5). 신천지는 실제로 자신들의 조직에서 일곱 사람을 세워 이들이 바로 어린양과 함께 역사하는 일곱 눈, 일곱 뿔이라 주장한다(참조, 슥 4:10; 시 119:105).

신천지에 의하면, 일곱 뿔은 예수님께 속한 '일곱 권세자', 즉 일곱 육체를 말한다.[53] 동물들이 자신들의 머리에 있는 뿔로 싸우기도 하고 힘을 나타내듯이, 일곱 육체도 머리 되신 예수님께 속해 심판하며 예수님의 위엄을 나타낸다는 것이다. 이들은 원래 예수님의 오른손에 있었던 일곱 별(2:1)이라고도 하는 장막성전의 일곱 사자들이었다. 하지만 앞서 살펴보았듯이 일곱 육체, 곧 장막성전의 일곱 사자들은 배도했다. 배도한 결과 일곱 영은 새 육체를 택해 옮겨 가게 되었다. 촛대를 옮기는 일이 일어난 것이다(2:5). 따라서 배도한 일곱 별은 편지를 받고도 회개하지 않아 직분을 박탈당했다. 본문에 등장한 일곱 뿔은 배도한 일곱 별을 심판하기 위해 새롭게 세운 일곱 사명자다.[54]

이런 해석은 요한계시록 해석을 자신들의 단체의 역사와 연결시켜 끼워 맞추려는 자의적 해석이다. 그렇다면 올바른 성경적 해석은 무엇일까?

먼저, 일곱 뿔에 관한 바른 해석을 살펴보자. 뿔은 다니엘서(단 7:7, 20)에 종종 등장하는 심상으로, 권세와 힘을 상징한다(참조, 단 7:26). 일곱은 완전함을 상징하는 수다. 따라서 어린양에게 일곱 뿔이 있었다는 것은 그분께 완전한 권세, 즉 하늘과 땅과 땅 아래를 다스리는 권세가 있음을 의미한다. 이는 어린양이 죽임을 당하고 부활하신 후 하나님이 주신 권세다.

빌립보서는 이를 다음과 같이 진술한다. "사람의 모양으로 나타나사 자기를 낮추시고 죽기까지 복종하셨으니 곧 십자가에 죽으심이라 이러므로 하나님이 그를 지극히 높여 모든 이름 위에 뛰어난 이름을 주사 하늘에 있는 자들과 땅에 있는 자들과 땅 아래에 있는 자들로 모든 무릎을 예수의 이름에 꿇게 하시고 모든 입으로 예수 그리스도를 주라 시인하여 하나님 아버지께 영광을 돌리게 하셨느니라"(빌 2:8-11).

이처럼 어린양의 일곱 뿔은 온 세상을 통치하시는 그분의 완전한 권세를 상징한다. 일곱 뿔은 사람 사명자가 아니다. 배도한 별을 심판하기 위한 사명자라는 해석은 해석의 성경적 기준과 근거가 희박하다.

일곱 영은 하나님의 보좌 앞에 켠 일곱 등불, 또는 하나님의 일곱 영이라고도 표현되는 성령을 가리킨다. 일곱 영이란 영이 일곱이라는 뜻이 아니라 완전함을 의미하는 숫자 일곱이 더해진 하나님의 완전한 성령을 가리킨다(참조, 1:4, 4:5).

주목할 것은 이 영은 "온 땅에 보내심을 받은"(6절) 성령이라는 점이다. 요한복음은 성령의 보내심을 받음을 잘 설명하고 있다. 성령은 성부가 성자의 이름으로 보내시는 분으로 성자의 가르침을 생각나게 하는 사역을 감당하신다(요 14:26). 성령은 또한 성자의 파송을 받는 분이시기도 하다. 성령은 성자가 성부로부터 세상에 파송해 성자를 증언하는 사명을 감당하신다(요 15:26). 성령은 성자가 성부에게로 돌아가신 후에 성부와 성자의 파송으로 세상에 오셔서 죄에 대하여, 의에 대하여, 심판에 대하여 세상을 책망하실 것이다(요 16:7-8).

이렇게 볼 때 성령은 성부(요 4:24)와 성자의 영(행 5:9, 8:39, 16:7; 고후 3:17-18; 롬 8:9)으로, 성부와 성자로부터 나오는(proceed) 존재 방식을 취하시는 분이다(겔 37:14; 욜 2:28-29; 사 42:1; 마 12:18).[55]

15장

경배받기에
합당하신
예수 그리스도

(5:8-14)

큰 음성으로 이르되
죽임을 당하신 어린양은
능력과 부와 지혜와 힘과 존귀와
영광과 찬송을 받으시기에
합당하도다 하더라

≡ 금 대접, 거문고와 새 노래 (8절)

본문은 천상 예배의 클라이맥스로, 하나님의 어린양 예수 그리스도를 향한 경배와 찬양이 중심을 이룬다. 그러나 신천지는 이러한 장면조차 교주를 중심으로 새롭게 이 땅에 영적 이스라엘을 창설한 장면으로 해석한다.

네 생물과 24장로들이 가지고 있는 거문고와 향이 가득한 금 대접은 무엇인가? 또 이들이 부르는 새 노래는 무엇인가?

신천지는 알레고리적 비유 풀이를 통해, 금 대접은 말씀을 받는 사람을(행 9:15), 금 대접의 향은 성도들의 기도를, 향을 피우는 불은 하나님의 말씀으로 해석한다(렘 5:14). 또 거문고는 성경, 새 노래는 '요한계시록을 해석하는 말씀'이라 주장한다.[56] 이는 언약의 목자인 새 요한(교주)을 통해 주는 요한계시록을 성취한 실상의 복음, 즉 영적 이스라엘이라고 주장하는 자신들의 단체가 창설되었다고 주장하는 해석을 말한다.

성경을 해석할 때는 그 본문 배후의 배경과 문맥을 잘 살펴야 한다. 특히 구약성경 구절을 해석의 기준으로 삼을 때는 그것이 어떤 문맥에서 사용되었는지를 검토한 후 일관성 있게 적용해야 한다. 그렇지 않고 단어가 유사하거나 같다고 해서 무조건 해석의 기준으로 끌어오면 자칫 본문이 의도하지 않는 엉뚱한 해석으로 치달을 수 있다.

그렇다면 이들의 해석을 하나하나 검토해 보자.

금 대접은 말씀을 받는 사람을 의미하는가? 이들이 해석의 기준으로 제시한 사도행전 9장 15절에서는 하나님이 아나니아에게 사도 바울을 가리켜 '복음을 전하기 위하여 택한 나의 그릇'이라고 말씀하시는 내용이 나온다. 여기서 '그릇'은 하나님이 쓰시는 사람을 가리킨다. 그런데 성경은 다른 곳에서 그릇 중에도 금 그릇과 은 그릇, 나무 그릇, 질 그릇도 있다고 한다(딤후 2:20). 또 다른 곳에서는 성도는 모두 '질 그릇'이라고 한다(고후 4:7). 그런데 본문에서의 그릇은 금 대접이다. 그렇다면 다양한 그릇 중에 금 대접은 무엇일까? 단순히 사람일까? 성도는 모두 질 그릇이라고 했는데, 여기서의 금 대접은 어떤 사람을 가리키는 것일까? 이런 이해는 본문의 문맥을 무시할 때 일어나는 해석의 모순이다.

첫째, 디모데후서에서 그릇을 다양하게 열거한 것은 어떤 그릇이든 상관없이 자기를 깨끗하게 하는 것이 중요함을 강조한다는 점에 주목해야 한다(딤후 2:21).

둘째, 고린도후서에서 우리가 모두 질 그릇이라고 한 것은 우리의 연약함을 강조하는 동시에, 이런 연약함을 이겨 내는 복음의 능력과 그 안에 담긴 예수님의 생명을 대조하며 강조한 것이다(고후 4:6, 11).

이렇게 볼 때 본문의 금 대접 또한 사람으로 해석할 것이 아니라, 본문이 전제하는 구약적 배경을 살펴볼 필요가 있다. 본문에서 24장로들이 거문고와 향이 가득한 금 대접을 가졌다는 것은 구약에서 성전 예배를 담당하던 24반차의 레위 지파 찬양대를 배경으로 한다(대상 25장). 이들은 제금과 비파와 수금을 잡고 찬양하며 하나님을 예배했다(대상 25:6). 성전 예배 때 레위 제사장은 진설병 옆에 향이 담긴 금 대접을 두었는데, 이는 하나님께 향기로운 제물로 드려짐을 의미한다(레 24:6-7; 참조, 출 25:29, 37:16).

24장로들은 천상에서 거문고와 향이 가득한 금 대접을 '가진 채로'(헬, 에콘테스) 찬양하며 예배했다.[57] 여기서 거문고는 헬라어 '키타라'로, 하프를 의미한다. 하프는 10개나 12개의 현으로 된 악기로, 하나님을 찬양하는 성전 예배 때 사용되었다. 이렇게 볼 때 본문은 금 대접과 거문고를 가지고 어린양을 예배하는 모습을 묘사하는 것이다.

게다가 신천지가 거문고를 성경으로 해석하는 성경적 근거는 희박하다. 새 노래가 요한계시록을 해석하는 말씀이라는 것은 더욱더 그러하다. 이들은 모세가 하나님으로부터 받은 말씀이 '모세의 노래'인 것처럼, 예수님이 주신 신약성경의 말씀은 '어린양의 노래'이고, 새 노래는 '어린양이 인봉을 떼어 펼치신 요한계시록의 말씀'이라고 주장한다. 이것이 새 노래인 이유는 지금껏 들어 보지 못한 새 말씀, 새 해석이기 때문이다.

요한계시록에는 모세의 노래와 어린양의 노래가 어떤 것인지를 알 수 있는 본문이 있다. 바로 15장 3-4절이다. 여기에서는 순교자들이 유리 바다 가에 서서 거문고를 가지고 모세의 노래, 곧 어린양의 노래를 부른다. 이 노래의 핵심은 승리의 구원 역사를 찬양하는 것이다. 엄밀하게 말하면, 이것은 어린양의 승리를 노래하는 것이다. 이것을 모세의 노래이자 어린양의 노래로 부르는 것은 어린양의 노래에 담긴 그리스도의 구속 사건이 출애굽의 구속사와 비슷한 유형을 갖기 때문이다. 모세의 노래는 홍해를 건넌 직후 모세가 이스라엘 백성과 함께 하나님의 승리의 구속 역사를 찬양한 노래다(출 15:1-18). 마찬가지로 어린양의 노래는 새 이스라엘인 교회의 성도들이 어린양의 승리와 구속 역사를 찬양하는 노래다. 요한계시록에서 어린양의 구속을 노래할 때는 종종 거문고(하프)와 함께 등장한다(5:8-9, 14:2). 여기서 우리는 새 노래가 하프의 연주와 함께 어린양의 구속 역사를 노래하는 찬양임을 알 수 있다.

본문 9절에 소개하는 새 노래의 핵심은 무엇인가? 어린양이 죽임을 당하시고 사람들을 그분의 피로 사셨기에 인봉을 떼기에 합당하시다는 구속사적 승리의 찬양이다. 특히 금 대접의 향이 성도들의 기도라고 명시한 것은 어린양의 구속사적 승리가 성도들의 기도에 대한 응답으로 성취되었음을 보여 주기 위함이다.[58]

≡ 하나님 나라와 제사장 (9-10절)

신천지는 '각 족속과 방언과 백성과 나라 가운데에서 피로 사신 자들이 하나님의 제사장이 되어 땅에서 왕 노릇 한다'라는 구절(9-10절)을 다음과 같이 해석한다.

'각 족속과 방언과 백성과 나라'는 요한계시록을 요한이 받아먹고 그 책에 기록된 예언의 참뜻을 가르치는 곳이요, 많은 사람이 죄로 사로잡혀 있는 곳이다.[59] 이는 기성(바벨론)교회를 의미한다. 교주는 바벨론 교회에서 피와 같은 의의 말씀으로 인도해 교회를 심판, 치리하고 새로운 14만 4천을 인 쳐서 새로운 영적 이스라엘, 곧 자신들의 단체를 만드는 역사로 본다.[60] 14만 4천은 새 노래를 부르는 이들로 새로운 하나님의 제사장, 곧 새 목자가 되는데 장차 요한계시록이 성취될 때에는 모든 사람이 이들, 곧 왕 같은 제사장들에게 와서 말씀을 배워야 한다고 주장한다.

하지만 본문의 흐름을 면밀히 살펴보면 '각 족속과 방언과 백성과 나라 가운데에서 사람들을 피로 사셨다'라는 구절은 바로 앞에 어린양이 두루마리의 인봉을 떼기에 합당하신 이유를 설명하는 구절임을 알 수 있다. 그래서 이 구절 앞에 원인을 설명하는 접속사(헬, 호티)가 붙어 있다. 이는 영어의 'for' 또는 'because'에 해당된다. 즉 어린양이 인봉을 떼기에 합당하신 이유는 자기 피로 사람들을 사셨기 때문이라는 말이다.

여기서 '각 족속과 방언과 백성과 나라'는 문자 그대로 온 세상의 모든 사람을 의미한다. 이들 가운데서 사람들을 구속하셨다는 것은 온 세상에 퍼져 있는 열방을 포괄하는 관용적 표현이다(5:9, 7:9, 10:11, 11:9, 13:7, 14:6, 17:15). 이는 모든 사람이 구원에 동참하는 것은 아님을 암시한다.[61] 이런 열방을 신천지는 이원론적으로 보아 영계와 대비되는 이 땅의 바벨론 교회를 가리키는 표현으로 풀이한다. 하지만 이는 요한계시록의 전체적인 흐름을 왜곡하는 것이다.

이런 왜곡된 흐름은 나라와 제사장이 되어 왕 노릇 하는 것을 새로운 목자가 되어 바벨론 교회를 치리한다는 뜻으로 보는 것에서도 계속된다. 하지만 나라와 제사장이 된다는 것은 시내산에서 하나님이 이스라엘에게 주신 하나님의 언약이 마침내 예수 그리스도의 십자가를 통해 성취됨을 의미한다(출 19:6; 참조, 벧전 2:9). 이런 구속의 은혜를 입은 제사장과 나라(새 이스라엘 공동체인 교회)는 바벨론 교회를 치리할 것이 아니라 어린양에게 마땅히 "능력과 부와 지혜와 힘과 존귀와 영광과 찬송을 받으시기에 합당"하다고 고백하며(12절), 그분께 "찬송과 존귀와 영광과 권능을 세세토록" 돌려야 한다(13절).

☰ 책을 펼칠 때 영적 이스라엘의 창설이 이루어지는가?

신천지는 펼쳐진 요한계시록을 받아먹은 교주가 다시 새 나라와 새 민족을 모아 영적 새 이스라엘을 창설한다고 주장한다.[62] 교주는 이 말씀으로 인 맞은 12지파 14만 4천 명으로 새 이스라엘을 구성하는데, 그 순서는 부패한 첫 장막을 심판하고(6장), 14만 4천 명을 인 쳐서 새 이스라엘을 창조한다(7장).[63]

이런 주장은 시간 순서상 자연스럽지 못하다.

첫째, 제사장과 나라가 된 순서다. 10절은 나라와 제사장은 이미 삼으신 사건, 즉 과거의 일로 간주한다. 이는 어린양이 두루마리를 취해 인을 떼시기 전에 일어난 일이다.

둘째, 게다가 14만 4천 명만이 부를 수 있다고 주장하는 새 노래를 네 생물과 24장로들이 새 이스라엘을 창조도 하기 전에 부른다(9절; 참조, 14:3).

셋째, 본문의 사건은 4장의 보좌 구성 이후의 사건이어야 한다. 이 단 교주는 인을 떼기도 전에 보좌 구성을 한 것이다. 이는 두 가지 차원에서 맞지 않는다. 하나는 논리적 순서다. 어떻게 인을 떼기도 전인데 하늘 보좌가 구성되고 새 이스라엘의 창조가 이루어질 수 있는가? 또 하나는 실상의 순서다. 교주는 1980년 초에 인봉을 떼고, 1995년에 보좌 구성을 했다고 주장한다. 4-5장의 순서와 맞지 않는다.

기억할 것은, 인봉된 책은 요한계시록이 아니라는 사실이다. 이 책은 하나님의 구속 경륜을 기록한 언약 계획의 실행을 담은 책이다.[64] 요한계시록은 기록할 때부터 마칠 때까지 인봉된 책이 아니다. 예수님은 요한계시록의 말씀을 인봉하지 말라고 하셨다(22:10). 계시(헬, 아포칼립시스)는 '아포'(~로부터 떨어지다, from), '칼립시스'(덮개, cover)가 결합된 단어로, '덮개를 열어 보이다'라는 뜻을 갖는다.[65] 이는 가려진 덮개, 또는 베일을 걷어 내고 모두가 볼 수 있게 드러낸다는 뜻이다. 계시는 감추거나 인봉된 것이 아니라 처음부터 열려 있는 책이라는 사실을 기억할 필요가 있다.

이렇게 볼 때 교주가 인봉된 책을 펼쳐 영적 이스라엘을 창설했다고 해석하는 것은 마치 자신들의 단체의 일을 요한계시록에 억지로 끼워 맞추기 위해 인위적으로 만들어 낸 이야기와 같다. 우리는 이런 자의적인 해석에 미혹되지 말아야 한다.

16장

첫째 인의 사건

(6:1-2)

이에 내가 보니 흰 말이 있는데
그 탄 자가 활을 가졌고
면류관을 받고 나아가서
이기고 또 이기려고 하더라

≡ 일곱 인 사건의 의미

6장에서는 본격적인 일곱 인 재앙이 시작된다. 일곱 인 재앙으로 온 세상에 재앙이 본격적으로 임하기 시작한다. 이는 하나님이 계획하신 종말의 세상 경륜이 펼쳐지는 것이다.

그렇다면 신천지에게 일곱 인의 사건은 어떤 의미일까? 이들에게 일곱 인은 세상의 심판이 아니라 이단 교주가 전에 몸담았던 단체인 장막성전과 같은 단체에 시작되는 심판을 말한다.[66] 이들은 니골라당의 교훈을 받아 배도한 이들로, 2-3장에 등장하는 일곱 교회의 무리들이다. 따라서 6장의 사건은 배도한 일곱 금촛대 장막을 심판하는 사건으로 해석한다. 과연 이들의 주장이 타당한지 살펴보기로 하자.

≡ 인봉한 책이 하나님의 말씀인가, 인(印)이 하나님의 말씀인가? (1절)

신천지가 요한계시록을 해석할 때는 종종 혼동스런 일이 발생한다. 그것은 서로 다른 요한계시록의 상징을 모두 같은 것으로 해석하려는 경향 때문이다. 예를 들어, 이들은 본문에 나오는 '백마 탄 자'는 11장에 나오는 두 증인 중 하나, 사도 요한, 보혜사, 이긴 자 등과 함께 모두 같은 실상을 상징한다고 해석한다. 바로 교주다. 이는 요한계시록에 나오는 좋아 보이는 모든 상징에 교주가 작위적으로 자신을 적용해 해석했기 때문이다. 이런 무리한 해석의 일반화가 인(印) 해석에도 고스란히 나타난다.

이들은 앞서 '일곱 인으로 봉한 두루마리'가 비유로 감추어진 요한계시록의 말씀이라고 주장한 바 있다(5:1).[67] 그래서 일곱 인을 하나씩 뗄 때마다 기록한 사건이 하나씩 실상으로 나타나 비유로 감추어진 뜻이 풀리는 계시의 역사가 일어난다고 주장한다.[68]

하지만 본문에서는 두루마리를 감싼 '인' 자체를 '비유로 감추어 두신 요한계시록의 말씀을 상징하는 것'으로 해석한다. 그 근거는 "사람의 귀를 여시고 인 치듯 교훈하시나니"(욥 33:16, 개역한글)라는 말씀이다. 하나님은 교훈의 말씀으로 그 마음에 인을 치시기에, 여기서 인은 말씀을 뜻한다는 것이다. 그렇다면 여기서 혼동이 발생한다. 인봉된 두루마리도 요한계시록 말씀이고, 인도 요한계시록 말씀이면, 두루마리는 곧 인과 같다는 말인가? 해석상 논리적 충돌이 발생한다.

이들이 근거로 삼는 욥기 33장 16절에서 '인 치듯'이라는 말은 인봉했다는 뜻이 아니다. '인 치듯 교훈했다'라는 표현은 도장을 찍어 지울 수 없을 정도로 강력하게 말씀하셨다는 뜻이다. 이는 하나님이 거듭 말씀하심에도 불구하고 이를 가볍게 여기고 무관심한 사람들에게 회개하고 돌아올 수 있도록 엄중하게 경고하셨다는 뜻이다. 그래서 이를 개역개정 성경은 "경고로써 두렵게 하시니"(terrifies them with warnings, NRSV, ESV)라고 말한다.

두루마리에 봉인된 인은 고대 근동과 1세기 로마에서 사용하던 문서 관행에 관한 역사적 배경을 참고해야 한다. 이집트, 바벨론, 페르시아, 헬라, 로마인들은 계약서를 작성하고 나서 그 내용을 공인하는 표시로 3개에서 7개의 인봉으로 봉함했다.[69] 특히 7개의 인은 황제의 공식 문서에 종종 사용되었다. 로마 황제의 편지들과 페르시아의 다리우스왕이 자신의 인장으로 일곱 봉인을 한 문서가 아직까지 남아 있다.[70] 인봉을 한 이유는 수신자 외에는 문서를 보지 말도록 금하는 것과 함께, 이 문서를 봉인한 자의 권위를 드러내어 문서 내용의 공식적인 중요성을 드러내기 위함이다.

≣ 네 생물 (1절)

6장에는 네 생물이 등장한다. 어린양이 일곱 인을 차례로 떼실 때 네 생물은 각 인을 뗄 때마다 말과 말 탄 자에게 오라고 호출한다. 네 생물은 누구인가?

신천지의 주장에 따르면, 이들은 4장에서 본 네 천사장으로, 배도한 일곱 사자가 있는 일곱 금촛대 장막을 심판하는 일을 한다.[71] 우리는 앞서 네 천사장 중 하나가 교주라는 주장을 살펴보았다.

하지만 이들은 본문에 나오는 백마 또한 교주로 해석한다. 그 근거는 19장 11절에 백마를 타신 예수님의 모습이 등장하기 때문이다. 만약 네 생물 중 하나가 교주이고, 네 말 중 하나도 교주이면, 본문에서 네 생물 중 하나가 우레 같은 소리로 오라고 할 때 그 소리를 듣고 백마가 나온다는 것은 어떻게 해석해야 할까? 자기가 큰 소리로 자기 자신을 불러오라고 했다는 말인가? 이는 분명한 해석상의 오류다.

요한계시록은 분명 백마를 타신 예수 그리스도를 소개한다(19:11). 그리스도는 많은 면류관을 쓰고 계시고(19:12), 피에 적신 옷을 입으셨으며(19:13), 활을 갖고 있지 않으시고, 그분의 입에서 나오는 예리한 검으로 싸우시는 분이다(19:15). 하지만 본문에 나오는 흰 말을 탄 자를 살펴보면 19장의 그리스도와 다른 존재임을 알 수 있다. 본문의 백마 탄 자는 세상의 통치권(면류관)을 받고 광분해 전 세계를 악의 힘으로 굴복시키려는 세력이다.[72] 따라서 6장 2절의 백마 탄 자와 19장에 나오는 백마 타신 예수님은 분명 다르며, 이를 동일한 인물로 해석하는 오류를 피해야 한다.

더 나아가 이들이 일곱 금촛대 장막을 심판한다는 주장은 6장에서 그 근거를 찾을 수 없다. 이 주장이 성립되려면 백마가 나타나는 첫째 인을 뗄 때 첫 장막에 심판이 나타나야 하기 때문이다. 백마 탄 자는 일곱 교회에 활을 당겨야 한다. 그러나 여기에는 일곱 교회, 장막성전, 심지어는 니골라당에 대해서도 아무런 언급이 없다.

≡ 백마인가, 백마 부대인가? (2절)

그렇다면 백마에 대해 좀 더 구체적으로 살펴보자. 어린양이 첫째 인을 떼실 때 등장하는 백마를 타고 활을 든 자는 누구인가?

신천지에 따르면, 본문에 등장하는 말은 단수가 아니라 복수다. 말

하나가 아니라 여러 말들이 모인 부대다. 따라서 백마, 홍마, 흑마, 얼룩말 부대이고, 말들의 색깔이 다른 것은 각각 맡은 사명이 다름을 말해 준다고 주장한다.[73] 말을 단수가 아닌 복수로 해석하는 것은 스가랴 6장 1-4절에 나오는 네 말들에 관한 환상에 근거한다. 스가랴서에서는 말이 복수로 등장하는데, 첫째 병거에는 붉은 말들이, 둘째 병거에는 검은 말들이, 셋째 병거에는 흰 말들이, 넷째 병거에는 어룽지고 건장한 말들이 메어 있는 것으로 진술한다. 하지만 엄밀하게 따지고 보면 스가랴서에 나오는 말들과 본문에 나오는 말은 다른 내용이다.

첫째, 스가랴서에서는 병거를 끄는 말들로 등장한다. 병거를 힘 있게 끌기 위해서는 복수의 말이 필요하다. 그러나 6장에는 말 한 마리와 그 말을 탄 자가 등장한다. 요한계시록의 말 환상이 스가랴서와 상관성이 있으려면 요한계시록에도 말 병거가 등장해야 한다. 그러나 요한계시록에는 말 한 마리에 말 탄 기수 하나가 등장할 뿐이다. 이들은 하나님의 명령을 수행하는 재앙의 전령 역할을 한다.

둘째, 말의 색깔에 차이가 있다. 요한계시록에서는 첫째 인을 떼자 흰 말이, 둘째 인을 떼자 붉은 말이, 셋째 인을 떼자 검은 말이, 넷째 인을 떼자 청황색 말이 등장한다. 반면 스가랴서는 첫째 병거에 붉은 말들, 둘째 병거에 검은 말들, 셋째 병거에 흰 말들, 넷째 병거에 어룽진 말들이 메어 있었다. '어룽지다'(dappled, NRSV, NIV)라는 말은 얼룩무늬가 있는 얼룩말이라는 뜻이다.

일단 말이 등장하는 순서가 다르고, 또한 말의 색깔이 일치하지 않는다. 일치하지 않는 부분은 청황색 말이다. 요한계시록에서 청황색 말은 병색이 짙은 핏기 없는 녹색 빛을 띤 회색(greenish gray)으로 질병과 죽음을 의미한다.[74] 반면 스가랴서의 얼룩말은 단순한 얼룩무늬를 나타내고, 도리어 청황색이 갖는 질병과 사망의 의미와는 정반대로 '건장한' 말로 소개된다.

따라서 스가랴 6장 1-4절에 근거해 요한계시록의 말이 복수형 집합명사라는 것은 억지 해석에 불과하다. 게다가 이 말들이 갖는 색깔의 의미는 사명이 다름을 뜻하는 것이 아니라 이들이 이 땅에 가져오는 재앙의 특징을 상징적으로 보여 준다. 흰은색은 국제 전쟁을, 붉은색은 내란을, 검은색은 기근을, 청황색은 질병을 각각 상징한다.

≡ 말 탄 자는 누구인가? (2절)

말 탄 자의 실상은 무엇일까? 이단 단체의 주장에 따르면, 하나님의 뜻은 하늘 영계에서 이루어진 것처럼 땅에서도 이루어져야 하기에, 하나님과 예수님이 천사들을 말로 삼아 부리시는 것처럼, 육계에서 영들은 육체를 말로 삼아 역사한다고 주장한다. 이들은 "애굽은 사람이요 신이 아니며 그들의 말들은 육체요 영이 아니라"(사 31:3)라는 구절을 근거로 삼아 본문의 말 탄 자는 영들을, 말들은 육체들을 가리킨다고 주장한다.[75] 이들은 영계의 하나님은 영들을 말로 삼아 강림하시고, 영들은 또 육체를 말로 삼아 타고 일한다고 주장한다.[76] 이 말을 쉽게 풀면, 하나님은 어린양을 통해 역사하시고, 어린양은 교주의 육체에 신인합일해 역사하신다는 말이 된다.

따라서 신천지에 의하면, 백마는 네 생물 중 한 조직의 사명자(교주)이고, 백마를 탄 자는 어린양, 곧 예수님의 영이다. 쉽게 말하면, 교주의 육체에 예수님이 임하시어 신인합일한 역사가 일어난 것이다.

과연 교주는 말 탄 자인가? 이들이 근거로 삼은 "말들은 육체"(사 31:3)라는 구절을 좀 더 엄밀하게 검토해 보자. 이사야 31장은 바벨론이 침공하자 이스라엘이 이에 맞서 싸우기 위해 애굽에 동맹을 요청하려는 것을 하나님이 만류하시는 내용이다. 하나님은 도움을 구하러 애굽으로 내려가지 말라고 하셨는데, 이들은 말을 의지하며 병거의 많음과 마병의 강함을 의지하기만 할 뿐 이스라엘의 하나님 여호와를 구하지 않는다고 경고하셨다. 그러면서 애굽은 사람에 불과하며, 이들이 자랑스럽게 여기는 말들은 한낱 유한한 육체, 즉 "고깃덩이"(공동번역)에 불과하다고 말씀하셨다. 의지할 바가 못 되는 유한한 생명체에 불과할 뿐이라는 의미다. 이런 문맥의 흐름을 무시하고 문자적으로 말은 곧 육체이기에, 교주의 육체에 예수님의 영이 타셨다는 주장은 성급한 해석이다.

만약 이들이 이렇게 주장하면 또 다른 난점이 발생한다. 만약 교주가 백마 탄 자라면 그는 신인합일을 이루어 죽지 말고 영생불사를 소유해야 하는데, 점점 늙고 병든다는 사실이다. 어떻게 말 탄 자가 그렇게 될 수 있는가? 여기에 더한 논리적 모순이 있다. 백마를 탔다는 말은 이미 이겼다는 뜻인데, 어떻게 백마 탄 자가 "이기고 또 이기려고" 하느냐는 것이다(6:2). 백마 탄 자는 이미 이긴 자가 되어야 한다. 이것을 뒤집어서 이야기해서 이기기도 전에 백마를 탔다는 것은 논리적인 모순이다.

이들은 백마 탄 자가 '이기고 또 이기려고' 한다는 구절은 초림 때 예수님이 마귀와 싸워 이기신 것이요, 또 이기려 한다는 것은 요한계시록 성취 때에도 마귀와 싸워 이기려 하시는 것이라고 주장한다. 초림 때 예수님이 이기신 것처럼, 교주도 이 시대에 이긴 자라는 주장을 하려는 것이다.

하지만 본문은 이러한 주장을 지지하지 않는다. 본문의 '이기고'는 헬라어로 현재분사형(conquering, NRSV)이기 때문이다. '이겼고'가 아니라 '이기고'임에 주의하라. 또한 본문의 문장은 초림 예수님이 이기셨고 재림 예수님이 이기신다는 뜻이 아니라 동일한 한 인물인 백마탄 자가 현재 이기고 있고, 또 이기려 한다고 말한다. 만약 신천지의 주장처럼 이 구절을 초림 때 이기고 재림 때 이긴다고 해석한다면, 문장구성상 적어도 동일 인물이 초림 때 이기고 현시대에도 이겨야 한다. 그렇다면 둘 중 하나를 선택해야 한다. 초림 때의 예수님이 재림 때 그대로 오셔서 이기시든지, 아니면 교주가 초림 때 말 탄 자로 이겼다가 오늘날에도 말 탄 자로 이겨야 한다.

특이한 것은 이들이 말을 실상이 있는 한 인물로 주장하는 동시에 부대인 다수로 이야기한다는 점이다. 이들은 네 말들이 천천만만의 천사들이라고 한다(참조, 5:11).[77] 이들이 이렇게 주장하는 것은 논리적 일관성이 결여된다. 이를 이만희 씨의 저술을 중심으로 살펴보면 다음과 같다.

첫째, 말들을 복수로 이야기하며 천사들이라고 주장하는 것은 이만희 씨의 초기 저작《요한계시록의 진상》(1985)의 주장과 배치된다. 그는 분명 네 말을 네 사람으로 주장한 바 있다.[78] 그는 특히 백마에 주목하는데, 백마는 지상의 사명자인 육신의 인간, 말 탄 자는 성령이신 그리스도 예수라 해석한다.[79] 이는 전형적인 이단적 삼위일체론인 양태론적 이해를 반영한다. 예수님의 영이 이만희 씨에게 임하여 역사하는 것이 백마 탄 자의 실상인 것이다. 이것이 이후에 저술된《천국비밀 계시》,《요한계시록의 실상》(2011) 등과 같은 책에 다르게 해석된 것이다. 이렇게 된 것은 실상이 정확하지 않은 상태에서, 이후에 이들의 주장을 반증하며 논리적인 모순점들을 지적하는 주장에 대해 수정을 가하다 보니 혼란스럽게 편집된 것으로 보인다.

둘째, 말들을 천천만만의 천사들이라고 주장하면 논리적 자가당착에 빠진다. 왜냐하면 말은 육체이어야 하는데, 천사들은 영이기 때문이다. 이들은 아무 거리낌 없이 말을 네 생물이라고 했다가, 천천만만 천사라고 했다가, 육체라고 하기도 한다.

셋째, 이들은《요한계시록의 실상》에서 스가랴서에 나오는 각 색깔의 말을 복수인 집합명사로 주장한다. 그러나 초기의 저작인《요한계시록의 진상》에서는 이를 복수로 취급하지 않고 단수로 설명한다. 즉 설명이 나중에 가서 바뀐 것이다.

참고로, 신천지 강사 출신이었던 K 전도사의 증언에 따르면, 신천지 초창기 시절에는 네 말 중 백마의 실상만 있었다고 한다. 백마는 예수님의 영이 육체로 임한 이만희 총회장이었다. 그러나 이때까지만 해도 이들은 나머지 세 말의 실상어 무엇인지는 주장하지 않았다. 여기까지 실상을 미처 세우지 못했던 것이다. 하지만 이만희 씨의《요한계시록의 진상》은 실상에 대해 다음과 같이 주장한 바 있다.

> 만일 책이 펼쳐졌는데도(누군가가 요한계시록을 증거하는데도) 책에 기록된 모든 실물과 실상들이 나타나지 아니한다면 무엇을 증거할 것인가? 또한 실상이 나타났는데도 책이 펼쳐지지 아니한다면 어떤 예언의 말씀으로 드러난 실상을 증거할 수 있겠는가? 그러므로 책이 펼쳐지는 역사와 실상이 드러나는 역사는 동시성을 갖고 있는 불가분리의 사건이다.[80]

이러한 주장에도 불구하고 이들에게는 실상이 뚜렷하게 갖추어지지 않았다. 그러다 사건이 일어났다. 2000년대 초반, 또 다른 이단 단체에서 신천지가 주장하는 실상보다 더욱 명확한 실상을 제시하자 많은 신천지 신도가 흔들려 대거 그 단체로 넘어가는 사건이 발생했다. 그들에게는 네 말의 실상은 물론이거니와 요한계시록의 실상이 모두 구체적으로 다 있었다. 신천지 총회 본부에서는 비상대책을 세웠고, 이에 이만희 씨와 부인 유천순, 그리고 김○○씨 등이 함께 모여 네 말의 실상을 구성해 왔다. 그러나 이들이 준비한 네 말의 실상은 이종호, 신문배, 이찬선, 신상훈 씨였다. 그동안 이들이 주장하던 이만희 총회장이 빠진 것이다. 이때 교육장이었던 신현욱 씨를 비롯한 몇몇 사람들은 총회장이 빠진 것을 알고 교리를 수정해 다시 이 네 말의 실상을 이만희, 이찬선, 신문배, 신상훈 씨로 제시했다. 네 말의 교리가 오늘날 이렇게 혼동스럽게 기술된 것은 이들이 실상교리로 인해 많은 곤경에 처했던 역사가 있었기 때문이다.

≡ 말 탄 자가 가진 활 (2절)

백마 탄 자가 가진 활은 무엇인가? 신천지에 따르면 이는 영적인 활로, 곧 '심판하시는 말씀'이다(요 12:48; 엡 6:12-17).[81] 이들은 백마 탄 자, 곧 주님이 금촛대 장막의 성도들에게 원수처럼 활을 당기시는데, 이는 주를 배반하고 사탄의 족속이 되었기 때문이라고 한다.[82] 과연 이러한 해석이 타당한가를 두고 우리는 다음과 같은 점을 고려해야 한다.

첫째, 성경은 '활'을 심판하시는 말씀으로 해석한 구절이 없다. 성경에는 말씀을 비유한 것으로 '검'(히 4:12), '방패'(잠 30:5), '채찍'(전 12:11) 등이 나온다. 그러나 성경은 활을 하나님의 심판하시는 말씀으로 사용하지 않는다. 창세기 9장 13절에 등장하는 '활'(히, 케쉐트)의 경우는 무지개를 의미한다. 이들이 근거 구절로 제시하는 예레미야애가 2장 4절, 하박국 3장 8절은 말씀과 상관없는, 단지 '활'이라는 단어가 나온 구절들이다.

둘째, 본문은 활을 금촛대 교회를 향해, 또는 장막성전을 향해, 아니면 니골라당을 향해 쏜다는 언급을 전혀 하지 않는다. 금촛대 장막의 성도들에게 원수처럼 활을 당긴다는 것은 덧붙인 해석에 불과하다. 이들은 자기들은 절대 요한계시록을 가감하지 않았다고 하지만, 여기저기 가감한 흔적들이 많다.

셋째, 백마 탄 자가 갖고 있는 역사적 배경을 고려해야 한다. 앞서 언급했듯이, 본문의 백마 탄 자와 19장에 나오는 백마 타신 그리스도는 분명 다르다. 본문의 백마 탄 자는 말을 타고 활을 쏘는 반면, 19장에 나오는 백마 타신 그리스도는 입에서 나오는 예리한 검, 즉 말씀으로 싸우시는 분이다. 그렇다면 본문(2절)에 나오는 활을 쏘는 백마 탄 자는 어떻게 이해해야 할까?

이는 그 당시에 로마 군대에게 공포의 대상이었던 파르디아 기병대를 배경으로 한다. 패배를 모르는 세계 최강의 로마 제국도 이들에게 주전 55년과 주후 62년에 두 차례에 걸쳐 크게 패배한 적이 있다.[83] 이들은 등자 없이, 두 다리의 힘으로 달리는 말 등에 몸을 고정시켜 균형을 유지한 채 두 손으로 활시위를 당겨 적을 명중시키는 것으로 명성이 자자했다. 백마는 승리를 의미하며, 여기서 백마 탄 자는 파르디아 기병대의 기백과 같이 적국을 추풍낙엽처럼 쓰러뜨리는 국제전의 재앙을 가져온다.

17장

둘째 인의 사건

(6:3-4)

이에 다른 붉은 말이 나오더라
그 탄 자가 허락을 받아
땅에서 화평을 제하여 버리며
서로 죽이게 하고
또 큰 칼을 받았더라

▤ 둘째 인을 떼자 등장한 붉은 말

둘째 인을 떼자 붉은 말이 등장한다. 붉은 말을 탄 자는 화평을 제하여 버리며, 서로 죽이게 하고, 또 큰 칼을 받는다. 이에 대한 신천지의 해석은 어떠할까?

첫째, 이들은 붉은 말과 그 탄 자가 둘째 천사장의 말에 움직이는 영과 육이라고 주장한다. 이들은 앞서 백마는 네 그룹 중 한 조직체이고, 네 생물 중 한 조직의 사명자이자 천사장이라고 주장한 바 있다.[84] 그렇다면 붉은 말 역시 한 조직체이자 사명자인 동시에 천사장이 되어야 한다. 이런 논리라면 붉은 말이 곧 천사장이라는 말이 되는데, 분명 본문에서 붉은 말과 둘째 생물은 구분이 가는 다른 존재다. 붉은 말은 둘째 생물의 "오라"는 말에 앞으로 나아가 땅에서 화평을 제하고 분쟁을 일으키는 권세를 받고 실행한다. 둘째 생물은 하늘의 명을 전달해 오라고 했지, 그 마음대로 붉은 말과 그 탄 자를 움직이지 않았다.

둘째, 붉은 말을 탄 자의 실상은 무엇으로 나타났는가? 이들의 주장에 따르면, 홍마는 이찬선 씨다. 요한계시록 말씀대로라면 요한계시록의 실상은 이찬선 씨를 통해 배도자인 첫 장막 성도들에게 진리의 검인 곧 '심판하시는 말씀'을 받아, 이 칼로 서로 미워하고 해치게 하는 일이

200

이루어져야 한다. 그러려면 이찬선 씨 역시 교주처럼 진리의 말씀을 받아야만 한다. 그렇다면 그도 계시 받은 자가 되어야 한다. 그는 과연 계시 받은 자이고, 인봉을 푼 자이며, 요한계시록을 일부라도 받아먹은 자인가?

그러나 그가 첫 장막 성도들을 분쟁하게 했다는 실상의 증언은 좀처럼 찾아볼 수 없다. 그는 첫 장막 성도들을 말씀으로 심판한 적이 없다. 도리어 그가 말씀의 검을 받은 후에 신천지를 이탈하는 배도자의 명단에 오르는 기이한 일이 일어났다. 어떻게 말씀을 받아먹고, 그것도 네 생물 중 하나인 그가 배도자가 될 수 있는가? 그렇다면 네 생물의 실상이라고 주장하는 단체가 도리어 배도자의 장막이 아닌가?

≡ 붉은 말 탄 자의 활동은 무엇인가

우리는 붉은 말을 탄 자의 활동을 어떻게 이해해야 할까? 여기서 붉은색은 피를 연상시키며, 세상에서 일어날 끔찍한 유혈사태와 대량학살을 의미한다. 첫 장막의 성도들을 심판하는 것이 아니다. 붉은 말을 탄 자가 받은 '큰 칼'(헬, 마카이라 메갈레)은 당시 로마 군인들이 전쟁터에서 사용하던 칼의 일종이다. 당시 칼은 크게 두 종류가 있었다. 전쟁터에서 사용했던 양날 검인 '롬파이아'와 통치자나 군주가 명령을 내리고 권한을 집행하는 데 사용했던 단날 검인 '마카이라'다. 여기서 붉은 말 탄 자가 받은 것은 단날 검 '마카이라'다. 이를 '큰 검'(마카이라 메갈레)이라 한 것은 붉은 말 탄 자가 이 땅에서 평화를 제거하고 내란과 유혈사태를 일으키게 하는 권세가 크다는 것을 상징한다.

한편, 여기서 '죽인다'(헬, 스파조)라는 단어는 요한계시록 안에서 종종 그리스도와 그분을 따르는 신자들의 죽음을 가리키는데(5:6, 9, 12, 6:9, 13:8, 18:24), 이는 붉은 말의 등장으로 인해 일어나는 내란 가운데 성도들의 박해와 순교가 일어날 것을 암시한다(참조, 마 10:34).⁸⁵

18장

셋째 인의 사건

(6:5-6)

내가 네 생물 사이로부터
나는 듯한 음성을 들으니
이르되 한 데나리온에 밀 한 되요
한 데나리온에 보리 석 되로다
또 감람유와 포도주는
해치지 말라 하더라

▣ 셋째 인을 떼자 들리는 음성

셋째 인을 떼자 셋째 생물은 "오라"고 말하고 이에 검은 말이 나오는데, 말 탄 자의 손에는 저울을 가지고 있었다. 네 생물 사이에서 음성이 나오는데 "한 데나리온에 밀 한 되요 한 데나리온에 보리 석 되"라고 하면서, "감람유와 포도주는 해치지 말라"고 했다(6절).

신천지는 검은 말 탄 자는 셋째 천사장의 명령에 출현하는 영과 육이며 그 실상은 신문배 씨라고 주장한 바 있다. 검은 말 탄 자의 손에 있는 저울은 믿음과 행실을 달아 보는 하나님의 말씀을 가리킨다고 주장한다(삼상 2:3; 욥 31:6; 시 62:9; 단 5:27). 앞서 이들은 백마 탄 자가 가진 활, 붉은 말을 탄 자가 가진 칼이 '말씀'이라고 해석한 바 있다. 여기서는 이와 동일하게 저울도 말씀으로 해석한다. 이들은 하나님의 말씀은 상황에 따라 활, 또는 칼처럼 쓰이고, 본문과 같이 저울처럼 사용되기도 한다고 주장한다.[86]

이들은 나아가 "한 데나리온에 밀 한 되요 한 데나리온에 보리 석 되"라는 말씀에서 '데나리온'도 '말씀'으로 해석한다. 데나리온은 은전인데, 이것이 변치 않는 주님의 말씀을 뜻한다는 것이다(3:18; 마 25:15).

신천지에 의하면 다음과 같다. 밀 한 되와 보리 석 되는 믿음의 씨로 남은 성도를 가리킨다. 앞서 3장 4절에서 '사데에 옷을 더럽히지 않은 자 몇 명'이 바로 이들을 가리킨다는 것을 살펴보았다. '밀과 보리'는 잘 익은 곡식 알곡이고, '되'는 곡식을 담는 그릇으로 '말씀 가진 사람'을 의미한다.[87] '밀 한 되 보리 석 되'는 '밀 같은 사람 1명, 보리 같은 사람 3명'이다. 따라서 '한 데나리온에 밀 한 되요 한 데나리온에 보리 석 되' 라는 말은 배도한 장막 가운데서 주님의 말씀으로 믿음과 행실을 달 아 건진 자들이 겨우 밀 한 되와 보리 석 되에 빗댈 정도로 적다는 뜻으로, 이 소수의 무리들은 7장의 '영적 새 이스라엘 창조의 씨'가 된다.[88]

이들의 실상은 백만봉 씨의 재창조교회에 있다가 이탈한 이만희 씨, 그리고 그와 함께 이탈한 세 사람인 것을 앞서 살펴본 바 있다. 하 지만 보리 석 되의 실상은 이후 바뀌었고, 최근에는 소수의 무리들 정 도라고만 두루뭉술하게 말하고 있다. 실상이 자꾸만 바뀌자 고육지책 으로 이렇게 제시한 것으로 보인다.

신천지에 따르면, 본문에서 나오는 감람유와 포도주는 두 증인 의 말씀을 가리키며(11:3-4), 포도주는 예수님의 말씀을 상징한다(요 15:1).[89] 감람유와 포도주를 해치지 말라는 것은 없애야 할 것은 거짓 교리이지, 참된 증거의 말씀을 없애지 말라는 뜻이라고 주장한다.[90] 만약 이들의 해석을 진리로 받아들인다면 여기에는 해결하기 어려운 모순점들이 발생한다.

≣ 밀 한 되 보리 석 되, 그리고 검은 말 탄 자

먼저는 밀 한 되 보리 석 되에 대한 것이다. 앞서 사데 교회에서 이들의 실상이 초래하는 어려움을 살펴보았거니와, 여기서는 또 다른 해석의 난점이 존재하게 된다. 그것은 흑마가 손에 저울을 들고 밀 한 되 보리 석 되를 들고 있다는 것이다. 밀 한 되는 예수님의 영이 임한 언약의 새 목자를 가리키는데, 본문 말씀에 따르면 그 목자는 검은 말의 저울, 즉 하나님의 말씀을 통해서 믿음과 행실을 달아서 나와야 한다. 하지만 언약의 새 목자는 네 말 중 백마로 이미 첫째 인에서 나왔다고 주장한 바 있다. 검은 말이 나오기 전에 백마가 미리 나온 것이다. 그런데 여기서 또다시 검은 말 탄 자의 손에 든 저울을 통해 나왔다고 한다.

이를 뒤집어 이야기하면 새 목자는 검은 말 탄 자를 통해 나오는데, 아직 건짐도 받지 않은 그가 감람유의 증거할 말씀을 소유할 수 있을까? 불가능하다.

이런 모순들이 발생하는 것은 해석하기 애매한 것은 아전인수식으로 말씀, 또는 새 목자 등으로 해석하기 때문이다. 이들은 저울이 말씀이라고 하는 동시에 데나리온도 양식으로 해석한다. 그렇다면 한 데나리온으로 양식을 사서 저울에 다는 것은 말씀으로 믿음과 행실을 달아 건진 자들을 말씀으로 산다는 말인가? 논리적인 해석이 성립되지 않는다. 게다가 이들은 데나리온이 은전이라고 하면서도 모두 금과 관련한 성구들을 인용한다(3:18; 마 25:15).

▤ 밀과 보리는 사람! 감람유와 포도주는 말씀?

이들의 해석에는 일관성이 결여되어 있다. 예를 들어, 밀과 보리를 사람으로 풀이했으면, 감람유와 포도주도 같은 땅의 소산이기에 마땅히 사람으로 풀이해야 한다. 그런데 이것은 엉뚱하게도 말씀으로 해석한다. 이렇게 되면 여기서 말씀을 상징하는 것은 저울, 데나리온, 감람유, 포도주가 된다. 그렇다면 밀 한 되가 전하는 말씀이 감람유와 포도주와 저울이란 말인가? 주목할 점은 여기서 말씀으로 해석한 데나리온은 이만희 씨가 쓴 《예수 그리스도의 행전》에서는 영생으로 해석한다는 것이다.[91] 이처럼 그때그때 해석이 달라지는 것을 계시 받은 말씀이라고 할 수 있을까?

포도주와 감람유는 해치지 말라는 것은 공동번역을 보면 쉽게 이해가 간다. "하루 품삯으로 고작 밀 한 되, 아니면 보리 석 되를 살 뿐이다. 올리브 기름이나 포도주는 아예 생각하지도 마라"(6:6, 공동번역).

사실 이 말씀은 당시 도미티아누스 황제 때 일어난 일을 배경으로 한다.[92] 황제는 제국에 기근이 찾아오자 군대를 위한 식량을 확보할 목적으로 빌라델비아의 포도나무 절반을 베어 낸 후 밀과 보리와 같은 곡물을 심도록 명령했다. 그러나 이 지역의 화산토는 다른 곡물을 재배하기에 적합하지 않았고, 결국 이 일로 빌라델비아의 지역 경제는 큰 타격을 받았다. 이 일로 도시가 황제에게서 돌아설 정도였다.

황제는 포도나무를 베어 버리라고 했지만, 주님은 베어 버리지 말라고 하셨다. 이런 흉년조차도 하나님의 주권에 속해 있기 때문이다. 물가가 한 데나리온에 밀 한 되 보리 석 되, 즉 당시 물가의 8-16배나

되는 터무니없는 가격으로 치솟아도 주님이 이 모든 상황을 주관하고 계시기에 흔들리지 말라고 말씀하신 것이다. 셋째 인은 기근의 재앙 가운데서도 성도와 교회를 보호하시는 그리스도의 음성을 전한다. 네 생물 사이에서 나오는 듯한 음성(6절)은 그리스도의 음성을 가리킨다.

19장

넷째 인의 사건

(6:7-8)

내가 보매 청황색 말이 나오는데
그 탄 자의 이름은 사망이니
음부가 그 뒤를 따르더라
그들이 땅 사분의 일의
권세를 얻어 검과 흉년과
사망과 땅의 짐승들로써
죽이더라

▓ 넷째 인과 청황색 말

넷째 인을 떼자 이번에는 청황색 말이 나왔다. 그의 이름은 사망이고, 이들이 땅 4분의 1의 권세를 얻어 검과 흉년과 사망과 땅의 짐승들로 죽이는 내용이다.

신천지는 청황색 말과 말 탄 자가 죽이는 이들을 배도한 일곱 금 촛대 장막성전으로 해석한다. 말 탄 자는 검과 흉년과 사망과 땅의 짐승들로 이들을 죽이는데, 검은 심판의 말씀을, 흉년은 말씀이 없는 영적 빈곤을, 사망은 영을 죽이는 것을 말한다고 한다.[93] 이들은 특히 '땅의 짐승'의 해석에 주목하는데, 여기서의 짐승은 13장에 나오는 짐승과 같은 존재로, 이들은 일곱 금촛대 장막을 짓밟고 육백육십육이라는 표를 받게 될 자들이다.[94] 짐승은 말 탄 자와 다른데, 청황색 말 탄 자는 하나님 소속이고, 짐승은 음부 소속이다.[95] 이는 사탄 소속의 목자이자 멸망자인 청지기교육원을 말한다.

▓ 청황색 말 탄 자가 죽이는 이들은 누구인가? (7절)

청황색 말 탄 자가 죽이는 이들은 2-3장의 일곱 교회가 아니라 '땅'(the

earth), 곧 세상이다. 만약 신천지가 주장하는 대로 심판의 대상이 일곱 교회, 곧 첫 장막 사람들을 의미한다고 하면 여기에는 몇 가지 난점이 존재한다.

첫째, 요한계시록에서 주님은 2-3장의 일곱 교회에게 심판과 멸망을 선포하신 적이 없다. 주님은 이들을 멸망의 대상, 심판의 대상으로 보시지 않았다. 일곱 교회 중 일부를 책망하고 경고하신 이유는 이들을 사랑과 회복의 대상으로 보셨기 때문이다. 그래서 이들로 열심을 낼 것을 따뜻하게 격려하신 것이다.

따라서 신천지가 에스겔 9장에 나오는 죽이는 무기를 손에 든 자와 청황색 말 탄 자를 동일시하며, 심판받는 일곱 금촛대 교회가 살육당하는 예루살렘과 같다고 주장하며 이것이 곧 장막성전의 심판이라고 하는 것은 자의적인 해석일 뿐이다. 예루살렘은 멸망의 대상이지만, 일곱 교회는 회복의 대상이기 때문이다. 심지어 예루살렘의 멸망은 그것으로 끝나지 않는다. 에스겔서는 이런 심판 이후 예루살렘이 장차 영광스럽게 회복될 것까지 전망하고 있다(겔 37, 47장).

둘째, 만약 본문의 해석이 일곱 금촛대 교회의 심판이라고 한다면 이들 중 4분의 1이 멸망한다는 것은 난점을 초래한다. 왜냐하면 첫 장막 성도 4분의 1을 죽였다면 4분의 3은 살아 있다는 말이 되기 때문이다. 즉 이들이 배도했지만 4분의 3을 차지하는 대부분은 살아 있는 셈이 된다. 과연 배도한 이들 중 4분의 1만 죽인다는 것이 가능한 일인가?

셋째, 이들이 주장하는 비유 풀이 공식대로 하자면, 땅은 곧 마음이다. 그렇다면 넷째 인의 재앙은 마음에 재앙이 쏟아지는 것으로 해석해야 한다. 어떻게 땅이 장막성전이 될 수 있는가? 이것은 그들의 비유 풀이 해석에 대입해도 들어맞지 않는다.

앞서 언급했지만, 땅 4분의 1의 심판은 이 세상 4분의 1이 우주적으로 심판받는 것을 의미한다. 4분의 1이라 함은 말 탄 자의 권세가 제한되어 있음을 의미하는데, 이는 심판 중에도 세상을 사랑하시고 구원하시려는 하나님의 사랑과 은혜를 보여 준다. 무지개가 천상 보좌에 둘린 것은 이를 잘 보여 준다(4:3).

▤ 심판의 도구로 충분한 효과가 있는가? (8절)

청황색 말 탄 자가 사용하는 심판의 도구는 검, 흉년, 사망, 땅의 짐승들로 사람들을 죽이는 것이다. 신천지는 여기서의 검을 심판의 말씀으로, 흉년은 말씀이 없는 영적 빈곤으로, 땅의 짐승은 멸망자로, 죽음을 영의 죽음으로 해석한다.

여기서 나오는 검, 흉년, 사망, 짐승들 등은 구약에서 하나님의 백성이 언약을 저버릴 경우 이 땅에 실질적으로 내려질 재앙들이다(레 26:14-28; 겔 14:21). 그리고 이런 재앙들은 예루살렘이 멸망할 때 실질적으로 이루어졌다. 구약에 실질적으로 일어난 재앙들이 신약의 종말 시대에 다시 일어날 것을 말씀하신 것이다. 이는 하나님의 언약이 최종적으로 성취되는 것과 깊은 관련이 있다.

그렇다면 신천지의 주장에 따라 첫 장막 사람 4분의 1이 영적으로 죽었다는 것은 구체적으로 어떤 타격을 입힌 것일까? 영생을 잃어버린 것인가? 그렇다면 나머지 4분의 3은 영생을 아직 소유하고 있으며 영이 살아 있는 것일까? 게다가 하나님 소속인 청황색 말 탄 자가 사탄 소속의 땅의 짐승, 곧 청지기교육원을 이용해 죽이는 것이 타당한가? 심판의 말씀을 사용한다는 것은 하나님 소속이라는 점에서 납득이 가도, 어떻게 하나님 소속이 사탄에게 속한 것을 사용하라고 할 수 있는가? 이렇게 볼 때 청황색 말 탄 자가 사용하는 심판의 도구들은 그 효과와 정당성 면에서 모순적이다.

본래 요한계시록에서 청황색 말이 가져오는 재앙은 온 세상에 기근과 전염병과 짐승을 통해 가져오는 죽음을 상징한다. 청황색은 앞서(2절) 살펴본 것처럼 병색이 짙은 핏기 없는 녹색 빛을 띤 회색으로, 질병과 죽음을 의미하는 색이다. 이런 전 지구적인 심판을 장막성전 일부 교인의 영적 심판으로 축소해 실질적인 육체의 죽음을 영적 죽음으로 해석하는 것은 타당성을 확보하지 못한다. 사람의 영을 멸하실 수 있는 분은 오직 하나님 한 분뿐이시다(마 10:28).

≡ 땅의 짐승은 요한계시록 13장의 짐승과 같은 존재인가?

신천지는 본문의 '땅의 짐승'이 13장에 등장하는 짐승과 같은 짐승이라고 본다. 이 땅의 짐승은 13장의 예언대로 바다에서 올라온 짐승과 하나가 되어 일곱 금촛대 교회를 짓밟고 육백육십육이라는 표를 하게 될 것이라고 한다. [96]

그러나 요한계시록 6장의 짐승과 13장의 짐승은 다르다. 본문에서의 짐승은 땅에 거주하는 짐승들을 말한다. 이 짐승들이 사람들을 죽이는 심판의 도구로 사용되는 것은 하나님이 세우신 자연 질서의 파괴로 인한 심판의 한 면을 보여 준다.[97] 성경은 장차 하나님이 세우실 새 하늘과 새 땅에서는 땅의 짐승들이 사람들과 화목하고 모든 피조 세계가 화목할 것을 그리고 있다. 어린이가 독사 굴에 손을 넣고 장난을 쳐도 아무런 해가 없는 시대가 도래할 것이다(사 11:6-8; 롬 8:18-22). 6장의 땅의 짐승들이 사람들을 공격하고 죽이는 것은 죄로 인해 이 땅에 하나님의 질서가 파괴되고 재앙이 임하는 것을 보여 준다.

이와는 달리 13장의 짐승은 용과 밀접한 관계가 있는 존재로, 마귀에게 권세를 받아 하나님의 백성을 핍박한다. 이는 로마 제국의 황제를 모델로 한다.[98] 따라서 6장의 짐승과 13장의 짐승은 다르다.

▤ 청황색 말의 실상은 넷째 인을 증거하는가? (8절)

신천지의 경우, 청황색 말의 실상이 신상훈 씨라고 주장한다. 그렇다면 그는 청지기교육원이 장막성전에 들어왔다고 하는 1980년 9월 14일 이후에 들어와 말씀의 흉년을 주고 영이 죽게 하는 말씀을 전해 장막성전 4분의 1을 죽게 해야 한다. 하지만 실제 그는 1980년 9월 이후 장막성전에 들어간 적도, 영이 죽게 하는 말씀을 전한 적도 없다. 도리어 그는 후에 신천지를 이탈해 그 교리를 수정하여 자신을 보혜사 성령으로 주장하는 《구름 타고 다시 오시는 주님을 기다리는 신앙인의 지침서》라는 책을 발간했다. 도리어 배도자가 된 것이다. 이후 그는 신천지 공식 문서에서 당 지은 자로 낙인이 찍혔다.[99]

네 말의 실상을 도표로 제시하면 다음과 같다.[100]

네 말	요한계시록의 내용(6:2-8)	실상
흰 말	활을 갖고 면류관을 받고 나가서 이기고 또 이기려 함(2절)	이만희
붉은 말	땅에서 화평을 제하고 서로 죽이게 하고 큰 칼을 받음(4절)	신문배(사망)
검은 말	전쟁과 기근으로 밀과 보리의 가격이 폭등함(5-6절)	신상훈(사망)
청황색 말	땅 4분의 1의 권세를 얻어 검과 흉년과 사망과 땅의 짐승들로 땅 4분의 1을 죽임(8절)	이찬선(사망)

20장

다섯째 인의 사건

(6:9-11)

각각 그들에게 흰 두루마기를
주시며 이르시되
아직 잠시 동안 쉬되
그들의 동무 종들과 형제들도
자기처럼 죽임을 당하여
그 수가 차기까지 하라 하시더라

≣ 천상의 순교자들의 탄원

다섯째 인을 떼자 천상의 순교자들이 하늘 제단 아래에서 하나님께 땅에 거하는 자들을 심판해 자신들의 피를 갚아 달라고 탄원했다. 이에 하나님은 순교자들에게 흰 두루마기를 주시며 동무 종들과 형제들이 죽임을 당하는 수가 차기까지 잠시 쉬라고 말씀하셨다.

신천지는 이 본문에서 순교자, 배도자, 멸망자를 구분해 자신들의 교리에 맞추어 풀어 간다.

≣ 멸망자는 누구인가? (10절)

신천지에 의하면, 본문에서 "땅에 거하는 자들"(10절)은 멸망자로, 그 실상은 청지기교육원 소속의 목회자들이다. 이들은 순교자들의 피를 흘리게 한 사탄이 함께하는 사람들이라는 것이다. 사탄이 함께한다는 것은 사탄이 들어가 그들을 사용했다는 뜻이다. 이런 해석은 신천지가 주장하는 영은 육을 들어 쓴다는 논리를 고스란히 반영한다. 이들은 순교자들이 하나님이 땅에 거하는 자들, 곧 사탄이 들어 썼던 이들을 심판해 사탄의 정체를 드러내시면 자신들을 죽인 사탄을 심판하신

것과 같다고 주장했다고 말한다.[101]

만약 멸망자들이 들어와 순교자를 냈다면, 멸망자들에 의해 피 흘려 육신이 죽은 순교자들은 누구일까? 장막성전 사람들 중에 육신이 죽은 사람이 누가 있는가? 이들은 이런 주장에 대해 실상을 회피하려 한다. 왜? 육신이 죽은 순교자가 없기 때문이다. 더 나아가 이들은 순교자와 함께 채워야 할 14만 4천이 있다고 주장한 바 있다. 이들의 주장을 살펴보자.

> '잠시 동안 쉬되' 하는 말은 잃어버린 육체를 다시 입는 부활을 기다리게 하는 말이다. 저희 동무 종들과 형제들도 자기처럼 죽임을 받아 그 수가 차기까지 하라 하셨으니 정해진 수가 있음을 알자. 하나님의 정한 수는 14만 4천 인임을 말해 주고 있다.[102]

이들의 실상이 14만 4천이라면, 이들의 명단은 누구일까? 이것이 명확해야 나중에 신천지 14만 4천과 영육합일을 이루기 때문이다. 그러나 이들은 명확한 14만 4천의 실상을 밝히지 않는다. 이런 당혹스러움 때문인지, 이들은 이후의 책에서 14만 4천을 채워야 한다는 말을 슬그머니 빼 버렸다.

그렇다면 본문이 말하는 '땅에 거하는 자들'은 본래 누구를 말하는 것일까? 여기서 '땅'은 하늘과 대조되는 장소로, 아직 하나님의 정의가 완전히 실현되지 않은 불의하고 여전히 공중 권세를 잡은 사탄이 영향력을 발휘하는 곳이다.[103] 구체적으로는 황제 숭배를 거부하는 그리스도인들을 핍박하고 죽인 로마 제국(바벨론)을 의미한다.

≡ 동무 종들과 형제들은 배도자인가? (11절)

순교자들의 탄원에 하나님은 잠시 쉬되 그들의 동무 종들과 형제들도 죽임을 당해 그 수가 차기까지 하라고 말씀하셨다(11절). 언뜻 봐도 동무 종들과 형제들은 순교자들과 함께 신앙을 지키던 그리스도인들로 여겨진다.

그러나 신천지는 특이하게도 여기서의 동무 종들과 형제들이 배도한 첫 장막 목자들과 성도들이라고 주장한다.[104] 이들을 동무 종들과 형제라고 하는 것은 이들도 한때 하나님의 말씀으로 나서 하나 되었던 자들이기 때문이라고 한다. 그러나 이들은 순교자와는 다르게 죄를 짓고 회개하지도 않아서 그 영이 수치스러운 죽임을 당한 자들이라고 신천지는 주장한다. 본문을 면밀하게 검토하면 이들의 주장과는 달리 동무 종들과 형제들은 순교자와 같은 운명에 처할 순교자들과 같은 성격의 무리들임을 알 수 있다.

첫째, '동무 종'이란 말은 헬라어로 '쉰둘로스'로 '함께 종 된 자들'(fellow servant)을 말한다. 한 주인을 섬기는 동료 종들이란 뜻이다. 따라서 동무 종은 순교자들과 다른 배도의 무리가 아니라, 순교자와 같은 무리 중 아직 순교를 당하지 않은 이들을 가리킨다. 이는 '형제들'도 마찬가지다. 헬라어에는 '그들의 형제들'(헬, 아델포이 아우톤, their brothers)로 되어 있다. 이는 순교자들의 형제들을 가리킨다.

둘째, 신천지는 초창기 시절 이들도 함께 순교자들의 무리와 함께 14만 4천을 이룬다고 주장했다.[105] 이런 주장의 근저에는 동무 종과 함께 종 된 자들을 순교자들과 같은 무리로 보았던 점이 작용한다. 이는 신천지가 처음에는 순교자들과 동무 종들을 같은 무리로 보았음을 보여 준다. 그러나 이렇게 보면 신천지 사람들도 그 수 14만 4천이 차기까지 죽어야 한다는 결론이 도출된다. 영생하러 왔는데 죽어야 한다니 얼마나 당혹스럽겠는가? 그래서 처음의 해석을 바꾼다.

셋째, 이들을 순교자와 같은 무리로 본다면 이들의 죽음은 순교자들과 같은 종류의 죽음, 곧 육체의 죽음이다. 그래서 현대인의성경은 11절을 "그들의 동료 종들과 형제들도 죽임을 당하여"라고 번역했다. 순교자들과 동일한 육체의 죽음을 의미하는 것이다. 이것이 본문이 말하는 '자기(순교자)처럼 죽임을 당한다'라는 말의 뜻이다.

따라서 신천지의 동무 종들과 형제들은 육이 아닌 영이 죽임을 당한다는 주장은 성립할 수 없다. 신천지는 멸망자(청지기교육원)가 와서 이들의 영을 죽였다고 주장한다. 여기서 영을 죽인다는 것은 본래 비진리에 물들이고 짐승의 교리에 의해 심판받는 것을 말한다. 엄밀한 의미에서 영을 소멸시킨다는 뜻은 아니다. 분명한 것은 피조물은 영을 죽일 수 없다. 영은 오직 하나님만 멸하실 수 있다(마 10:28). 게다가 한 사람이 범죄하면 그 사람은 굳이 영을 죽이지 않아도 된다. 범죄하는 그 영혼은 하나님 앞에 심판당해 죽기 때문이다(참조, 겔 18:4, 20).

넷째, 다섯째 인은 순교자들의 탄원의 기도이지, 멸망자가 배도자를 죽이는 내용이 아니다. 다섯째 인에는 말이 등장하지 않는다. 말이 없으니 말 탄 자도 없다. 그런데 누가 누구를 죽이겠는가? 본문에는 멸망자가 배도자를 죽인다는 것을 뒷받침할 근거 구절이 없다.

≣ 그 수가 채워진다는 것은 무슨 뜻인가? (11절)

순교자들의 탄원에 하나님은 동무 종들과 형제들도 순교자들처럼 죽임을 당해 그 수가 차기까지 기다리라고 말씀하셨다(11절). 여기서 그 수가 찬다는 것은 무슨 뜻일까?

신천지는 배도자들이 멸망자들의 손에 3분의 1씩 모두 죽게 되면 하나님이 말씀하신 수가 채워진다고 주장한다(참조, 8-9장). 8장에서 3분의 1, 9장에서 3분의 1, 그리고 12장에서 3분의 1을 각각 심판해 결국 배도한 첫 장막 사람들을 다 죽이게 된다는 것이다. 결국 범죄한 선민들의 영을 모두 죽인 후에는 땅에 거하는 멸망자들, 곧 청지기교육원을 심판하게 되고, 그러면 순교자들의 피를 신원하는 일이 일어난다는 것이다. 이는 곧 새로운 신천지가 설립되는 것을 의미한다.

우리는 여기서 그 수가 찬다는 것이 무슨 의미인지 살펴보아야 한다. 수가 '찬다'(헬, 플레로토신)는 것은 '성취하다', '완성하다', '온전하게 하다', '충만하게 하다' 등의 의미로, 하나님 나라의 완성을 의미한다. 주의할 것은 여기서 수는 실제적인 수가 아닌 상징적인 수를 의미한다는 사실이다. 그때까지 이 땅에서 복음의 증인들은 환난과 고난을 당한다. 이는 하나님 나라가 이루어질 때까지 아직 이 땅에서 예수님의 복음으로 고난당하고 죽임을 당할 이들이 더 있음을 의미한다.

21장

여섯째 인의
사건과
어린양의 진노

(6:12-17)

산들과 바위에게 말하되
우리 위에 떨어져 보좌에 앉으신
이의 얼굴에서와
그 어린양의 진노에서
우리를 가리라

☰ 여섯째 인을 떼자 일어난 재난

여섯째 인을 떼자 우주적 혼란과 붕괴가 시작되었다. 큰 지진이 나고, 해가 검어지고, 달이 핏빛으로 변하며, 하늘의 별들이 흔들려 떨어지고, 하늘이 두루마리가 말리듯 떠나가고, 산과 섬이 제자리에서 옮겨졌다(12-14절). 이런 대붕괴의 현장에서 땅의 임금, 왕족, 장군, 부자, 강한 자, 종, 자유인 등 제국을 구성하는 이들은 모두 굴과 산들의 바위틈에 숨어 하나님과 어린양의 진노에 놀라 공포에 떨었다(15-16절).

신천지는 이러한 우주적 대파국의 심판 재앙을 첫 장막을 구성하는 이들이 배도해 이방 소속으로 변절한 사건을 가리키는 비유로 풀이한다. 다음은 모두 신천지의 주장이다.[106]

먼저, 우주적 붕괴의 언어들은 모두 첫 장막성전이 배도한 사건들을 상징한다. 해, 달, 별이 흔들리는 사건은 실제로 해, 달, 별이 흔들리는 것이 아니라 장막성전의 실상을 비유로 나타낸 것이다. 창세기 37장에 야곱의 꿈에서 해, 달, 별이 이스라엘의 가족을 상징했던 것처럼, 장막성전의 선민들을 상징한다.

빛의 근원인 해는 말씀의 빛을 발하는 목자(영적 아버지)를 말하고, 해의 빛을 반사해 빛을 발하는 달은 목자에게 말씀을 받아 전하는 전도자(영적 어머니)이고, 별은 말씀으로 생겨난 성도들을 가리킨다. 하늘은 해, 달, 별이 거하는 공간으로, 이는 선민이 거하는 장막을 뜻한다. 따라서 하늘의 해, 달, 별은 요한계시록 성취 때 '하늘'로 불리는 일곱 금촛대 장막의 목자와 전도자와 성도들이다.

큰 지진이 난다는 것(12절)은 첫 장막 성도들의 마음이 크게 흔들리는 것을 뜻한다. 해가 검어진다는 것은 장막 목자의 심령이 밤같이 어두워져 빛과 같은 하나님의 말씀이 더 이상 나오지 않는다는 뜻이다. 달이 피같이 된다는 것은 전도자의 사명이 죽어 말씀의 빛을 발하지 못한다는 뜻이다. 별들이 무화과나무가 대풍에 흔들려 설익은 열매가 떨어지는 것같이 땅에 떨어진다는 것(13절)은 배도한 선민의 대부분이 한꺼번에 육체뿐인 이방 소속이 된다는 뜻이다.

하늘이 두루마리가 말리는 것같이 떠나간다는 것(14절)은 성령이 떠나가는 것이고, 원래 있던 자리에서 이전한다는 뜻이다. 각 산과 섬이 옮겨진다는 것은 일곱 금촛대 장막의 지교회들이 이방 소속으로 이전된다는 뜻이다.

땅의 임금들과 왕족들과 장군들과 부자들, 강한 자들과 모든 종과 자유인(15절)은 육으로 돌아간 장막성전의 사람들인데, 이들은 굴과 산들의 바위틈으로 숨어 들어간다. 굴은 빛, 곧 말씀 없는 음부, 즉 무저갱을 뜻하고, '산'은 용(사탄)의 일곱 머리를 말한다(참조, 17:9). 용의 일곱 머리는 각각 교회를 갖고 있는 거짓 목자 7명을 말하며, 나아가 이들이 몸담은 이방 교단을 가리킨다. 바위는 이방 교단에 소속된 목자들을 비유한 것이다(참조, 신 32:31). 그러므로 굴과 산들의 바위틈에 숨는 것은 음부의 조직인 이방 교단과 목자의 소속, 곧 청지기교육원의 소속이 되는 것을 말한다고 이들은 주장한다.

▤ 임박한 하나님의 진노

하지만 이러한 주장은 그 자체로 모순점들을 내포하고 있다.

첫째, 이들은 해, 달, 별이 떨어지는 것이 장막성전이 이방 교단의 소속이 된다는 뜻이라고 주장하면서 동시에 굴과 산들의 바위틈에 숨는 것도 이방 교단의 소속이 되는 것이라고 주장한다. 본문의 흐름에 따르면, 해, 달, 별이 떨어진 이후 이것을 본 사람들이 두려워 굴과 산들의 바위틈에 숨는다. 두 사건의 시간적 순서가 있고 전자가 후자의 원인이 된다. 그러나 신천지의 해석에 따르면, 앞과 뒤의 순서가 무의미하고 결국 모두 다 이방 소속이 된다는 단순한 뜻으로 풀이된다. 이것은 자의적인 해석에 불과하다.

둘째, 이들은 해, 달, 별이 장막성전의 성도들이라고 주장하면서, 동시에 이들이 떨어지는 것을 보고 두려워 숨은 땅의 임금들과 왕족들, 장군들과 부자들, 강한 자들과 모든 종과 자유인들도 장막성전의 성도들이라 주장한다. 이것은 논리가 맞지 않는다. 자기가 떨어지는 것을 보고 두려워 자기가 숨는가? 논리적으로 성립되지 않는 기이한 해석이다.

셋째, 두려워 숨은 땅의 임금들과 왕족들, 장군들과 부자들, 강한 자들과 모든 종과 자유인들은 과연 무엇을 두려워했을까? 신천지의 해석에 따르면, 이들은 두려워 장막성전에 숨는 배도를 자행했다. 배도함으로 심판의 두려움을 피한 것인가, 아니면 신천지에 있는 것이 하나님의 심판임을 깨닫고 그 심판의 진노가 두려워 이방 소속이 된 것인가? 이들의 해석은 논리적 일관성이 상당히 결여되어 있다.

그렇다면 여섯째 인의 재앙에 대한 바른 이해는 무엇일까? 여섯째 인의 재앙은 그동안 천체와 자연의 안정적인 기반 위에 유지되었던 제국의 기반이 송두리째 흔들리게 됨을 의미한다. 이때 그동안 자연스럽고 당연하게 여겼던 모든 기반이 무너진다. 그동안 이런 일을 겪어 보지 못했던 제국의 구성원들, 곧 제국과 주변 식민지의 통치자들(왕들), 왕족들, 장군들, 부자들, 세력가들, 종(노예)들, 자유인들 등은 천재지변에 놀라 자신들이 살던 왕궁, 대저택, 군영, 집 등 생의 터전들을 버리고 모두 굴과 산들의 바위틈으로 숨어 들어간다.

이들은 거기서 임박한 하나님의 진노를 직감한다. 어린양의 진노에 직면해 공포에 떤다. 이 진노 앞에 모두가 죄인임이 만천하에 드러날 것이고, 죄에 따른 강력한 진노의 심판이 임할 것이다.[107] 하나님의 진노가 얼마나 무서웠던지 심판의 진노를 직면하느니 차라리 바위에 깔려 죽는 것이 낫겠다고 생각할 정도였다.

22장

지상의 14만 4천
_막간 장면 1

(7:1-3)

이르되 우리가 우리 하나님의
종들의 이마에 인치기까지
땅이나 바다나 나무들을
해하지 말라 하더라

≡ 진노의 큰 날에 하나님 앞에 설 수 있는 자

요한계시록 7장은 여섯째 인과 일곱째 인 사이에 들어간 막간 장면이다. 이는 여섯째 인과 일곱째 인의 사건 흐름 사이에 파고들어가 여섯째 인과 일곱째 인 사이의 긴장을 완화시켜 주는 동시에, 6장 끝에서 물었던 질문, "그들의 진노의 큰 날이 이르렀으니 누가 능히 서리요"(6:17)라는 질문에 대한 답변을 제공하는 기능을 한다. 막간에 들어갔다는 것은 7장의 설명이 시간적 흐름에 따른 설명이 아니라 논리적 흐름의 설명을 제공함을 기억해 둘 필요가 있다.

하나님의 진노의 큰 날에 그 앞에 설 수 있는 자가 누구일까? 이는 어린양의 피로 구속함을 받은 성도들이다. 성도들의 모습은 두 가지로 제시된다.

첫째, 이 땅에서 고난과 핍박 가운데 분투하며 믿음을 지키는 성도들의 모습, 곧 지상의 전투하는 교회(Church Militant)의 모습이다(1-8절). 이들은 거대한 악의 세력에 맞서 피 흘리기까지 치열하게 전쟁을 수행한다. 감사한 것은 그 와중에 하나님이 이 땅의 전투하는 교회를 보호하신다는 사실이다. 이는 인 치시는 행위로 나타난다.

둘째, 이 땅에서의 선한 싸움을 마치고 천상에서 영광 가운데 하나님의 보좌와 어린양 앞에 찬양과 영광을 돌리는 천상의 성도들의 모습, 곧 천상의 승리한 교회(Church Triumphant)의 모습이다(9-17절). 따라서 7장 전·후반에 나타난 이 땅에서 인 침 받은 성도들(4절)과 큰 환난에서 나와 어린양의 피에 그 옷을 씻어 희게 한 이들(14절)은 동일한 교회의 지상과 천상에서의 서로 다른 모습을 동시적으로 보여 준다.

하지만 신천지는 7장을 자신들의 단체의 성도들을 모으는 과정으로 해석한다. 따라서 6, 7, 8장의 시간적 흐름을 매우 중요하게 생각한다. 그러나 이들이 강조하는 시간적인 사건 순으로 본문을 풀어가다 보면 그 자체로 논리적 모순점들이 발생한다. 그렇다면 이들의 해석을 살펴보도록 하자.

▤ '이 일 후에'는 무슨 뜻일까? (1절)

신천지는 1절의 "이 일 후에"라는 말씀에 주목한다. '이 일 후'는 바로 이전 시간 다음이라는 뜻이다. 4장 처음에도 '이 일 후'가 등장하는데, 이들은 이를 2-3장의 사건, 곧 일곱 금촛대 장막의 사자에게 대언의 편지를 보낸 다음을 의미한다고 주장한다. 마찬가지로 여기서 '이 일 후'는 일곱 인으로 봉한 하나님의 책을 떼고(5-6장), 일곱 금촛대 장막이 심판을 받아 없어지는 사건 다음을 의미한다고 한다. 이들은 5-6장의 사건 다음에 일어나는 7장은 이 땅에 영원히 존재하는 하나님의 나라와 백성을 창조하는 것, 곧 자신들의 단체와 자기 단체에 속한 성도들을 세우는 매우 중요한 사건이라고 본다.[108]

하지만 요한계시록에서 "이 일 후에"라는 말씀은 시간적 순서를 의미하지 않는다. 이는 공간적, 논리적 장면 전환을 의미한다. 이는 마치 영화의 장면 전개와 비슷하다. 한쪽에서는 주인공이 적진에서 치열하게 싸우고 있지만, 다른 곳에서는 주인공의 친구가 휴양지에서 한가하게 요트를 타고 바닷바람을 즐기고 있는 것과 같다.

요한계시록에서 사용된 "이 일 후에"라는 말씀은 시간의 흐름이 아닌 공간의 전환, 논리적 순서로서 장면의 전환을 나타낸다(참조, 1:19, 4:1, 7:9, 9:12, 15:5, 18:1, 19:1, 20:3).[109] 7장은 하나님의 진노 앞에 서겠느냐는 질문(6:17)에 대해 그 앞에 설 수 있는 이들의 모습을 지상의 전투하는 모습(1-8절)과 천상의 모습을(9-17절) 동시에 보여 주어 그 효과를 강화하고 있다.

그렇다면 신천지가 6-7장에서 말하려는 사건은 어떤 순서로 그 실상이 이루어질까? 금촛대 장막이 무너진다는 것은 유재열 씨의 장막성전과 같이 전임자의 단체가 끝남을 의미한다. 신천지의 경우, 1980년 9월부터 첫 장막이 무너지기 시작해서 마흔두 달 후인 1984년 3월에 첫 장막이 끝나고 신천지를 시작했다. 이들은 첫 장막의 심판이 굴과 바위틈인 이방 교단에 소속됨으로 끝났다고 주장한다. 그 실상은 1981년 9월 20일 첫 장막 사람들이 이방 교단인 장로교에 소속되어 안수 받던 날을 의미한다.

≣ 땅 사방의 바람과 네 천사의 바람 억제(1절), 그리고 인 침(3절)

신천지에 의하면, '이 일 후', 곧 첫 장막성전이 심판받아 이방 교단에 소속되고 없어진 후 네 천사가 네 모퉁이에 서서 땅의 사방의 바람을 붙잡았다. 여기서 네 모퉁이, 땅 사방이란 일곱 금촛대 장막을 말하고, 네 천사는 하나님의 보좌 주위에 있는 네 천사장, 곧 네 생물을 말한다.[110]

사방의 바람은 원래 네 천사장을 통한 심판의 사건을 가리키는데, 이는 '환난의 바람'을 의미한다.[111] 천사장이 바람을 붙잡은 것은 천사들로 심판을 중지시키기 위함이다. 바람이 불지 못하게 한 까닭은 배도한 금촛대 첫 장막에 대한 심판이 끝났기 때문이다. 바람이 불지 못하게 한 땅과 바다와 각종 나무는 범죄한 첫 장막, 세상, 각 교단 성도들을 가리킨다(3절). 바람은 14만 4천 명을 인 치는 동안은 그치고, 정한 수가 차고 나면 다시 불게 된다.

14만 4천 명을 인 치는 역사는 무엇인가? 인은 하나님의 말씀이며, 말씀을 받은 목자다. 천사 하나가 "우리가 우리 하나님의 종들의 이마에 인 치기까지 땅이나 바다나 나무들을 해하지 말라"(3절)고 말했다. 여기서 '우리'는 책 받아먹은 목자인 신천지의 총회장과 영적 새 이스라엘의 열두 지파장, 곧 현 신천지의 열두 지파장을 말한다.[112] 이들은 하나님의 인이 된다.

하나님이 이들을 들어 인 치시는 이유가 무엇인가? 영적 이스라엘을 대표하는 첫 장막이 6장에서 심판을 받아 이 땅에는 하나님 나라와 백성이 없어졌기 때문이다. 14만 4천을 인 치시는 이유는 새로운 하나님 나라를 창조하시기 위함이다. 그것이 4-8절에 나오는 새 영적 이스라엘 열두 지파다.

이러한 해석은 그 자체로 논리적 모순을 드러낸다.

첫째, 이들은 천사장이 바람이 불지 못하게 한 이유는 일곱 금촛대 장막, 곧 배도한 첫 장막이 심판을 받아 끝났기 때문이라고 말한다. 심판을 받아 끝났는데 바람을 중지시킬 이유가 무엇인가? 심판이 끝났기에 바람은 이제 사라져야 마땅하다.

둘째, 천사장이 바람이 불지 못하게 한 이유는 천사가 인 치는 일에 지장이 있을 수 있기 때문이다. 그렇다면 바람이 불면, 곧 첫 장막에 환난의 바람과 심판이 오면 천사가 새 이스라엘(신천지)에 인 치는 일을 하기가 어려워질까? 오히려 그 반대일 것 같다. 첫 장막이 어려움을 겪고 흩어져야 둘째 장막에 사람들이 몰려올 수 있다. 아니, 첫 장막 사람들이 흩어져 사라진다 하더라도 둘째 장막을 세우는 데는 아무 지장이 없다. 첫 장막 사람들이 둘째 장막을 세우는 일을 방해하는 것도 아닌데, 무슨 지장이 있겠는가?

셋째, 이미 첫 장막(땅)과 첫 장막의 성도들(나무)이 심판받아 없어졌는데(6:14), 천사가 인 치는 일이 끝날 때까지 없어진 첫 장막과 첫 장막의 성도들을 해하지 말라고 한 것(3절)은 논리적으로 맞지 않는다.

넷째, 첫 장막의 실상으로 봐서 첫 장막의 심판은 굴과 산들의 바위틈인 이방 교단에 소속됨으로 심판을 받아 영이 죽었다(6:17). 이때가 1981년 9월 20일이다. 이때는 유재열 씨의 첫 장막성전에 오평호 씨가 들어와 장로교회로 교단을 바꾸고, 교회 이름도 이삭중앙교회로 이름을 바꾸어 목사 임직식을 거행한 날이다.[113] 이들은 이 일로 장막성전

232

은 돌 위에 돌 하나 남지 않고 황무해졌다고 주장한다. 그런데 새 예루살렘을 창조해 새로운 하나님의 나라인 둘째 장막(신천지)이 시작된 때는 1984년 3월 14일이다. 이때부터 인 치는 역사가 시작된 것이다. 그렇게 되면 바람을 멈추는 것과 인 치는 것이 동시적인 사건이 아니라 별도의 서로 상관없는 사건이 된다. 즉 실상이 맞지 않는다.

다섯째, 14만 4천의 인 치는 역사가 다 끝나면 다시 첫 장막에 환난의 바람이 불까? 이미 첫 장막은 없어진 지 오래다. 어떻게 존재하지도 않는 첫 장막에 바람이 불 수 있겠는가? 이는 거짓 실상임을 드러낼 뿐이다.

여섯째, 이들은 총회장이 인이라고 주장하면서, 동시에 인 치는 천사도 총회장이라고 주장한다.[114] 총회장이 인 치는 천사가 되어 자기를 인 친다는 말이 된다. 이는 논리적으로 성립되지 않는 해석이다.

일곱째, 성경에는 이들의 주장처럼 야곱의 열두 아들의 이름으로 인을 새기고, 초림 때에 예수님과 열두 제자가 하나님의 인이 되었다는 기록이 없다.[115] 이들이 구약의 근거로 제시하는 출애굽기 28장 21절은 제사장의 판결 흉패에 다는 열두 보석에 이스라엘 열두 지파의 이름을 새기라는 말이지, 결코 본문의 의도와 상관없다. 또 이들이 신약의 근거로 제시하는 요한복음 6장 27절은 예수님이 하나님이 인 치신 자라는 내용이다. 하지만 여기에는 제자들이 포함되어 있지 않을 뿐 아니라, 예수님이 하나님의 인이시라는 주장도 없다. 예수님은 하나님의 인 치신 자일 뿐이다. 신천지는 인과 인 침 받는 것을 동일하게 생각하는 오류를 범하고 있다.

여기서 우리는 인 침 받는 것의 성경적 의미를 파악할 필요가 있다.

성경에서 인 침 받는 것은 두 가지 의미다. 첫째는 하나님의 보호를 받는 것이다(창 4:15; 겔 9:4-5). 둘째, 하나님의 소유된 백성임을 의미한다(출 28:36-38). 신약의 성도들은 성령의 인 침을 받게 된다(엡 1:13-14, 4:30).

이상과 같은 논리적 이유 외에도 이들은 또 다른 천사가 '우리'라고 한 말을 신천지의 총회장과 열두 지파장이라고 해석하는 문법상의 오류를 저지른다. 이는 헬라어 문법상 자신을 겸손하게 표현하는 '겸양의 복수'(Plural of Modesty)를 의미한다.[116]

이렇게 볼 때 신천지는 하나님의 천사가 바람을 억제하고 인 치는 사건을 자신들의 단체가 이전 단체인 장막성전으로부터 나왔고 이전 단체는 심판받았다는 사실을 입증하기 위해 무리하게 대입해 풀이하려 했음을 알 수 있다.

▤ 해 돋는 곳(2절)은 어디인가?

한 천사가 하나님의 인을 가지고 온 곳은 '해 돋는 데'다. 해 돋는 곳은 어디일까? 이들은 해 돋는 곳이 '하나님의 역사가 시작되는 곳'을 가리키며, 지리적인 위치를 말하는 것이 아니라고 해석한다. 이러한 해석은 의외다. 왜냐하면 대부분의 이단들이 동방에서 온 의인이 교주임을 주장하면서 그 동방이 바로 아시아의 동쪽 끝인 한국이라고 주장하기 때문이다.[117]

하지만 이만희 씨의 초기 저작인 《계시록 완전해설》에서는 동방이 곧 한국이라는 전형적인 이단적 주장이 등장한다.

> 해 돋는 곳은 지구의 동쪽을 말함이요 … 하나님이 지구촌 중 아시아 해
> 돋는 곳이라 말씀하셨으니 이는 동방을 말하는 것이다. … 지구 중 아
> 시아, 아시아 중에서도 동방, 동방 중에서도 땅 끝, 땅 모퉁이 한반도이
> 며 한반도 중에서도 일곱 금촛대가 있는 장막(교회)에서 선천세계(처음
> 하늘나라)를 마치고 후천세계(새 하늘 새 예루살렘)의 역사가 펼쳐지는
> 것을 말했으니 새 역사 새 시대가 열리는 인 치는 역사가 있게 된다.[118]

　여기서 선천세계는 첫 장막을 말하고, 후천세계는 신천지 증거장막
성전을 말한다. 이처럼 이만희 씨는 처음부터 해 돋는 곳을 한국의 신
천지로 보았던 것이다. 그런데 가장 최근의 저작인《요한계시록의 실
상》에서는 이와 같은 주장을 부인하며 동방이 지리적인 위치를 말하는
것이 아니라고 둘러대는 이유는 무엇일까? 이는 아마도 이단 상담가들
의 집요한 공격을 받아 내용을 부분적으로 수정했기 때문일 것이다.
　성경에서 '동방'은 긍정적인 의미(창 2:8; 겔 43:2, 4; 눅 1:78)로 사용되
기도 하지만 부정적인 의미(삿 7:12; 사 43:5)로도 쓰인다. 특히 요한계
시록에서 동방은 하나님의 대적자들이 오는 곳으로 묘사된다(16:12).
이렇게 볼 때 동방에서 천사가 올라온다는 것은 재앙을 가져오는 동
방의 세력이 출몰하는 곳에서 하나님이 새로운 인 치심의 역사를 일
으키심을 의미한다.[119]

23장

인 맞은 열두 지파
14만 4천
_막간 장면 2

(7:4-8)

내가 인침을 받은 자의
수를 들으니 이스라엘 자손의
각 지파 중에서
인침을 받은 자들이
십사만 사천이니

☰ 14만 4천은 누구이며, 과연 '실제 수'인가? (4절)

본문에는 천사가 인 친 14만 4천이 등장한다. 이들은 이스라엘 자손의 열두 지파와 유사한 지파를 이루고 있다. 이들의 존재를 어떻게 규정하느냐에 따라 요한계시록 해석은 천차만별로 달라질 수 있다. 따라서 인 맞은 14만 4천을 바르게 이해할 필요가 있다.

14만 4천을 이해할 때 중요한 것은 이 숫자가 실제 수인가, 아니면 상징 수인가 하는 점이다. 신천지는 실제 수라고 주장한다. 종말에 실제로 14만 4천 명만 인 맞는다는 것이다.

이들은 새로 창조되는 이스라엘의 제사장 직책을 맡을 새 목자들의 숫자다. 새 목자가 세워지는 이유는 무엇일까? 신천지에 의하면, 구약의 제사장은 세움을 받았으나 하나님에 대한 지식이 없어 초림 때 끝이 났고(호 4:6), 초림 시대에도 예수님을 영접한 이들 가운데 새 제사장(기독교 세계의 목자들)이 세워졌지만 이들 역시 말씀을 아는 지식도, 생명도, 평강도 없어 육적 이스라엘처럼 종말을 맞이하게 되었다는 것이다(6장).[120] 하나님이 2천 년간 존속해 왔던 이런 기독교 세계를 끝내시고 이제 새로운 영적 이스라엘의 열두 지파의 제사장이 될 14만 4천을 인 치신다는 것이다.[121]

이러한 주장을 종합하면, 본문의 14만 4천의 인 맞는 사람의 수는 바로 자신들의 단체의 성도를 가리키고, 이들이야말로 구원이 없는 교회를 대체할 새로운 이스라엘이며, 이들의 수가 14만 4천이 차면 이 땅에 하늘에서 본 보좌 구성을 마치고 요한계시록의 종말이 완전히 이루어진다는 것이다.

하지만 요한계시록에서 수는 대부분 상징으로 사용되었다. 14만 4천도 마찬가지다. 그렇다면 성경에서 14만 4천이 갖는 상징성은 무엇일까?

첫째, 14만 4천은 이스라엘의 각 지파 1만 2천이 12번 곱해진 완전하고 무수한 이스라엘을 상징한다. 이는 이스라엘의 경계를 넘어 신구약을 통틀어 하나님의 새로운 이스라엘을 구성하는 교회 공동체 전체를 상징한다.[122]

둘째, 14만 4천은 12, 12, 1,000으로 구성할 수 있다. 이는 첫째 경우와 같이 구약의 백성, 신약의 백성이 모두 포함된 수많은 백성, 곧 하나님의 백성을 상징한다.

셋째, 본문에서 소개하는 열두 지파는 민수기 1장에서 실시한 지파별 인구조사 전통을 반영하는데, 이는 20세 이상의 전쟁에 나갈 자를 대상으로 실시한 것이다(민 1:2-3). 이렇게 볼 때 요한계시록의 열두 지파의 소개는 전쟁에 나가 승리하는 메시아 군대의 숫자임을 암시한다(참조, 14:4).[123]

신천지는 요한계시록을 해석할 때 다른 것들은 비유와 상징으로 해석하지만, 유독 숫자만큼은 실제 수로 집착하려는 경향이 있다. 그래서 두 증인, 열두 지파, 일곱 머리 열 뿔, 14만 4천 등의 수를 상징이 아닌 실제 수로 해석하는 데 집착한다. 또 이를 입증하기 위한 실상 교리를 도입한다. 문제는 이러한 숫자들이 실제의 인물로 대입되면서부터 생겨난다. 성경을 성취한다는 인물들의 실상 교리가 자주 바뀐다. 두 증인의 실상이 바뀌고, 열두 지파장이 바뀌고, 14만 4천이 누구인지가 바뀌는 일들이 비일비재하게 일어난다. 이 모든 것이 요한계시록의 숫자를 실제 수로 해석하면서 일어나는 모순점들이다.

더 나아가 이들은 일부 수에 대해서는 상징으로 푸는 것에 집착하는데, 그 대표적인 것이 육백육십육이다. 육백육십육만큼은 짐승의 수, 곧 상징적인 의미로 본다. 그러나 해석의 일관성을 위해서는 육백육십육도 실제 수로 풀어야 한다.

≡ 실제 수 14만 4천의 장점과 맹점 (4절)

14만 4천을 이렇게 해석할 때 신천지가 갖는 장점과 맹점이 있다.

첫째, 자신들의 단체에 14만 4천을 채우면 세상이 끝난다는 임박한 종말론을 부추겨 맹목적인 포교의 열심을 갖게 한다. 모략이라는 이름으로 온갖 거짓을 동원해 미혹하는 이유도 결국은 14만 4천을 채워 이 세상의 종말을 맞이해야 한다는 절박함 때문이다.

둘째, 신천지의 수가 14만 4천이 되기 전에는 수를 채우기 위해 열심을 내지만, 막상 14만 4천을 채우고 나서도 아무 변화가 없으면 실망과 이탈이 가속화되기 쉽다. 신천지와 같은 단체는 14만 4천을 채워야 한다는 사명감으로 신도들의 열심을 독려하다 14만 4천이 넘자 계속 열심을 내도록 다른 논리를 내세웠다. 그것은 신천지 신도의 총합이 14만 4천이 아니라, 신천지 내부의 지파별로 1만 2천이 넘어야 한다는 것이다. 따라서 1만 2천이 넘지 않은 지파들은 열심을 내어 포교 활동을 하도록 독려한다.

그럼 1만 2천이 넘은 지파들은 어떻게 될까? 신천지는 그중에 인 맞지 않은 이들이 있기에, 인 맞은 자와 그렇지 않은 자를 구별해야 한다고 하면서 '천국자격시험'이라는 명목 아래 자신들의 교리를 갖고 '12지파 인 맞음 확인 시험'을 보도록 한다.[124] 시험 범위는 요한계시록 전장이며 이를 3차에 걸쳐 나누어 본다. 차수마다 90점 이상을 받아야 제사장 역할을 감당할 수 있다고 해서 시험을 강제한다. 신천지 측에서는 출제 예상 문제 75문제를 필사해 암기하도록 한다. 75문제는 그 안에 있는 작은 문제들까지 합치면 약 300문제 정도가 된다. 결국 필사와 암기가 인 맞는 데 결정적으로 중요한 요소가 된다.

더 나아가 이들은 지파별로 인 맞은 시험을 통과했다 하더라도, '만국회의'를 통해 국제법이 제정되어야 한다고 주장한다. 더 나아가 국제법이 제정되기 전까지는 영생이 없다고 주장한다.[125] 이것이 그들이 주장하는 소위 '만국평화회의'다. 이들은 위장 단체인 'HWPL'(하늘문화세계평화광복)을 앞세워 매년 평화축제를 개최한다. 이때 해외의 전 현직 대통령과 장관 등 많은 인사가 초청되어 오는데, 신천지 측에서는 이들이 14만 4천이 완성된 이후 몰려드는 흰 무리라고 주장한다.[126] 그러니 이들은 대부분 HWPL의 실체를 모르고 위장된 평화 행사에 초대받아 이들의 홍보를 위해 활용될 뿐이다.

더 나아가 국제법을 제정하겠다고 나서는 것은 불가능한 일을 하겠다고 나서는 것과 같다. 왜냐하면 국제법 자체가 국가 간의 합의를 기초로 형성되는 법이기 때문이다. 그러려면 정부와 정부의 대표자들이 나서야 하는데, 어떻게 신천지가 불러 모아 효력 없는 협약서에 서명하고 국제전쟁을 종식하는 평화국제법을 제정할 수 있겠는가?

아울러 이들은 12지파 14만 4천의 완성을 위해서는 종교가 대통합되어야 한다고 주장한다. 이것 역시 국제법을 제정하겠다는 주장과 같이 현실성이 없는 주장이다. 수천 년간 내려온 저마다의 고유한 종교가 어떻게 신천지의 영향력으로 대통합될 수 있을까? 이런 주장들을 통해 12지파 14만 4천의 완성은 점점 실현 가능성이 없는 일로 멀어지고 있다. 갈수록 현실성이 멀어지는 이런 주장은 14만 4천이라는 수를 실제 수로 집착한 결과다. 이들이 14만 4천을 주장하며 점점 말을 바꾸는 주장들은 다음과 같다.

· 14만 4천을 채워야 한다.
· 14만 4천이 찼다고 해서 모두 14만 4천이 아니다. 그 안에는 양과 염소가 있다. 14만 4천이 다 찼으면 참된 14만 4천과 그 뒤의 흰 무리를 창조한다(흰 무리에 관해서는 다음 장에서 설명하기로 한다).
· 14만 4천은 총합이 14만 4천이 아니라 지파별로 1만 2천씩 12지파를 이루어야 진정한 14만 4천이다.
· 지파별 1만 2천도 그 안에 참된 1만 2천, 곧 인 맞은 1만 2천 성도로 채워야 한다. 전원 '인 맞음 확인 시험'으로 확증해야 한다.

· 국제법이 제정되고 전쟁을 종식시켜야 한다.

· 종교가 통합되어야 한다.

이러한 주장들은 모두 요한계시록이 말하는 것 이상을 더한 주장들이다. 이들이 성경을 가감하면 안 된다고 주장하는 자신들의 주장과 모순되는 주장들을 거침없이 하는 이유는 무엇일까? 첫째, 핑곗거리가 필요하기 때문이다. 이전에는 실제 수 14만 4천만 차면 된다고 주장하다가, 실제 수가 채워져도 아무 일이 일어나지 않자 이것을 설명해야 하는 동시에 신도들로 하여금 더 열심을 내도록 하려는 이유가 필요했다. 이런 긴장을 계속해서 끌고 가려 하다 보니 성경에도 없는 이런 무리한 주장을 하는 데까지 이른 것이다.

☰ 초림 때 열두 사도가 재림 때는 열두 지파장으로 나타나는가? (5-8절)

이들은 구약의 열두 지파가 신약에 열두 사도로, 그리고 마지막 시대에는 하나님의 인을 맞은 영적 새 이스라엘인 열두 지파 14만 4천으로 새롭게 세워진다고 주장한다. 그러려면 오직 새 언약의 말씀으로 하나님의 인 맞은 자라야 하는데, 인을 맞는다는 것은 새 언약의 말씀을 새기는 것을 의미한다고 한다. 더 나아가 이들은 마지막 때에 인 맞은 성도는 반드시 지파에 소속되어야 하고, 자신이 속한 지파를 모르면 이방인이고 영생도 없다고 주장한다.[127] 이들은 열두 사도의 영이 자신들의 단체의 지파장들에게 임했다고 주장하며, 이들이 새로운 지파장이라 주장한다.

이들의 열두 지파에 대한 주장은 몇 가지 모순점을 갖고 있다.

첫째, 열두 지파의 이름이다. 만약 이들이 요한계시록 열두 지파를 이룬 새 이스라엘을 성취하려면 현재 열두 제자의 이름으로 된 지파 명이 아니라 요한계시록에 나오는 지파의 이름이어야 한다. 요한계시록에 나오는 열두 지파는 유다, 르우벤, 갓, 아셀, 납달리, 므낫세, 시므온, 레위, 잇사갈, 스불론, 요셉, 베냐민이다. 진정한 요한계시록의 새 이스라엘이려면 이름도 요한계시록의 이름으로 바뀌어야 한다. 요한계시록을 성취한다면서 왜 예수님의 열두 제자의 이름이 등장하는가?

기억할 것은 초대교회 때는 결코 예수님이 열두 지파를 창설하시지 않았다는 점이다. 열두 제자는 세우셨어도, 지파는 창설하신 일이 없다. 더 나아가 열두 제자 외에도 예수님이 추가로 세우신 사도가 있다. 바울이다. 이들 단체에는 바울 지파가 없다. 그러나 신약성경을 보면, 바울은 로마 제국 전역을 돌며 곳곳에 교회를 세우며 하나님의 나라를 일으켰던 것을 볼 수 있다.

혹 예수님이 신약시대에 열두 지파를 세우셨다는 무리한 주장을 하기 위해 야고보서 1장 1절의 "흩어져 있는 열두 지파"를 언급할지 모르겠다. 그러나 신약성경에서 '열두 지파'를 언급한 경우는 이곳이 유일하며, 베드로, 요한, 바울, 마태, 마가, 누가 등을 비롯한 신약성경의 주 저자들은 지파에 대해 관심을 보이지 않았다. 그렇다면 여기서 '흩어져 있는 열두 지파'란 무엇을 의미할까? 이는 당시 로마 제국 전역에 흩어져 있는 하나님의 새 이스라엘, 즉 교회를 말한다. 이들은 하늘나라를 소망하며 이 땅에 흩어져 잠시 머물다 가는 나그네들이다. 이를 베드로전서 1장 1절에서는 "본도, 갈라디아, 갑바도기아, 아시아와 비두니아에 흩어진 나그네"라고 한다. 이 나그네들은 하나님의 미리 아심을 따라 예수 그리스도의 보혈로 구원받은 택하신 이들이다(벧전 1:2).

둘째, 신천지의 열두 지파가 구약의 열두 지파에 모형을 두고 있다면, 열두 지파는 바뀌거나 옮겨 갈 수 없다. 게다가 구약의 열두 지파는 혈통과 가문을 중심으로, 가나안 땅에 정착한 이후에는 지역을 중심으로 형성되었다. 그러나 신천지가 주장하는 지파는 그 이름이 바뀌거나 옮겨 간다. 어떤 지파는 동일한 지파가 베드로 지파였다가 도마 지파로 바뀌었고, 베드로 지파는 다른 지파에게 주어졌다.

셋째, 열두 사도의 영이 임했다는 지파장들이 종종 바뀐다. 이들은 단 지파가 요한계시록 열두 지파 중 빠진 것은 사탄에게 속해 떨어졌기 때문이라고 주장한다.[128] 하지만 이런 논리라면 신천지는 이름을 더 많이 바꾸어야 한다. 이들은 지파장들은 열두 사도의 영이 임한 교주와 같이 신인합일한 존재라고 여겨 죽지 않는다고 주장한 바 있다. 그러나 이미 질병으로 죽은 지파장이 여럿이고, 재정 비리나 이성 문제로 파면당한 이도 있다. 이들이 주장하는 성경과 이것이 성취되는 실상은 전혀 다르다.

그렇다면 본문(4-8절)에 등장하는 열두 지파의 이름은 어떻게 이해해야 할까?

본문의 열두 지파는 구약의 열두 지파와 유사하지만 자세히 관찰하면 분명 다른 열두 지파다. 구약의 열두 지파의 명단은 민수기 1장에 소개되는데, 여기서 레위 지파는 성막 봉사를 위해 제외되고, 요셉 지파를 구성하는 에브라임과 므낫세가 따로 들어간다. 레위 지파가 제외된 것은 민수기 1장의 지파가 전쟁에 나가 싸우기 위한 인구조사를 기록했기 때문이다. 반면, 요한계시록 본문의 열두 지파에는 에브라임과 단이 빠지고 레위와 요셉이 들어간다. 다음 표를 참조하라.[129]

이스라엘 12지파 (민 1장)	르우벤, 시므온, 유다, 잇사갈, 스불론, **에브라임**, 므낫세, 베냐민, **단**, 납달리, 갓, 아셀
요한계시록 12지파 (7:4-8)	르우벤, 시므온, **레위**, 유다, 잇사갈, 스불론, **요셉**, 므낫세, 베냐민, 납달리, 갓, 아셀

이러한 차이는 구약의 열두 지파와 요한계시록의 열두 지파는 분명 연속성이 있는 가운데, 차이점이 있음을 보여 준다. 연속성의 관점에서, 요한계시록의 열두 지파는 구약의 열두 지파가 이어받으려 했던, 하나님이 아브라함에게 약속하신 언약의 유업을 이어받은 상속자들이다. 차이점의 관점에서, 요한계시록의 열두 지파는 구약의 열두 지파와 다르게 각 족속과 방언과 백성과 나라 가운데서 어린양의 피로 구속받은 하나님의 종들로, 어린양이 어디로 인도하시든 충성되게 따라가는 이들이다(5:9-10, 7:3, 14:1-4). 이들은 바로 열방 가운데서 어린양의 피로 구속받은 하나님의 새 이스라엘, 곧 구원받은 모든 백성이자 온 이스라엘(롬 11:26)인 교회를 의미한다.

24장

천상의
승리한 교회
_막간 장면 3

(7:9-17)

이는 보좌 가운데에 계신
어린양이 그들의 목자가 되사
생명수 샘으로 인도하시고
하나님께서 그들의 눈에서
모든 눈물을 씻어 주실 것임이라

≣ 14만 4천 VS. 흰 무리

신천지에 처음 들어간 이들은 인 맞은 14만 4천의 무리에 들어가기 위해 모든 것을 걸고 불철주야 헌신한다. 그러나 단체에 들어간 지 3-5년이 지나면 신천지가 요구하는 고된 활동들을 더 이상 감당하기가 벅차서 지쳐 비틀거리게 된다. 이때 이들이 흔히 내뱉는 푸념 섞인 말이, "난 그냥 흰 무리나 한다"는 것이다. '흰 무리'는 9절의 '흰 옷을 입은 능히 셀 수 없는 큰 무리'를 줄여서 부른 것이다. 이들은 14만 4천이 되기 위해서는 정말 헌신해야 하지만, 흰 무리는 단체에 헌신 없이 다니기만 해도 된다고 생각한다. 신천지의 강압적인 요구에 지쳐 헌신을 포기하려 할 때 "흰 무리만으로 만족한다"고 말하는 것이다.

본문은 흰 무리의 성경적 배경을 제공한다. 신천지에서 말하는 흰 무리는 정말 요한계시록이 말하는 흰 무리와 동일한 것일까? 좀 더 면밀한 검토가 필요하다.

≣ 셀 수 없는 흰 무리는 누구인가? (9-12절)

신천지는 14만 4천을 인 친 후에 흰 무리가 등장한다고 주장한다.[130]

그 이유는 9절의 '이 일 후에'라는 어구가 14만 4천을 인 친 사건 이후라고 말하기 때문이다. 이후에 셀 수 없이 많은 흰옷을 입은 큰 무리들이 나라와 족속과 백성과 방언에서 나온다고 주장한다. 이들은 마치 예수님이 초림 때 예루살렘으로 입성하시는 날 종려나무 가지를 들고 "호산나, 찬송하리로다"라며 예수님께 영광 돌리며 환영하던 많은 무리와 같다고 한다.[131]

이들은 하나님의 말씀을 깨닫고 각 교단에서 나오는 자들인데, 이들이 입은 흰옷은 하나님 보좌에서 흘러나오는 수정 같은 생명수 말씀으로 마음과 행실을 씻어 깨끗해졌음을 의미한다.[132]

신천지는 본문의 흰 무리는 각 나라와 족속과 백성과 방언에서 나오는 이들이라고 말한다. 베드로전서 2장 9절에 따르면 하나님의 목자가 왕과 같다고 했는데, 그렇다면 그가 치리하는 교회는 나라이고, 성도는 백성이며, 족속은 교회들이 모여 이룬 교단이라 할 수 있고, 방언은 교단마다 다른 교리라 할 수 있다. 따라서 각 나라와 족속과 백성과 방언에서 흰 무리가 나온다는 것은 셀 수 없이 많은 교인이 모든 교회와 교단에서 나온다는 뜻이다.

이들은 본래 음녀 바벨론과 행음했으며, 그 음행의 포도주에 취했던 이들이다(참조, 17장). 신천지는 이것이 모든 교회와 교단이 음녀에게 미혹을 받아 음녀의 거짓 교리에 미혹되었음을 의미하는 것이라고 주장한다. 신천지의 경우 음녀는 '멸망자'로 해석하는 당시 청지기교육원의 원장이었던 탁성환 씨로 풀고, 음녀의 포도주에 취한 것은 탁성환 씨의 교리에 미혹된 것으로 본다.

하지만 신천지는 본문의 '이 일 후에' 곧 14만 4천이 모이면 이들에게도 실상의 복음이 전해져 수많은 구원받을 무리가 나오게 될 것이라고 주장한다.[133] 이를 근거로 이들은 종말에 구원이 이루어지는 순서가 있는데 이를 '구원의 순리'라고 한다. 이들이 주장하는 요한계시록 시대 구원의 순리는 이긴 자인 새 요한 → 밀 한 되와 보리 석 되 → 14만 4천 → 흰 무리 → 만국소성이다.

이러한 원리에 따라 처음에는 소수의 사람이 신천지의 가르침(자칭 '천국 복음')을 증거할 때는 많은 사람이 이단이라고 하며 경계하고 핍박하지만, 14만 4천을 모으면 '천국 복음'이 곳곳에 전파되고 상황이 달라지는데, 이때가 되면 각 교단의 목자와 교인들이 천국 복음이 참이라는 것을 깨닫고 너도나도 모여들어 큰 무리를 이루고 결국 하나님의 진리가 온 세계를 정복하고 다스린다고 주장한다.

그렇다면 소위 '성경적'이라는 이들의 이러한 주장은 얼마나 타당할까?

첫째, '이 일 후에'는 앞서(4:1) 살펴본 것처럼 환상과 환상 간의 장면 전환을 나타내는 용어다. 시간적 순서를 나타내는 용어가 아니다. 도리어 논리적 순서를 나타내는 용어다. 즉 여기서 '이 일 후에'는 앞서 (1-8절) 지상의 전투하는 교회의 모습을 본 이후 환상의 장면이 천상으로 이동됨을 보여 준다. 이러한 전환이 논리적 선후에 있어서 지상 다음에 천상으로 이동한다. 이 땅의 분투하는 교회의 모습을 보여 주고 난 후, 이들이 하늘에서 얼마나 영광스러운 존재인가를 또 다른 측면에서 보여 주려는 것이다.

둘째, 이들이 '흰옷을 입은 능히 셀 수 없는 큰 무리'인 것은 열방 가운데 어린양의 피로 구속받은 하나님의 새 이스라엘 백성이기 때문이다. 즉 이들은 지상에서 인 맞은 14만 4천(1-7절)으로, 천상에서는 능히 셀 수 없는 큰 흰옷 입은 무리로 등장하는 영광스런 장면으로 드러난다. 14만 4천은 '실제 수'가 아닌 무수히 많은 온전히 구원받은 새로운 이스라엘을 나타내는 '상징 수'인 것이다.

셋째, 이들이 입은 흰옷은 신천지의 교리로 빨아 희게 된 것이 아니다. 새 교주의 말로 죄 사함의 문제를 해결할 수 없다. 이들이 입은 흰옷은 어린양의 피로 씻어 희게 된 것이다. 성도의 옷을 희게 할 수 있는 것은 예수님의 피밖에 없다(14절).

넷째, 흰 무리가 나오는 각 나라와 족속과 백성과 방언은 모든 나라와 열방과 족속을 뜻한다. 방언은 다른 언어를 사용하는 민족들을 가리킨다. 이는 "땅의 사방"(1절)에서 나오는 모든 사람을 집단의 특징적인 면에서 진술한 것이다.[134] 신천지는 베드로전서 2장 9절을 인용해 목자가 왕과 같다고 해석하고, 여기에 근거해 목자가 치리하는 교회는 나라, 성도는 백성, 교회들이 모여 이룬 교단은 족속, 교단마다 다른 교리는 방언으로 해석한다. 그러나 베드로전서 2장 9절을 보면, '너희', 곧 '성도'는 택하신 족속, 왕 같은 제사장, 거룩한 나라라고 했지 결코 교단이라고 하지 않았다. 게다가 여기서 방언은 서로 다른 언어를 사용하는 민족, 혹은 국가 집단을 의미하는 것이지, 교리를 말하지 않는다.

흰 무리는 지상의 14만 4천이 천상에서 영광스럽게 나타나는 또 다른 모습을 묘사한 것이다. 이는 "누가 능히 서리요"(6:17)라는 질문을 지상(1-8절)과 천상(9-17절)의 차원에서 보여 주는 가운데, 천상의 무수한 인 맞은 이들, 곧 지상의 14만 4천의 영광스런 모습을 천상의 흰 무리로 보여 준 것이다. 이들은 하나님의 성전에서 하나님을 섬기는 일을 감당하는 왕 같은 제사장들이다(15절). 14만 4천은 12, 12 , 1,000으로 구성되어 있는데, 1,000은 영원과 많음을 의미한다. 따라서 14만 4천은 천상의 영원한 큰 무리와 동일한 무리를 서로 다른 관점에서 바라본 것이다.[135] 이런 이유에서 신천지가 제시하는 구원의 순리, 곧 새 요한 → 밀 한 되와 보리 석 되 → 14만 4천 → 흰 무리 → 만국소성은 성립할 수 없다.

이들은 밀 한 되와 보리 석 되는 첫 장막에서 나온 소수의 무리들로 해석하지만, 요한계시록에는 이들이 구원받은 무리라는 것을 명시하는 구절이 전혀 나오지 않는다. 또한 요한계시록의 웅대한 구원 역사가 요한으로부터 시작된다고 하지 않는다. 요한은 환상을 본 사람에 불과하다. 참된 구원은 어린양과 그분의 피로부터 시작된다(10절). 지상의 14만 4천과 천상의 크고 흰 무리를 대조하면 다음과 같다.[136]

	7:1-8	7:9-17
구성원	14만 4천(12, 12, 1,000)	셀 수 없는 흰 무리
출처	이스라엘의 열두 지파 (참조, 민 1장)	각 나라와 족속과 백성과 방언
강조점	특수성	보편성
존재 양식	땅에서 전투하는 교회	하늘에서 승리한 교회

| 축복 | 인 침: 하나님의 소유됨과 보호 . | 제사장 직분, 보호, 안식 |

두 무리는 동일한 개념을 내포한다. 14만 4천은 12, 12, 1,000이라는 숫자로 구성되며, 이는 신구약 하나님의 백성 모두를 포괄하는 많은 무리를 상징한다. 1,000은 많음과 영원의 의미를 가지며(출 20:6; 삼상 18:7, 21:11; 시 3:6, 68:17; 단 7:10), 이렇게 허다하게 많은 하나님의 백성을 '셀 수 없는 무리'로도 표현한다. 따라서 14만 4천과 셀 수 없는 흰 무리는 동일한 개념에 서로 다른 시각을 제공한다.

다섯째, 신천지는 흰 무리들이 전에 속했던 교회와 교단들은 이전에 음녀의 포도주에 취해 있었다고 주장한다. 이는 곧 음녀로 상징되는 실상의 인물인 청지기교육원 원장 탁성호 씨의 거짓 교리에 미혹되었다는 것이다. 그러나 기억할 것은 탁성호 씨는 결코 교리 책을 쓴적이 없다는 사실이다.

게다가 한국 교회(바벨론) 전체가 탁성호 씨의 가르침을 받은 적도 없다. 도리어 대부분의 교회가 탁성호 씨를 잘 모른다. 더 나아가 신천지의 주장대로라면, 한국 교회는 자기 단체가 14만 4천을 채울 때까지 음녀로 상징되는 탁성호 씨의 교리에 취해 있어야 한다. 하지만 그는 1980년대에 사망했다. 신천지가 본격적으로 활동하던 2000년대에 한국 교회는 누구의 교리에 취해 있었단 말인가? 이는 이들이 실상을 끼워 맞추기 위한 작위적인 거짓 해석에 불과하다.

여섯째, 신천지의 주장이 성립하려면 14만 4천 명이 다 채워질 때까지는 흰 무리가 없어야 한다. 채워진 후에야 흰 무리가 몰려오기 때문이다. 그렇다면 14만 4천을 채웠다는 이들에게 흰 무리가 셀 수 없을 정도로 몰려오고 있는가? 탁성호 씨의 거짓 교리에 물들었던 기성교회들과 각 교단으로부터 수많은 사람이 몰려오고 있는가? 그렇지 않다. 갈수록 세기에도 그 숫자는 줄어들고 있고, 그 숫자는 능히 셀 수 있는 그리 크지 않은 수다. 도리어 기성교회와 교단은 신천지와 같은 단체에 미혹되지 않도록 더욱 예방 활동을 강화하고 있다. 도리어 신천지와 같은 단체에서 신앙을 그만두고 나오는, 소위 배도(?)한 이들이 점점 많아지는 추세다.

≡ 흰옷 입은 무리가 나오는 큰 환난은 무엇인가? (13-14절)

본문에서는 장로 중 하나가 요한에게 흰옷 입은 자들이 누구이며 이들이 어디서 왔는지를 설명해 준다. 이들은 큰 환난에서 나오는 자들인데 어린양의 피에 그 옷을 씻어 희게 했다(14절). 그렇다면 이들이 나오는 '큰 환난'은 무엇이며, 그 피에 옷을 씻어 희게 한다는 것은 무슨 뜻일까?

신천지는 '큰 환난'이 네 천사가 바람을 붙잡아 잠시 멈추게 한 환난과 심판의 바람으로, 14만 4천의 인 치는 작업이 끝나면 다시 분다고 주장한다. 바람은 다시 세상의 땅과 바다와 각종 나무에 불게 되는데, 이는 세상의 모든 교회와 교인이 심판을 받고 큰 환난에 처하게 됨을 의미한다고 말한다. [137]

신천지는 이때 14만 4천이 복음의 실상을 전함으로 많은 사람이 듣고 깨달아 수많은 큰 무리가 돌아온다고 주장한다. 이들 흰 무리는 어린양의 피로 옷을 빨아 희게 한 자들로, 이는 예수님의 말씀으로 깨끗하게 되는 것이라고 말한다(요 15:3). 흰옷을 입은 큰 무리들은 장차 영적 새 이스라엘 백성이 되어 그리스도와 함께 세세토록 왕 노릇 하는 14만 4천 명에게 다스림을 받게 된다는 것이다.[138]

이렇게 볼 때 신천지에게는 두 종류의 구원이 있다. 14만 4천에 들어가는 인 맞는 구원이 있고, 14만 4천이 채워진 이후 흰 무리로 들어가는 구원이 있다. 14만 4천은 왕 노릇 하는 구원이기에 특권과 복을 많이 얻는 구원이요, 흰 무리는 겨우 몸만 들어가는 구원이다. 신천지는 이렇게 될 날이 오기 전에 자신들을 이단이라 핍박하지 말고 아직 14만 4천 명을 인 칠 때에 어서 들어와 그 안에 들어가는 특별한 구원을 얻으라고 권면한다.[139]

이러한 주장들을 하나하나 검토해 보자.

첫째, 현재 14만 4천의 인 치는 사역이 끝났는가, 아니면 아직 진행 중인가? 만약 인 치는 사역이 끝났다면, 이들은 더 이상 14만 4천의 완성 여부를 갖고 고민하지 않아도 된다. 인 맞는 시험은 더 이상 보지 않아도 된다. 하지만 아직 지파 중에는 1만 2천이 차지 않은 지파들이 있다. 그렇다면 아직 차지 않은 것인가? 그렇다면 이들이 만국평화회의를 하는 이유는 무엇인가? 이를 통해 전 세계의 흰 무리들이 몰려온다고 선전하는 것은 이미 14만 4천이 채워졌다는 것을 전제하는 것 아닌가?

만약 14만 4천이 찼기 때문에 만국평화회의를 하는 것이라면, 교회에는 왜 환난의 바람이 불지 않는가? 모든 교회가 무너지고 사라질 정도의 강력한 바람이 불어야 함에도 왜 이런 환난이 아직 오지 않는가? 이 환난 속에서 신천지로 대량 넘어가는 흰 무리들이 생기는가? 도리어 신천지에서 계속되는 종말론에 대한 피로감으로 대량으로 이탈하는 사건들이 속출하고 있다. 지파장, 교육장, 강사들이 계속해서 이탈하고, 그곳에서 이탈한 신도들이 계속해서 늘어나고 있다. 그렇다면 이들이 도리어 흰 무리들 아닌가?

둘째, 이들이 말씀으로 깨끗하게 한다는 근거로 든 요한복음 15장 3절은 어린양의 피로 씻어 깨끗하게 하는 것과는 다르다. 요한복음 15장 3절의 '깨끗하여졌다'(헬, 카타로스)라는 단어는 바로 앞 절인 15장 2절의 '깨끗하게 하다'(헬, 카타이레인)에서 온 표현이다. 이 단어는 포도나무 가지의 열매를 더 맺게 하려 하여 깨끗하게 한다는 문맥에서 사용되었다. 여기서 '깨끗하게 한다'는 것은 가지를 깨끗하게 하는 작업, 곧 가지치기를 의미한다.[140] 이는 말씀으로 자신의 모나고 잘못된 행실을 쳐 내고 바로잡는 행위를 말한다. 반면, 어린양의 피로 깨끗하게 한다는 것은 행실을 바로잡는 차원이 아니다. 이는 예수님의 피로 죄 사함, 곧 구속받음을 의미한다(엡 1:7).

셋째, 구원에는 차별이 없다. 먼저 부르심을 받은 유대인이나 나중에 부르심을 받은 헬라인이나 예수 그리스도를 믿는 자들에게 주어지는 하나님의 구원은 차별이 없다(롬 3:22). 오직 예수님의 피로 죄 사함 받은 자들은 누구나 하나님의 자녀가 된다. 그리고 하나님은 이런 자녀들에게 차별 없이 모든 사람을 부요하게 하신다(롬 10:12; 참조, 고후 8:9; 약 2:5). 차별 없이 주시는 하나님의 구원을 14만 4천의 구원과 흰 무리의 구원으로 나누는 것은 성경적인 구원이 아니다.

신천지는 14만 4천은 신인합일을 하지만 흰 무리에게는 신인합일이 없다고 한다. 신천지의 구원은 영생불사하는 육체를 갖느냐, 못 갖느냐로 나뉜다. 이런 구원은 없다. 우리는 장차 그리스도가 오실 때 모두 부활해 온전한 부활의 몸과 영혼을 갖는 전인적인 사람으로 부활할 것이다.[141]

넷째, 14만 4천은 왕 같은 제사장들이고, 흰 무리는 14만 4천이 채워지면 몰려드는 다른 이들이 아니다. 이들은 지상과 천상에서 서로 다르게 본 동일한 대상, 곧 어린양의 피로 구원받은 동일한 하나님의 자녀, 새 이스라엘이다. 흰 무리들이 하나님의 보좌에서 하는 일을 주목해 보라. 이들은 하나님의 성전에서 밤낮 하나님을 섬긴다. 하나님의 성전에서 밤낮 하나님을 섬기는 일, 곧 예배하는 일을 하는 사람이 누구인가? 바로 제사장들이다. 그럼 7장 전반부(1-8절)에서 살펴본 14만 4천도 제사장 아닌가? 결국 이 둘은 서로 다른 두 부류가 아니라 서로 같은 무리를 천상과 지상의 다른 관점에서 바라본 것이다.

이들은 하나님 언약의 최종적인 성취로, 셀 수 없이 많은 믿음의 자손을 약속하신 하나님의 언약을 상기시키는 표현이다(창 13:16, 15:5, 32:12; 출 1:7; 왕상 3:8; 대상 27:23). 이들이 종려나무 가지를 들고 있다는 것은 최후의 전쟁에서 승리했음을 보여 준다.[142] 이는 예수 그리스도의 피로 세워진 교회 공동체의 최종 승리를 말한다.

14만 4천과 셀 수 없는 흰 무리가 동일한 이들이라는 것은 언뜻 모순처럼 보인다. 14만 4천은 능히 셀 수 있는 수이기 때문이다. 그러나 우리는 요한계시록에 등장하는 이러한 모순어법을 감안해야 한다. [143] 5장은 예수 그리스도를 사자이자 어린양으로 묘사한 바 있다(5:5-6). 생각해 보라. 어떻게 사자와 어린양이 동일한 존재일 수 있는가? 이는 하나님의 구속 역사를 서로 다른 관점에서 바라보았기 때문이다. 마찬가지로 14만 4천과 셀 수 없는 흰 무리들은 하나님의 구속사적 관점에서 볼 때 언뜻 모순적이지만, 동일한 실제를 나타낸다.

≣ 14만 4천은 생명수를 먹고 주리지도 않고 상하지도 않는가? (15-17절)

신천지는 본문이 4장에서 소개된 영계 하나님의 장막이 임하게 될 이 땅의 자신들의 단체의 교회라고 주장한다. [144] 자신들의 단체에 하나님의 보좌가 임하면, 이곳이 새 하늘과 새 땅, 신천신지가 된다는 것이다. 이렇게 되면 이 땅의 육을 가진 14만 4천의 인 맞은 신천신지의 사람들은 하늘 순교자의 영들과 신인합일해 영계의 천국이 임한 이 땅에 왕 같은 제사장으로 살아서 하나님을 섬기게 된다.

이들은 이긴 자와 그에게 말씀을 배운 목자들에게 생명의 말씀, 곧 생명수를 먹고 다시는 주리지도 않고, 목마르지도 않고, 어떤 뜨거운 기운, 곧 거짓 목자의 그 어떤 비진리에도 상하지 않을 것이다. 그리고 더 이상 눈물이 없을 것이다. 하나님이 친히 그들의 눈에서 모든 눈물을 씻어 주실 것이기 때문이다(17절).

과연 자신들의 단체가 새 하늘과 새 땅, 곧 신천신지라 주장하는 이들은 그곳에서 천국을 경험하는가? 그곳에 들어가면 더 이상 그 어떤 거짓 목자의 비진리에도 상함 받지 않고, 주림도 없고, 눈물도 없어야 한다. 그러나 현실은 그렇지 않다. 신천신지라 주장하는 곳은 여전히 뜨거운 기운(?)에 많은 이가 이탈하고 있다. 교육장은 물론이거니와 신천지의 목회자, 강사, 그리고 수많은 사람이 나오고 있다. 소위 예수님의 사도들과 신인합일해 영생불사한다던 지파장들도 암으로 죽어 나가며 피눈물을 흘린다.

그곳에서의 강압적인 요구와 마치 북한의 감시 체제에 있는 것 같은 감시와 보고에 지쳐 무슨 이런 곳이 천국이냐며 학을 떼고 나온 이들도 수없이 많다. 아름다운 진리의 성읍인 줄 알았는데 갈수록 거짓과 속임수가 판치는 곳임을 알고 회의에 빠져나오는 이들도 많다. 또한 신천지가 요구하는 활동을 밤낮 소화하다가 생활이 어려워지는 이들도 있다.

어떻게 이런 곳이 생명수를 먹고 주리지도 않고 상하지도 않는 곳일 수 있는가? 최근 코로나19 사태의 경우를 보자. 우리나라에 코로나19를 확산시킨 진원지는 신천지 대구 다대오 지파였다. 코로나가 확산된 데에는 자신들은 왕 같은 제사장이 될 사람들이기에 죽음도 피해 간다는 신천지인들의 그릇된 환상이 있었다. 그 환상에 사로잡혀 코로나19에도 아랑곳하지 않고 포섭 활동을 계속한 것이다.

그러나 새 하늘과 새 땅에 있다고 자부하는 신천지에게 코로나는 결코 피해가지 않았고 집단적으로 더 많은 감염을 시켰다. 이런 모습을 보면 신천지는 생명수를 마시는 곳이 아니라 오히려 독극물을 먹고 서서히 죽어 가는 사망의 기운이 서린 곳으로 느껴진다. 또한 교주

의 노화와 단체의 점증하는 이탈자들과 쇠퇴는 이곳이 더 이상 천국이 아님을 선명하게 보여 준다. [145]

4부

일곱 나팔
심판의 의미를
바르게 알라

25장

일곱째 인과
일곱 나팔

(8:1-5)

천사가 향로를 가지고
제단의 불을 담아다가
땅에 쏟으매
우레와 음성과 번개와
지진이 나더라

☰ 일곱 나팔 재앙의 구조

마침내 일곱째 인이 떼어졌다. 그러자 하늘이 고요해지고, 일곱 천사가 하나님 앞에서 일곱 나팔을 받았다(1절). 대파국으로 이어질 줄 알았던 인 재앙이 새로운 나팔 재앙으로 이어지는 것이다. 이러한 나팔 재앙으로의 전환은 시간적 순서가 아닌 신학적 반복, 심화의 점증적 나선형의 반복 순환 구조를 보여 준다.[1]

본격적인 나팔 재앙이 이 땅에 일어나기 전, 하늘의 새로운 막간 장면이 펼쳐진다(3-5절). 하늘에서 천사들이 성도들의 기도를 합한 금 향로를 가지고 제단에 드리자 향연이 하나님께 올라갔다. 이후 천사가 향로를 가지고 제단의 불을 담아 땅에 쏟자 이 땅에 우레와 음성과 번개와 지진이 일어났다(5절). 이는 앞으로 펼쳐질 일곱 나팔 재앙이 성도들의 기도에 대한 응답으로 이루어짐을 천상의 공간 전환을 통해 보여 주려는 것이다. 따라서 본문 전반부(1-2절)와 후반부(3-5절)는 시간 순서가 아닌 신학적 장면 전환으로 이해해야 한다.

신천지는 본문을 자신들의 단체와 관련한 시간 순의 사건으로 해석한다. 본문이 일어난 시기를 일곱 금촛대 장막의 선민들이 굴, 산들의 바위틈으로 숨은 후(참조, 6:15), 곧 청지기교육원의 소속으로 옮긴 후에 일어난 일로 본다. 일곱 개의 나팔을 각각 불 때마다 이방으로 쫓겨난 장막성전의 성도들에게는 형벌이 내려진다고 주장한다.[2] 결국 일곱 나팔의 재앙으로 배도한 선민의 영 3분의 1이 죽게 된다.[3]

☰ 일곱째 인과 일곱 천사의 나팔 (1-2절)

일곱째 인을 떼실 때 하늘이 반 시간쯤 고요해졌다. 신천지는 '반 시'(時)가 문자 그대로 1시간의 반인 30분이라고 해석한다. 이들은 하늘이 고요해진 이유를 이렇게 해석한다. 신천지에 의하면, 이는 여섯째 인까지 떼어 처음 하늘 장막을 심판한 후 바람인 말들을 붙잡아 불지 못하게 했기 때문이다(7:2).[4] 바람을 붙잡아 고요한 기간은 14만 4천을 인치는 기간이다. 이후 고요한 반 시가 지난 후 일곱 천사는 일곱 나팔을 받는다.[5] 일곱 천사는 누구일까? 이들은 외경 에녹서 20장을 인용해 미가엘, 가브리엘, 라구엘, 라파엘, 사라카엘, 우리엘, 에레미엘 등으로 소개한다.[6]

신천지에게 나팔은 하나님의 말씀을 대언하는 육체요, 나팔 부는 자는 영(천사)이며, 나팔 소리는 증거의 말씀이다. 나팔을 부는 이유는 회개를 촉구하기 위함이라고 말한다. 이들은 나팔의 실체가 장막성전에서 믿음의 씨로 빼낸 성도들, 곧 밀 한 되 보리 석 되(6:6)라고 해석한다. 천사, 곧 영이 이들을 나팔로 삼아 배도와 멸망의 사실을 알린다고 주장한다.

이들의 주장을 검토해 보자.

첫째, '반 시'가 30분(half an hour, NIV)이라는 해석이다. 반 시는 원래 예루살렘 성전에서 아침마다 드리던 제사의 향을 피우는 짧은 시간으로, 하나님께 드리는 기도 시간을 의미한다. 주목할 것은 이들이 '반 시'를 30분으로 주장한 지가 얼마 되지 않았다는 사실이다. 초창기 요한계시록 해설서인 《요한계시록의 진상》에서부터 《요한계시록의 진상 2》, 《천국비밀 계시》 등 2005년 《요한계시록의 실상》이 나오기 전까지 이들은 약 20여 년간 '반 시'를 '6개월'로 해석했다.

이들은 다니엘 7장과 11장을 연결하며 6개월의 기간은 나팔 불기 전의 예비 기간으로 총회장이 성경을 통달하고 말씀을 받아먹는 기간으로 주장해 왔다. 실상으로 나타난 반 시의 기간은 1980년 3월 14일부터 1980년 9월 14일까지로, 원래 의도는 이 기간이 첫 장막이 무너지고 총회장이 새로운 증거장막을 세우기 전까지의 6개월의 나팔 준비 기간으로 해석하려 했다. 그렇다면 6개월의 나팔 준비 기간은 6장부터 시작된 42개월의 기간 안에 포함 되어야 하는데 만약 그렇게 되면 여섯째 인에서 일곱째 인을 떼는 기간에 6개월이라는 시간 차이가 생기게 된다. 이런 공백을 무마하기 위해 이들은 반 시를 30분으로 변경했는데, 그렇게 되면 그동안 이들이 주장한 실상이 이상해진다. 요한계시록 7장의 인 치는 기간이 실제 30분 안에 이루어져야 하기 때문이다. 이런 모순을 해결하기 위해 이들은 환상으로는 30분이지만, 실상으로는 6개월에 이루어졌다는 모순된 주장을 하기도 한다.

둘째, 나팔의 실상이 밀 한 되 보리 석 되라는 주장이다. 여기서 밀 한 되는 신천지의 총회장과 그 외의 사람들을 말한다. 하지만 밀 한 되 보리 석 되는 실상으로 4명이다. 그러려면 세 사람이 더 있어야 한다. 물론 이들은 후에 나머지 셋의 실상도 있다고 주장하지만, 보리 석 되실상 중 하나인 윤 모 씨의 사망으로 그 실체가 모호해졌다.

이들이 주장하는 일곱 천사의 이름도 사실은 추측에 불과하다. 이들은 에녹1서 20장 2-8절에 나오는 천사들의 이름을 소개하지만, 그것은 외경에 언급된 일곱 천사를 가져온 것일 뿐, 성경을 성경으로 푸는 원칙에 위배된다. 여기서 일곱 천사는 외경에서 하나님 어전에 서 있는 임재의 천사들로, 천사 계급 중 제일 상위 계급에 속하는 이들이다 (에녹1서 40:2; 희년서 1:27, 29, 2:1-2).[7] 특히 이런 일곱 천사의 이름은 요한계시록 주석에 종종 소개되는데, 아마도 총회장은 요한계시록 해설을 집필하며 주석들을 참고했을 가능성이 크다.

≡ 금 향로와 성도들의 기도 (3-4절)

일곱 천사가 일곱 나팔을 받는 환상 이후 요한은 또 다른 천사가 금 향로를 가지고 와서 많은 향과 성도의 기도를 합하여 보좌 앞 금 제단에 드리는 모습을 보았다. 신천지는 금 향로를 금같이 변치 않는 진리의 말씀을 가진 사람, 곧 약속의 목자로 본다. 향은 성도의 기도로, 향을 금 향로에 담는 것은 약속의 목자가 성도들의 기도를 담아 하나님께 올려 드리는 것을 말한다고 한다. 향연은 마음에 말씀의 불을 피워(렘 5:14) 기도하는 소리가 하나님께로 올라가는 모습을 비유한 것이다.[8]

이러한 해석은 언뜻 볼 때 그럴듯하지만 자세히 살펴보면 여러 난

점이 존재한다.

첫째, 금 향로가 약속의 목자라면, 그는 성도의 기도를 모두 담아 올려 드리는 존재가 되어야 한다. 그는 성도들의 모든 기도 제목을 아는가? 성도들은 자신의 기도 제목을 약속의 목자에게 담아 드리는가?

둘째, 본문에서 향연은 엄밀하게 말해 기도가 아니다. 본문은 기도와 향연을 구분한다. 향연은 성도의 기도와 함께 하나님께 올라간다(4절). 분명히 알아야 할 것은 향과 향연은 다르다는 점이다. 향(incense; 헬, 튀미아마)은 좋은 냄새를 말하고, 향연(the smoke of incense; 헬, 카프노스 호 튀미아마)은 향이 타서 나는 연기를 말한다.

앞서 향은 그 자체로 성도들의 기도를 상징한 적이 있다(5:8). 성도의 기도가 하나님 앞에 향기로운 냄새처럼 올라감을 표현한 것이다. 하지만 여기서 향연은 향을 태워 나는 연기로, 구약의 제사 제도를 반영한다. 구약의 제사에서 향은 소제의 예물을 드릴 때(레 2:1, 15)와 속죄제를 드릴 때 사용되었다. 소제를 드릴 때는 소제와 기름과 향을 섞어서 드렸고, 속죄제를 드릴 때는 향로를 가져다 성막 휘장 안에 들어가 향의 연기가 속죄소를 가리게 하여 죽음을 면하기 위해 드렸다(레 16:11-13).[9] 여기서 하나님께 드리는 제물과 향은 구분된다. 마찬가지로 본문에서 성도의 기도와 향연은 구분된다. 이 둘이 함께 하나님이 받으시기에 향기로운 연기로 올라가는 것이다.

셋째, 향연이 마음에 말씀의 불을 피워 기도하는 소리라는 해석은 근거가 빈약하다. 이들이 말씀의 불에 대한 근거로 삼은 예레미야 5장 14절을 보자. "그러므로 만군의 하나님 여호와께서 이와 같이 말씀하시니라 너희가 이 말을 하였은즉 볼지어다 내가 네 입에 있는 나의 말을 불이 되게 하고 이 백성을 나무가 되게 하여 불사르리라." 여기서의 불은 하나님의 말씀대로 이스라엘을 징계해 심판의 불이 임한다는 뜻이다.

▤ 향로에 담은 단 위의 불 (5절)

천사가 제단의 불을 향로에 담아다가 땅에 쏟자 우레(뇌성)와 음성과 번개와 지진이 났다(5절). 만약 금 향로가 이들이 주장하는 대로 약속의 목자 총회장이라면 단 위의 불은 무엇이며, 그 불이 쏟아지는 땅은 무엇일까?

이들의 주장에 따르면, 금 제단에서 담은 불은 '심판의 말씀'을 가리키며, 땅은 배도한 '일곱 금촛대 장막 성도들'을 말한다.[10] 금 향로의 불을 쏟을 때 나는 우레(뇌성)와 음성은 약속한 목자의 입을 통해 나오는 진노의 하나님의 말씀이라고 한다. 그 소리에 영들이 번개같이 움직이며, 이방 교단의 포로가 된 장막 성도들의 마음이 지진이 난 것처럼 흔들린다고 그들은 주장한다.

기억할 것은 구약의 제사 제도에 따르면 향로에 담은 불은 금 제단에서 담은 불이 아니라, 놋 번제단에서 담은 불이라는 사실이다(레 16:12). 에스겔서는 이를 잘 반영하고 있다. 하나님은 베옷 입은 사자에게 제단의 타는 숯불을 성읍 위에 흩으라고 말씀하셨다(겔 10:2). 이 땅에 쏟아지는 우레와 음성과 번개와 지진은 하나님의 위엄 있는 임재가 나타날 때 나타나는 특징적인 현상이다(출 19:16-17; 삼상 7:10, 12:17-18; 삼하 22:8-10; 시 18:7-14, 29:3, 77:17-18; 겔 1:13). 교주의 말로 배도한 장막 사람들의 마음이 흔들리는 것이 아니다. 이들이 인용하는 누가복음 17장 22-24절 말씀은 영들의 빠른 움직임을 말하는 것이 아니라, 종말에 예수님의 재림이 마치 번개가 하늘 아래 이쪽에서 저쪽까지 순식간에 비추는 것처럼 모든 사람이 볼 수 있게 순식간에 이루어진다는 뜻이다.

26장

첫째-넷째
나팔의 재앙

(8:6-13)

내가 또 보고 들으니
공중에 날아가는 독수리가
큰 소리로 이르되
땅에 사는 자들에게
화, 화, 화가 있으리니
이는 세 천사들이 불어야 할
나팔 소리가 남아 있음이로다
하더라

▤ 나팔을 부는 천사

본문은 요한계시록에서 두 번째 사이클로 펼쳐지는 나팔 재앙 시리즈 중 첫 번째에서 네 번째까지의 재앙을 다룬다. 이러한 재앙은 마치 출애굽의 재앙을 연상시키는 듯하다. 피 섞인 우박과 불이 내리고, 바다가 피로 변하며, 물에 쑥(독)이 풀어져 사람들이 죽어 가고, 어둠이 세상을 덮는다. 차이가 있다면 출애굽의 재앙은 한 나라에서 일어난 반면, 요한계시록의 재앙은 전 지구적인 재앙이라는 점이다.

반면, 신천지는 요한계시록 본문의 나팔 재앙의 성취 현장이 다름 아닌 첫 장막이라고 본다. 이들은 본문에서 다루는 여러 가지 재앙들이 실질적으로 일어나는 재앙이 아니라 비유로 기록된 것으로 보고, 재앙들이 담고 있는 비유적 의미에 집중한다.

나팔을 부는 천사는 모두 이 땅에 실상 인물이 있다. 이들은 첫째 나팔이 이만희 씨, 둘째 나팔이 홍종효 씨, 셋째 나팔이 이창호 씨, 넷째 나팔이 박영진 씨, 다섯째 나팔이 이정환 씨, 여섯째 나팔이 장희문 씨, 일곱째 나팔이 문옥순 씨라고 주장한 바 있다.[11] 아이러니한 것은 백마였던 이만희 씨가 첫째 나팔도 불고, 뒤에 가서는 첫째 대접도 붓는다는 사실이다. 후에 일곱째 나팔의 실상은 이만희씨로 변경된다.

두 증인으로 알려진 홍종효 씨도 마찬가지다. 그는 둘째 나팔을 불고, 뒤에 가서 둘째 대접을 붓는 천사로 등장한다. 여기서 이만희 씨를 백마, 또는 나팔을 불거나 대접을 붓는 천사로 등장시킨다면, 그의 역할은 구원자나 이긴 자가 아닌 단지 심부름을 수행하는 사역자에 불과하게 된다. 왜냐하면 모든 천사는 섬기는 영으로서 구원받을 상속자들을 위해 섬기라고 보내심을 받았기 때문이다(히 1:14).

▤ 첫째 나팔의 재앙 (6-7절)

첫째 나팔을 불자 이 땅에 피 섞인 우박과 불이 나서 땅과 초목을 불살랐다. 신천지는 일부 세대주의적 종말론자들이 '피 섞인 우박'을 '핵폭탄'이라 주장했던 것을 가져와, 이 말이 사실이라면 핵폭탄이 하나님이 계신 성전 안에 있다는 말도 되지 않는 주장이라며 비판한다.[12]

이들은 피 섞인 우박은 '하나님의 진노가 담긴 말씀'과 '그 말씀을 받은 목자'(사 28:2)라고 주장한다(참조, 11:19, 16:21).[13] 이들은 하나님의 말씀은 때로 채소와 같은 사람의 마음을 자라게 하는 단비, 또는 이슬과 같이 역사하기도 하고(신 32:2), 본문에서처럼 진노의 말씀으로 역사하기도 한다고 말한다. 그렇다면 진노의 말씀으로 불타는 수목과 풀은 무엇을 의미할까? 이들은 배도한 첫 장막 성도들이라고 한다. 이들의 3분의 1은 진노의 말씀으로 심령에 상처를 입는다는 말이다.

그러나 이들의 해석도 일부 세대주의자들의 주장처럼 가만히 살펴보면 논리적으로 성립되기 어려운 점들이 있다.

첫째, 첫째 나팔을 불어 이 땅에 내리는 우박이 말씀을 전하는 목자라면 해석이 이상해진다. 왜냐하면 나팔도 말씀 전하는 목자로 해석하기 때문이다. 목자가 나팔을 부니 목자가 나온다는 이상한 주장이 성립된다.

둘째, 이들이 우박이 목자라고 주장하며 근거 구절로 내세우는 이사야 28장 2절은 이를 뒷받침할 근거가 빈약하다. "보라 주께 있는 강하고 힘 있는 자가 쏟아지는 우박같이, 파괴하는 광풍같이, 큰 물이 넘침같이 손으로 그 면류관을 땅에 던지리니"(사 28:2). 여기서 '우박같이'라는 표현이 우박이 곧 목자라는 주장이다.

그러나 본문에서 말하는 우박같이 던진다는 것은 우박이 내리는 것과 같이 힘 있는 파괴력으로 던진다는 뜻이다. 이를 현대인의성경으로 보면 다음과 같다. "여호와께서 그들을 칠 강한 군대를 보내실 것이니 그들이 광풍과 폭우와 무서운 홍수처럼 그 땅에 밀어닥칠 것이다." 여기서 '힘 있는 자'는 목자가 아니라 강한 군대를 가리킨다.

셋째, 이들은 심판의 말씀으로 심령에 상처 입은 이들은 첫 장막 성도의 3분의 1이라고 한다. 당시 유재열 씨의 첫 장막성전의 경우, 전성기였을 때 약 5천 명이 모였다고 한다. 이 중에서 3분의 1이면 1,666명 정도다. 이 정도만 해도 심판의 말씀이 효력을 발휘한 것 같기는 하다. 그러나 그 말씀을 듣고도 3분의 2는 마음에 아무 상처가 되지 않고 멀쩡하다는 말이 되기도 한다. 쉽게 말하면 예배 때 3분의 1은 집중해서 듣고 마음에 찔림을 받았지만, 나머지 대다수인 3분의 2는 아무렇지도 않았다는 말이다. 과연 이 불 섞인 우박, 곧 심판의 말씀은 제대로 효과를 발휘한 것인가?

첫째 나팔에 나오는 피 섞인 우박과 불은 핵폭탄도 아니고, 진노의 심판 말씀도 아니다. 이는 출애굽기에 기록된 10가지 재앙을 배경으로 하여 세상에 일어날 심판을 기록한 것이다. 이러한 심판이 일어날 때 출애굽 당시 일어났던 하나님의 심판을 기억하며 어떻게든 돌이키도록 하기 위한 것이다. 여기서 불덩이가 피 섞인 우박과 함께 내리는 것은 이 재앙이 단순한 자연 재앙이 아닌, 죄에 대한 징계와 심판의 성격임을 말하고 있다.[14] 멸망의 범위가 세상 3분의 1로 국한된 것은 하나님이 세상을 완전히 멸망시키시지 않고 아직 회개하고 돌이키기를 바라시기 때문이다.

≡ 둘째 나팔의 재앙 (8-9절)

둘째 천사의 나팔이 불자 불 붙는 큰 산이 바다에 던져지고, 그 결과 바다의 3분의 1이 피가 되고, 바다 생물 3분의 1이 죽고, 배들의 3분의 1이 깨어졌다. 이는 무슨 뜻일까?

신천지에 의하면, 본문의 큰 산은 흙이 높이 쌓인 육적인 산을 빗대어 비유한 영적인 산으로, 흙으로 지으심을 받은 많은 성도가 모인 교회나 조직을 의미하는데, 특별히 배도한 일곱 금촛대 장막, 곧 첫 장막 성전을 가리킨다.

그렇다면 불붙는 큰 산이 바다로 던져졌다는 것은 무슨 뜻일까? 이들은 바다가 세상을 비유한 것이기에 바다에 던져졌다는 것은 첫 장막이 심판의 말씀으로 심판받아 세상에 버려졌다는 뜻으로 해석한다.[15] 바다의 3분의 1이 피가 된 것은 첫 장막의 말씀 3분의 1이 멸망자(니골라당)의 교훈에 섞여 죽은 교리가 된다는 뜻이라고 주장한다. 하나님 말씀에 거짓 교리가 섞여 마셔야 할 식수가 마시지 못할 짐승의 피처럼 된 것이다. 그러나 멸망자의 교훈이 섞인 말씀 3분의 1이 구체적으로 어떤 상태를 의미하는지 설명하지 않는다. 바다 생물 3분의 1이 죽는 것은 세상 사람들 가운데 특히 첫 장막 성도들의 3분의 1이 생명의 말씀이 아닌 멸망자의 교리를 듣고 그 영이 죽는다고 본다.

배들의 3분의 1이 깨어지는 것은 무슨 뜻일까? 이들에 의하면, 바다 가운데서 고기를 잡는 배는 세상에서 전도하는 교회를 가리킨다. 그중에서 깨어지는 배는 배도한 첫 장막성전의 지교회들을 가리킨다고 한다. 이들은 불 붙은 큰 산을 첫 장막의 본부교회로, 배들을 지교회로 해석하는 것이다. 본부교회가 세상에 버려지고 깨어지자 지교회의 3분의 1도 세상에 속해 무너지고 깨진 것이다. 그렇다면 이러한 해석을 어떻게 보아야 할까?

첫째, 우리는 비유 해석의 일관성을 살펴보아야 한다. 특이한 것은 여기에 본부교회와 지교회 개념을 도입한 것이다. 이는 장막성전이 성장할 때 80여 개의 지교회를 두었던 상황을 전제하는 해석이다.[16] 이는 장막성전 경험이 없이는 이해하기 어려운 해석이다. 하지만 가만히 살펴보면 큰 산은 본부, 배는 지교회라고 하기에는 논리적 일관성이 결여됨을 알 수 있다. 차라리 큰 산을 본부교회, 작은 산을 지교회로 해석하든지, 아니면 큰 배를 본부교회, 작은 배를 지교회로 해석하는 것이 훨씬 더 그럴듯하다. 그러나 큰 산과 작은 배를 모두 장막성전 교회로 해석하는 것은 작위적인 해석이다.

또 그들은 바다를 세상으로, 바다 생물을 세상에 사는 사람들로 해석하고서는 여기에 슬쩍 첫 장막성도들을 끼워 넣어, 죽는 생물들을 장막성전의 지교회 성도들로 해석한다. 첫 장막성도들을 바다 생물의 일부로 슬며시 끼워 넣는 것은 논리적으로 일관성이 결여된다.

이처럼 본문의 비유적 해석 논리를 따라가다 보면 논리적 일관성이 결여되고, 다음과 같은 질문에 대한 대답이 어려워진다.

산이 첫 장막이라고 하면서 세상이라고 하는 바다 생물이 어떻게 첫 장막의 성도가 될 수 있는가? 산이 첫 장막의 본부교회라고 하면서, 어떻게 배들이 산(첫 장막의 본부교회)의 지교회가 될 수 있는가? 바다가 세상이면서 어떻게 3분의 1이 피로 변한 바다가 멸망자의 교리가 될 수 있는가? 세상 사람 3분의 1이 멸망자의 교리를 들었다는 말인가? 첫 장막의 지교회 3분의 1이 멸망자의 교리를 듣고 영이 죽었다면, 3분의 2는 아직 지교회가 건재해야 하지 않는가? 게다가 본부교회가 불붙는 심판의 말씀으로 불타 바다에 던져지는 심판을 받았다면, 깨어지는 배들은 어떤 심판을 받은 것인가? 이들은 불타지 않았다. 본부교회가 불타면 지교회 배들의 3분의 1은 바다(세상)를 떠다니며 자동으로 무너지는가?

둘째 나팔의 재앙의 불탄 큰 산은 예레미야 51장 25절을 배경으로 한다. "바빌로니아야, 너는 온 세상을 멸망시키는 산과 같구나. 그러나 나 여호와는 너의 대적이다. 내가 너를 잡아 절벽에서 굴려내리고 불

탄 산처럼 만들어 버리겠다"(현대인의성경). 큰 산은 온 세상을 지배하는 막강한 제국 세력을 상징한다. 배들이 깨어진다는 것은 제국이 강성하는 데 핵심적인 역할을 감당했던 해상무역과 수산업, 그리고 해군 전력이 폐허가 될 것을 의미한다(참조, 18:17-19; 겔 27:27).[17]

▤ 셋째 나팔의 재앙 (10-11절)

셋째 나팔 소리에 횃불같이 타는 큰 별이 하늘에서 강과 물 샘에 떨어지니 물의 3분의 1이 쑥이 되었고, 그 물을 마신 많은 사람이 죽었다.

신천지는 하늘이 일곱 금촛대 장막, 곧 첫 장막이요, 하늘에서 떨어진 별은 첫 장막 출신으로 멸망자들과 하나가 되어 당을 지은 육체인 오평호 씨라 주장한다. 그는 멸망자들의 교법과 교리로 2-3장과 같이 첫 장막 성도들을 미혹해 우상의 제물을 먹고 행음하게 한 니골라당의 장본인이다.[18]

이들에 의하면, 별을 쑥이라고 하는 이유는 쑥처럼 쓴 비진리를 뱉어 내기 때문이다. 쑥이 목자를 의미하는 물 샘과 강을 오염시키는데, 이는 장막성전 지교회의 전도자와 목자 3분의 1이 멸망자인 쑥에게 미혹받아 사탄의 교리를 말하게 됨을 뜻한다. 장막에서 나오는 말씀 3분의 1에 비진리가 섞이게 된 것이다. 쑥이 된 물을 마신 사람 3분의 1은 죽게 되는데, 이들은 일곱 금촛대 장막 성도들이라고 한다. 이들은 멸망자로부터 비진리가 섞인 혼합물, 즉 선악과를 받아먹고 그 영이 죽게 된다는 것이다.[19]

이들의 해석을 일관성의 측면에서 다시 검토해 보자.

첫째, 하늘이 첫 장막이고 하늘에서 떨어진 별은 첫 장막 출신의 멸망자 오평호 씨라는 주장이다. 먼저 첫 장막에 해당하는 것이 불붙은 큰 산임을 살펴보았다(8절). 그런데 여기서는 다시 하늘이 첫 장막이라고 한다. 그렇다면 4장 1절에 나오는 하늘도 첫 장막이 되어야 한다. 그러나 4장 1절의 하늘은 하나님이 계신 영계 하나님의 나라라고 하면서, 여기서는 첫 장막이라고 한다.[20] 그랬던 것이 7장 1절에 가면 '땅의 네 모퉁이'도 첫 장막이라고 한다.[21] 우리는 여기서 이들이 첫 장막 이야기를 하고 싶을 때마다 자의적으로 해석을 바꾼다는 것을 알 수 있다. 해석의 일관성을 찾기가 거의 불가능하다.

둘째, 셋째 천사가 나팔을 불 때 하늘의 별, 멸망자인 오평호 씨가 등장한다. 나팔인 교주가 나팔을 불 때, 곧 대언하는 증거의 말씀을 선포할 때 멸망자인 오평호 씨가 등장했다는 말이다. 역사적으로 과연 그럴까? 오평호 씨는 교주가 편지를 보내기 전부터 장막성전에 있었고 말씀을 선포하고 활동을 했다. 실상이 맞지 않게 된다.

셋째, 장막성전 지교회의 전도자와 목자 3분의 1이 쑥에게 미혹받았다면, 나머지 3분의 2는 아직 건재하다는 이야기가 된다. 이들은 진리를 말하고 있고, 아직 영이 죽지 않은 상태다. 이런 상태를 마치 다 멸망한 것처럼 말할 수 있을까?

넷째, 본문 11절은 물 3분의 1이 쓴 쑥이 되고, 그 물로 많은 사람이 죽었다고 진술한다. 이것을 이들은 쑥이 된 물을 마신 사람 3분의 1이 죽는다고 오독한다. 정확한 본문 이해가 필요하다.

다섯째, 물이 쑥이 되어 많은 사람이 죽는 것이 2장 15절에 나오는 니골라당의 교훈을 지키는 것과 무슨 상관이 있고, 이것이 진리와 비진리가 섞인 선악과라고 할 수 있는 증거는 무엇인가? 선악과는 과연 진리와 비진리가 섞인 것인가? 물이 쑥이 되어 많은 사람이 죽는 것은 하늘의 운석이 이 땅에 떨어져 강과 물 샘에 큰 피해를 주는 자연 재해를 묘사하는 것이다.[22] 이것이 버가모 교회의 니골라당의 교훈을 받는 것인가? 버가모 교회의 니골라당의 교훈을 따르는 사람 3분의 1은 죽었다는 기록이 성경에는 없다. 도리어 그리스도는 이들에게 회개하고 돌아올 것을 촉구하셨다(2:16). 게다가 이런 니골라당의 교훈은 진리와 비진리가 섞인 선악과와 아무 상관이 없다. 먼저 니골라당의 교훈은 행음하게 하는 걸림돌과 같은 제거해야 할 교훈이지 진리와 비진리가 섞이지 않았다. 또한 선악과 자체는 선악을 구별하는 기준의 열매를 먹지 말라고 금하신 엄중한 진리의 말씀을 상징적으로 드러낸 일종의 경계 표지이지, 그 자체가 사람을 속이기도 하고 진리도 말하는 섞인 비진리가 아니다.

셋째 나팔의 재앙은 요한계시록 첫째 나팔부터 계속되어 온 대자연 재앙의 일부로, 하늘의 운석이 이 땅에 떨어져 고통받는 장면을 묘사한다. 이는 재앙 시리즈가 갖는 특징, 즉 첫째부터 넷째 재앙까지가 자연을 향한 재앙이고, 다섯째부터 일곱째 재앙까지가 사람을 향한 재앙임을 충실히 반영한다. 아래 도표를 참조하라.[23]

인, 나팔, 대접 심판 시리즈(계 6-16장)		
인 심판 시리즈	**나팔 심판 시리즈**	**대접 심판 시리즈**
1 흰 말(6:2)	피 섞인 우박과 불이 땅에(8:7)	땅에 쏟음(16:2)
2 붉은 말(6:4)	불 붙는 큰 산이 바다에 (8:8)	바다에 쏟음(16:3)
3 검은 말(6:5)	횃불같이 타는 큰 별이 강과 물 샘에(8:10)	강과 물 근원에 쏟음(16:4)
4 청황색 말(6:8)	해, 달, 별 1/3이 타격을 받아 어두워짐(8:12)	해에 쏟음(16:8)
5 순교자들의 기도 (6:9-10)	황충이 무저갱에서 나옴 (9:2-3)	짐승의 왕좌에 쏟음 (16:10)
6 천체의 변화 (해, 달, 별, 하늘, 산, 섬) (6:12-14)	유브라데에 결박한 네 천사가 풀려나 전쟁 (9:14-21)	큰 강 유브라데에 쏟음 (16:12)
막간 장면	막간 장면	없음
7 하늘이 고요 (성도의 기도가 상달) (8:3-4)	하늘에서 찬양: 세상 나라가 그리스도의 나라가 됨(11:15)	공중에 쏟음(16:17) - 바벨론 멸망
우레, 음성, 번개, 지진 (8:5)	번개, 음성, 우레, 지진, 큰 우박(11:19)	번개, 음성, 우렛소리, 큰 지진(16:18)
없음	막간 장면	없음

☰ 넷째 나팔의 재앙 (12-13절)

넷째 나팔을 불자 해, 달, 별 3분의 1이 타격을 받아 어두워졌다. 이때 독수리가 날아가며 땅에 사는 자들에게 "화, 화, 화가 있으리라"고 외

쳤다.

신천지는 해, 달, 별의 실체를 멸망자에게 침노를 당한 금촛대 장막 사람들로 본다. 보다 구체적으로, 해는 지교회 목자들, 달은 목자들에게 말씀을 받아 전하는 전도자, 별은 성도들로 해석한다.[24] 해, 달, 별이 타격을 받아 어두워지는 것은 첫 장막이 교권을 박탈당해 목자와 전도자, 성도 3분의 1이 진리를 말하지 못한다는 뜻이라고 한다.[25] 이들에 의하면, 첫 장막을 침범한 장본인은 셋째 나팔을 불 때 떨어진 쑥이라고 하는 별의 무리들이다. 이 사건은 초림 때 세례 요한의 제단이 서기관들과 바리새인들에게 침노를 받아 망하게 된 것과 같다고 한다 (마 11:11-14).

공중을 날아가며 화를 외치는 독수리는 영계와 육계를 왕래하는 천사장, 곧 네 생물을 말한다고 해석한다. 땅에 거하는 자들은 첫 장막 성도들로, 네 생물은 첫 장막 성도들이 당할 남은 3개의 화를 선포하는 것이다.

넷째 나팔에 대한 이들의 해석은 셋째 나팔과 같이 해석의 일관성에 있어서 자체적인 모순을 드러낸다.

첫째, 별들이 성도들이라고 해석하지만, 앞에서 별은 배도한 길 예비 등불의 사자로 해석한 바 있다(1:20). 별은 성도인가, 목자인가? 답은 그때그때 달라지는 것 같다.

둘째, 나팔인 교주가 나와 말씀을 전하자 쑥, 곧 멸망의 무리들이 나와 교권을 박탈해 진리를 말하지 못하게 한다면, 이것은 셋째 나팔과 같이 실상 교리의 시간적 모순점을 드러낸다. 사건으로 보자면 멸망자가 와서 장막성전을 무너뜨리고 난 이후 교주가 이들에게 회개를 촉구하는 경고의 편지를 보내야 하기 때문이다.

셋째, 교권을 박탈당한 목자와 전도자와 성도 3분의 1이 진리를 말하지 못한다는 것은 무슨 뜻일까 애매하다. 나머지 3분의 2는 여전히 진리를 말하고 다녔다는 뜻이기도 하기 때문이다.

넷째, 이들이 첫 장막을 쑥이라고 하는 별의 무리들이 침노해 망하게 된 것이 예수님의 초림 때와 같다고 주장하는 근거의 기반이 허약하다.

먼저, 서기관과 바리새인들은 세례 요한을 침노한 적이 없거니와 세례 요한을 무너뜨린 이는 헤롯왕과 헤로디아, 그리고 그녀의 딸이다(마 14:1-12). 또한 만약 서기관과 바리새인들이 세례 요한의 장막을 넷째 나팔과 같이 무너뜨렸다면 세례 요한의 장막 3분의 1만 해를 입어야 한다. 나머지 3분의 2는 건재해야 맞다. 그러나 성경은 이에 대해 말하지 않는다. 아울러 이들이 인용하는 '세례 요한의 때부터 지금까지 천국은 침노를 당한다'라는 말씀(마 11:12)은 세례 요한이 예수님의 길을 예비한 이후부터는 하나님 나라의 복음이 전파되어 침입한다는 뜻이다(눅 16:16). 구약시대에는 하나님의 선민으로 태어나 율법을 지켜야 구원을 받았다면, 구약의 마지막 선지자 세례 요한이 준비한 신약의 시대부터는 복음을 듣고 믿음으로 구원받는 길이 열렸다는 것이다. 이것이 바로 하나님 나라의 복음이 침입하는 것이다.

다섯째, 공중을 날아가며 화를 외치는 독수리가 네 생물일까? 네 생물은 하나님의 보좌 곁에 하나님을 찬양하며 영광 돌리는 사명을 가진 천사들이다. 그런데 그들이 일곱 나팔의 화를 선포하기 위해 하나님 보좌의 자리를 지키지 않고 이 땅에 내려와 공중을 날아가며 화를 선포한다는 것은 말이 되지 않는다. 네 생물은 공중에서 날아다니지 않는다(13절). 네 생물은 천상 보좌에서 여섯 날개를 갖고 날아다니는 존재다.

신천지는 전에 네 생물의 실상을 밝힌 바 있다. 물론 실상이 바뀌는 모순도 드러났거니와, 네 생물을 중심으로 한 천교, 청학, 천장, 천부 그룹 등은 하늘 보좌를 구성하고 나서 이루어진 일이다. 지금 장막성전을 무너뜨리고 있는데 갑자기 네 생물 그룹들이 나타나는 것은 시간 순서로도 맞지 않는다.

넷째 나팔 재앙은 첫째 나팔부터 계속된 자연계의 재앙이다. 해, 달, 별 3분의 1이 타격을 받아 어두워지는 일은 출애굽 때 일어난 아홉 번째 흑암 재앙을 반영한다(출 10:21-23). 이런 어둠은 하나님의 엄중한 심판이 임할 때 천지에 나타나는 현상이다(욜 2:2, 10; 사 13:10; 겔 32:7; 암 8:9; 마 27:45; 막 15:33; 눅 23:44).[26] 애굽의 흑암 재앙은 칠흑같이 어두워졌지만, 본문에서 3분의 1이 빛을 잃어버린 것은 아직 최종적 심판이 임하지 않았고 돌이킬 여지가 있음을 보여 준다.[27]

여기서 날아가는 독수리는 하나님이 보내신 메신저로, 남은 재앙이 있음을 선포하는 역할을 한다. 주목할 것은 독수리가 갖는 상징성이다. 독수리는 로마 제국을 상징하는 날짐승이다. 독수리가 우는 날카로운 고음은 '화'를 의미하는 헬라어 '우아이'를 발음한 것과 비슷하다. 독수리의 울음소리가 "화, 화, 화"로 들리는 것이다. 본문에서 독수리는 추가적인 화가 있음을 알리는 사자의 역할을 감당한다.

27장

다섯째
나팔의 재앙

(9:1-11)

다섯째 천사가 나팔을 불매
내가 보니 하늘에서 땅에 떨어진
별 하나가 있는데
그가 무저갱의 열쇠를 받았더라

≣ 다섯째 나팔을 불자 일어난 사건

본문은 다섯째 나팔의 재앙을 다룬다. 다섯째 나팔을 불자 하늘에서 별 하나가 떨어졌는데, 그는 무저갱의 열쇠를 받은 자다. 그가 무저갱을 열자 그 구멍에서 연기가 올라오고, 연기 가운데로부터 황충이 나왔다. 황충은 기괴한 모습으로 나타나 다섯 달 동안 사람들을 해치는 권세를 받아 괴롭혔다.

신천지는 이러한 내용을 배도와 멸망의 공식을 도입해 배도한 첫 장막이 무너지는 과정으로 해석한다. 인 재앙도 그렇거니와 나팔 재앙도 하나님을 배반한 첫 장막에게 쏟아지는 재앙으로만 보는 것이다.[28] 이런 흐름에서 황충은 멸망자인 청지기교육원으로 해석한다. 이것이 과연 얼마나 성경적 해석에 타당한지 검토해 보도록 하자.

≣ 땅에 떨어진 별과 무저갱 (1-3절)

다섯째 나팔을 불자 하늘에서 땅에 떨어진 별 하나가 나타났다. 그는 무저갱의 열쇠를 받고 무저갱을 열었다. 그러자 연기와 함께 황충이 올라왔는데, 이들은 전갈의 권세를 받았다.

신천지는 하늘에서 떨어진 별은 8장의 셋째 나팔을 불 때 하늘에서 떨어진 '쑥'이라는 별로, 첫 장막에 입교했다가 배도한 거짓 목자 오평호 씨로 본다.[29] 무저갱은 배도한 장막을 무너뜨린 '멸망자들의 활동 본부', 곧 청지기교육원을 가리킨다고 한다. 그렇다면 무저갱의 열쇠는 무엇일까? 이는 영계의 마귀와 육계의 지옥사자를 나오게도 하고 들어가게도 하는 지혜라고 한다.[30] 이런 지혜는 원래 예수님이 갖고 계셨는데(1:18), 배도한 장막 성도들을 벌하시려고 하늘에서 떨어진 별, 거짓 목자로 일컫는 오평호 씨에게 주신 것이라고 주장한다.[31]

무저갱을 열자 나오는 큰 화덕의 연기 같은 연기는 지옥사자 마귀들이 거짓 목자의 입을 빌려 외치는 사탄의 함성을 말한다고 한다.[32] 성도의 기도가 향연이 되어 하나님께 올라가는 것처럼(8:3-4), 사탄의 함성이 자욱한 무저갱의 연기가 되어 올라온다는 것이다. 이런 연기로 말미암아 해와 공기가 어두워지는데, 어두워지는 해는 첫 장막의 목자들이며, 공기는 그 성도들의 어두워진 지각을 말한다고 주장한다. 배도한 첫 장막 목자들과 성도들의 심령이 멸망자들이 주장하는 비진리의 교법으로 어두워짐을 표현한 것이다.

무저갱에서 나오는 황충들은 무엇일까? 황충은 원래 떼를 지어 다니며 왕성한 식욕을 가지고 식물을 닥치는 대로 먹어 치우는 메뚜기과의 곤충으로, 여기서는 첫 장막을 삼킨 니골라당(2장), 붉은 용(12, 13, 17장), 일곱 머리 열 뿔 가진 짐승들이라고도 하는 이방 멸망자들을 가리킨다고 한다. 황충들이 땅으로 나왔다는 것은 멸망자들이 거짓 교리를 외치면서 자신들의 활동 본거지에서 배도한 일곱 금촛대 장막

(첫 장막)으로 들어갔다는 뜻이다.[33] 이들이 가진 전갈의 독침과도 같은 황충의 권세는 사탄의 교리로 사람의 영을 죽이는 교권을 의미한다고 해석한다.[34]

이러한 주장들을 검토해 보자.

첫째, 하늘에서 떨어진 별이 8장의 하늘에서 떨어진 '쑥'과 같은 별일까? 이들은 앞서 셋째 나팔에서 하늘에서 큰 별, 즉 배도한 첫 장막의 거짓 목자요 멸망자인 청지기교육원의 대표자(오평호)가 떨어졌다고 주장했다. 그 이전에는 둘째 나팔 재앙에서 바다에 던져진 불 붙는 큰 산이 멸망자 오평호 씨라고도 했다. 이번에 또다시 다섯째 나팔 때 동일한 멸망자(오평호)가 땅에 떨어진 별이 되어 등장했다. 벌써 멸망자가 세 번이나 떨어졌다. 떨어졌던 멸망자가 어떻게 또 떨어질 수 있을까? 다시 하늘로 올라가야 하는가? 이러한 해석은 이들의 해석이 자의적인 해석임을 갈수록 선명하게 보여 준다.

둘째, 무저갱이 멸망자들의 활동 본부인 청지기교육원이라면, 천년왕국 기간에 이들은 다시 무저갱에 던져 놓고 인봉해 두어야 한다(20:1-3). 그렇다면 청지기교육원은 아직 존재해야 하고, 여기서 활동하던 이들도 미혹하지 않을 뿐이지 그대로 있어야 한다. 그러나 현실은 전혀 그렇지 않다. 신천지가 주장하는 신천기, 곧 천년왕국 기간인 현재에 청지기교육원은 사람을 미혹하지 않고 가만히 갇혀 있기는커녕 존재하지도 않는다. 무저갱은 과연 멸망자들의 활동 본부인 청지기교육원일까?

셋째, 무저갱의 열쇠는 지혜인가? 무저갱의 열쇠가 지혜라는 것은 본문을 풀어 가는 데 상당히 어색하다(참조, 1:18). 그렇다면 이것은 청지기교육원을 드나드는 사람을 관리하는 지혜에 불과한가? 이들의 주장처럼 이 지혜는 원래 예수님이 가지셨던 것인데, 하늘에서 떨어진 별인 오평호 씨에게 주셨는가? 그렇다면 예수님은 원래 멸망자의 운영 본부를 드나드는 사람들을 관리하는 지혜를 받으셨다는 말인가?

열쇠는 권세를 상징한다. 열쇠를 가진 자 외에는 열고 닫을 사람이 없는 것처럼, 무저갱을 여는 권세를 허락받은 천사 외에는 누구도 그 문을 여닫을 수 없다. 따라서 열쇠를 지혜로 푸는 것은 성경적 근거가 명확하지 않다.

넷째, 무저갱의 연기는 사탄의 함성인가? 이들은 성도의 기도가 향연, 즉 향기로운 연기가 되어 올라가는 것처럼 무저갱의 연기도 연기로 되어 있으므로 거짓 목자의 입을 빌려 외치는 사탄의 함성이라 해석한다. 그렇다면 무저갱의 연기도 위로 올라갈 텐데, 사탄의 함성도 하나님께 올라가는가?

무저갱에서 올라오는 큰 화덕 연기 같은 연기는 소돔과 고모라가 불로 심판받은 후 그 폐허에서 연기가 '옹기 가마(furnace)의 연기같이 치솟았다'는 표현을 연상시킨다(창 19:28). 이는 무저갱의 뜨거운 열기가 사방을 뒤덮고 이들의 세력이 활동하기 시작했음을 의미하는 배경을 제공한다.

다섯째, 황충은 첫 장막에 들어가 이들을 삼킨 이방의 멸망자들이다. 이들은 전갈의 독침과도 같은 사탄의 교리로 사람의 영을 죽인다고 해석한다. 하지만 이들의 논리가 좀 이상하다. 황충들이 자기들의 활동 본거지인 무저갱에서 땅(첫 장막)으로 떼를 지어 들어가 전갈의 권세로 이들을 쏘았다는 말이 되는데, 실제로 청지기교육원이 첫 장막에 떼로 들어가 이들을 쏘아 그 영이 죽게 했는가? 청지기교육원은 기성교회 목회자들을 훈련하기 위한 기관이지 첫 장막 성도들을 쏘아 그 영이 마비되게 하는 것과는 아무 상관이 없다.

구약에서 황충은 파괴와 심판의 상징으로 사용된다(신 28:42; 왕상 8:37; 대하 6:28, 7:13; 시 78:46, 105:34; 나 3:15; 욜 1:4; 암 4:9).[35] 원래 황충은 떼로 지나가며 닥치는 대로 먹어 버리며 자연을 파괴하고 황폐하게 만드는 곤충으로 활동하지만, 여기서는 특이하게도 땅의 풀과 식물, 수목은 해치지 말라는 명령을 받았다. 즉 이들은 자연계에 재앙을 가져오는 황충이 아니라, 하나님이 허락하신 범위 안에서 인 맞지 않은 사람들만을 고통스럽게 하는 사탄적 황충임을 알 수 있다.

황충이 괴롭히는 인 맞지 않은 사람들은 누구인가? 이들은 이 땅에서 우상 숭배하며 살인과 복술과 음행과 도둑질을 일삼던 사탄과 귀신을 따르는 사람들이다(9:20-21). 이들은 우상을 숭배하는 것이 살길인 것처럼 몰두했지만, 결국 자신이 따르던 사탄적 세력에 의해 고통받는 아이러니한 비극을 겪는다.

이들에게 다섯 달의 제한된 기간을 허락하시는 이유는 회개하고 돌아오도록 하시기 위함이다. 그러나 이런 재앙을 겪으면서도 이들은 회개하지 않고 자기 파괴적인 우상에 더 몰두하는 어리석음에 깊이 빠지게 된다(9:20).

≣ 죽을 수도 없는 다섯 달의 환난 (4-6절)

하나님은 황충들에게 '땅의 풀과 푸른 것과 각종 수목'은 해하지 말고, 오직 하나님의 인 침을 받지 않은 사람들만 해하라고 하셨다(4절). 이들은 다섯 달 동안 황충에게 괴롭힘을 당하며 죽고 싶어도 죽지 못하고 고통받는다.

신천지는 '땅의 풀과 푸른 것과 각종 수목'을 다음과 같이 이해한다. 먼저 하늘이 금촛대 장막이라면, 땅은 첫 장막을 제외한 세상을 의미하고, 푸른 풀과 각종 수목은 세상 중에 있는 각 교단 성도들을 가리킨다고 한다. 이들을 해치지 말라고 하시는 이유는 첫 장막의 심판이 다 끝나지 않았기 때문이라고 주장한다. 인 맞지 아니한 사람들은 배도한 금촛대 장막 성도들로서 다섯 달 동안 괴롭힘을 당하는데, 이들을 다 심판한 후에는 14만 4천을 모두 인 치고, 이후 세상의 모든 거민, 곧 각종 수목과 풀들을 심판하신다고 말한다.[36]

이들의 주장을 검토해 보자.

첫째, 이들은 땅을 첫 장막을 제외한 세상으로, 하늘은 첫 장막으로 해석한다. 그러나 바로 앞 절인 3절에서 '황충들이 무저갱에서 땅으로 올라온다'는 구절을 멸망자들이 첫 장막으로 들어간 것으로 해석했다.[37] 땅이 첫 장막이라고 했다가, 바로 다음 구절에서 하늘이 첫 장막이라고 한다.

둘째, 땅의 풀과 수목이 기성교회 교단의 성도들이고, 하나님의 인 치심을 받지 아니한 이들이 첫 장막 성도들이고, 인 치심을 받는 사람들이 새로운 증거장막성전의 성도들이라는 주장은 비유 해석의 일관성에서 문제가 있다.

먼저, 풀과 수목은 앞서 3분의 1이 불탄 적이 있다(8:7). 이때 이들은 풀과 수목 3분의 1이 불탄 것이 배도한 첫 장막 성도들이라 해석한 바 있다.[38] 그런데 여기서는 말을 바꾸어 기성교회 교단의 성도들이라고 해석한다. 이렇게 해석이 바뀌는 이유은 그다음에 "인 침을 받지 아니한 사람들"(4절)이라는 명시적인 표현이 등장하기 때문이다. 결국 이들의 해석은 그때마다 일관성 없이 장막성전의 배도 멸망의 도식을 설명하기 위한 작위적인 해석으로 보인다.

또한 풀과 수목이 사람을 비유한 것이라면, 이어 등장하는 "이마에 인 침을 받지 아니한 사람들"도 다른 식물로 나와야 하지 않을까? 예를 들어, 백향목, 싯딤나무 등으로 말이다. 여기서 풀과 사람을 구분한 이유는 이 둘이 다른 종류의 생명이기 때문이다. 전자는 자연계의 초목을 말하는 것이고, 후자는 인 맞지 아니한 불신자, 곧 우상 숭배에 빠져 여전히 회개하지 않는 사람들을 가리킨다(9:20-21). 풀과 수목이 사람이고, 인 맞지 않은 사람도 사람이라면, 굳이 풀과 수목만 비유적으로 말할 필요가 있을까?

풀과 수목이 사람을 비유한 것이라면 이들도 인 맞은 자로 보는 것이 논리적으로 맞다. 왜냐하면 본문에서 해를 받는 자는 오직 인 침 받지 아니한 자들뿐이기 때문이다. 이것은 실상의 관점으로 보아도 그렇다. 생각해 보라. 신천지가 14만 4천이 이미 넘었는데도 풀과 수목, 즉 기성교회 성도들은 아직 해함을 받지 않고 있다. 아직 보호를 받고 있는 것이다. 결국 멸망한 이들은 첫 장막 성도, 곧 인 맞지 않은 사람밖에 없다는 말이 된다.

풀과 수목을 해치지 말라는 것은 황충의 사명이 자연계에 재앙을 내리는 것이 아니라 인 맞지 않은 사람에게 재앙을 내리는 것이기 때문이다. 이는 황충이 단순히 자연계의 메뚜기 떼가 아니라 사탄적 존재라는 것을 부각시킨다. 이에 대한 구체적인 검토는 다음 단락(7-11절)에서 살펴보기로 한다.

다섯 달 동안 죽고 싶어도 죽지 못한다는 말은 무슨 뜻인가? 신천지는 배도한 인 맞지 않은 무리들이 갖게 되는 마음의 괴로움이라고 한다. 그러나 앞서 이들은 넷째 인의 재앙에서 청황색 말 탄 자가 배도자들의 4분의 1을 죽인다고 했다(6:8).[39] 앞서 죽여 놓고 여기서는 죽고 싶어도 죽지 못하게 하면서 군이 마음의 괴로움만 겪도록 할 필요가 있을까? 실상으로도 그렇다. 첫 장막 성도들은 청지기교육원의 멸망자가 왔을 때 죽고 싶도록 그 마음에 고통을 받았을까? 힘들어도 이들의 영은 죽지 않고 살아 있었을까? 다섯 달 동안 괴로움을 받는 이유가 무엇일까? 혹시 마흔두 달, 3년 반을 말해야 하는 것은 아닌가?

여기서 다섯 달은 팔레스타인에 황충이 출몰하는 이른 비(4월)에서 늦은 비(8월) 사이의 건기에 해당하는 기간인 동시에, 그렇게 길지 않은 제한된 기간을 의미한다.[40] 하나님이 제한된 기간에 죽고 싶을 정도의 극심한 고통을 주시지만, 죽음을 허락하시지 않는 이유는 무엇인가? 아직 기회가 있을 때 회개하고 그리스도께 돌아오라는 뜻이다.

≡ 황충들의 모습 (7-11절)

신천지는 황충들의 모습이 '전쟁을 위하여 준비한 말들과 같다'는 것은 이들이 앞서(6장) 일곱 인 재앙에 등장한 네 말과 같이 사탄에게 이용되는 육체임을 말해 준다고 주장한다. 머리에 쓴 금 면류관은 존귀한 직분을 나타내며, 사람과 같은 얼굴은 선민 행세를 하고 있음을 의미한다는 것이다(참조, 2:9).

신천지에 의하면, 여자와 같은 머리털이 있다는 것은 황충이 영적 여자, 곧 목자라는 뜻이며(참조, 갈 4:19), 사자 같은 이는 양과 같은 성도를 삼키는 교리가 있음을 상징한다. 황충의 날개는 이들이 활동할 수 있도록 돕는 사람들, 곧 연결된 조직을 말하고, 철 호심경(철흉갑, 개역한글)은 어떤 말을 해도 통하지 않는 교법으로 무장한 것이다. 전갈 같은 꼬리는 거짓 목자요, 쏘는 살은 사람의 영을 죽이는 비진리의 교리를 말한다.

황충들에게는 왕이 있는데, '멸망', '파괴'를 의미하는 '아바돈' 혹은 '아볼루온'이라고 하는데, 이는 첫 장막을 삼킨 멸망자를 가리킨다. 그는 17장 5절에서 일곱 머리 열 뿔을 가진 짐승을 타는 음녀라고도 한다.

이상의 주장을 검토해 보자.

먼저 황충들의 모습이다. 황충이 전쟁을 위해 예비한 말들과 같다는 것은 황충이 단순히 식물을 먹어치우는 곤충이 아닌 영적 공격을 수행하는 사탄적 세력임을 의미한다. 전쟁에 사용하는 기병 같다는 말을 단순히 '말'이라는 단어만을 가지고 말은 육체라는 공식을 대입해서 풀면 본뜻을 왜곡하는 것이다. 이들의 주장대로 네 말이 사탄에게 이용되는 육체라면, 백마도 사탄에게 이용되는 육체라는 말이 된다.

머리에 쓴 금 면류관은 원래 승리의 상징으로 쓰는 것이지만, 여기서는 승리하기도 전에 머리에 쓰는 것으로 보아, 이들은 승리를 거짓으로 꾸며 사람들을 미혹하는 속이는 세력임을 알 수 있다. 그는 승리를 거둔 강력한 지도자인 것처럼 자신을 부각시킨다. 그러나 그는 잔인하고 광기 어린 파괴자다!

여기서 사람과 같은 얼굴은 황충이 짐승과 같은 특성과 함께 인간의 특성을 가진 존재임을 의미한다. 황충은 야수성과 폭력성에 지성적 교활함이 더해진 존재다. 황충은 여인의 긴 머리털을 하고 있다. 이는 흐트러진 머리털을 연상시키는데, 황충이 갖는 야만적이고 광기 어린 동시에 음란한 성격을 드러낸다.[41] 사자 같은 이는 대상을 가차 없이 삼키려는 야수성을 드러낸다(참조, 벧전 5:8; 욜 1:6).

호심경은 가슴을 보호하는 보호 장비다. 에베소서는 호심경을 비유적인 표현으로 "의의 호심경"(엡 6:14)으로 말한다. 이는 예수 그리스도가 십자가의 피로 세우신 의로 말미암아 우리가 얻게 되는 의의 복음이 우리의 생명을 담보하고 지켜 줌을 의미한다. 그러나 본문의 사탄적 황충은 철로 된 호심경으로 가슴을 보호했다. 이는 치명적인 약점을 철저하게 가리고 사람들을 공격하려는 교활하고 준비된 모습을 보여 준다. 날개 소리가 많은 병거와 말들의 소리 같은 것은 황충의 떼가 공격하는 것이 거대한 전쟁을 연상시키는 대규모의 공격임을 의미한다.

전갈은 치명적인 독침으로 상대를 사망에 이르게 하는 능력이 있다. 그가 쏘는 '살'은 천벌에 대한 고통의 도구를 상징한다(참조, 고전 15:55). 이는 황충이 갖고 있는 강력하고 고통스러운 재앙을 초래하는 능력을 보여 준다. 감사한 것은 예수 그리스도가 성도에게 "전갈을 밟으며 원수의 모든 능력을 제어할 권능"을 주셨다는 것이다(눅 10:19).

황충의 왕은 그 이름이 히브리어로는 아바돈, 헬라어로는 아볼루온이다. 헬라어로 그 이름을 아볼루온(헬, 아폴류온)이라고 소개하는 것은 마치 당시 그리스 신화에 등장하는 제우스의 아들 '아폴로' 신을 연상시킨다. 아폴로는 태양의 신인 동시에 재앙의 신이었기에, 황충은 아폴로 신의 상징 가운데 하나였다. 기억할 것은 당시 로마 제국의 황제였던 도미티아누스 황제는 자신을 육화된 아폴로 신으로 자처했다는 사실이다.[42] 기억하라. 황충의 왕은 청지기교육원의 오평호 씨가 아니라 도미티아누스로 상징되는 제국의 황제다.

이렇게 볼 때 황충의 활동은 당시 로마 제국과 제국을 숭배하던 우상 숭배자들에 대한 심판과 밀접한 관계가 있음을 알 수 있다(참조, 9:20-21).

28장

여섯째
나팔의 재앙

(9:12-21)

나팔 가진 여섯째 천사에게
말하기를 큰 강 유브라데에
결박한 네 천사를 놓아 주라 하매
네 천사가 놓였으니
그들은 그 년 월 일 시에 이르러
사람 삼분의 일을 죽이기로
준비된 자들이더라

☰ 여섯째 나팔을 불자 일어난 사건

여섯째 나팔에서는 금 제단 네 뿔에서 한 음성이 나와 나팔을 가진 천사에게 큰 강 유브라데에 결박한 네 천사를 놓아 주라고 한다. 네 천사는 그 년 월 일 시에 사람 3분의 1을 죽이기로 준비된 자들이었다. 그들이 이끄는 마병대의 수는 이만 만이었다. 마병대는 불빛과 자줏빛과 호심경(흉갑, 개역한글)이 있고, 말들의 머리는 사자 머리 같고 입에서는 불과 연기와 유황이 나오는데, 꼬리에 머리가 있어 이것으로 사람들을 해쳤다. 이러한 재앙으로 살아남은 이들은 회개는커녕 더욱 우상 숭배와 범죄에 몰두했다. 이에 대한 신천지의 주장을 살펴보자.

☰ 금 제단 네 뿔에서 나는 음성 (13절)

신천지에 의하면, 금 제단 네 뿔에서 한 음성이 났다는 것은 예배를 인도하는 네 영 중에서 하나가 말했다는 뜻이다.[43] 이를 초창기에는 네 생물의 장(長)이 종합한 결론을 말하고 이 결론은 하나님의 명령으로 대치된다고 주장하기도 했다.[44] 네 뿔에서 난 음성에 대한 해석이 이리저리 흔들림을 알 수 있다.

그러나 성경에서 네 뿔은 제단 네 모퉁이에 있는 돌출된 조형물로 하나님의 힘과 능력을 상징한다.[45] 여기서의 음성은 제단 곁에 서 있던 천사들을 통해 전달되는 하나님의 음성일 수 있고(참조, 8:3, 14:13), 하나님의 주권적 임재를 상징하는 제단 뿔을 통해 직접적으로 들리는 하나님의 음성일 수 있다.[46]

≡ 큰 강 유브라데에 결박당한 네 천사 (14절)

큰 강 유브라데에 결박당한 네 천사는 누구인가? 신천지는 초창기에 네 천사가 하나님 보좌 곁에 있는 네 바람을 의미한다고 주장했다.[47] 그랬던 것을 나중에는 '큰 날의 심판까지 결박하여 흑암에 가두어 둔 범죄한 천사들'(유 1:6)로 변경했다. 이들이 이렇게 변경한 이유가 무엇일까? 바로 '결박당했다'라는 표현 때문이다. 네 천사가 하나님 보좌 곁에 있으면 이들의 소속은 영계 하늘의 소속이 되는데, 영계 소속의 천사가 결박당했다는 표현은 어색하기 때문이다. 그렇다면 흑암에 가두어 둔 범죄한 천사들은 넷인가? 그러나 유다서에는 숫자에 대한 언급 자체가 없다.

네 천사는 앞에 헬라어 정관사가 붙어 있는데, 이는 앞에서 언급한 네 천사를 이어받는 조응적 관사로 기능한다.[48] 이는 땅의 사방에 바람을 붙잡아 바람을 억제하도록 명령한 네 천사(7:1)를 지칭한다.[49]

'결박당했다'라는 표현이 반드시 사탄의 소속일 필요는 없다. 이것은 '제지되어' 그 활동이 제한되었다는 것을 의미하기 때문이다. '결박당하다'(헬, 데데메노스)라는 표현은 신적 수동태로서, 이는 결박한 주체가 수동태형으로 감추어져 있지만, 그 배후에 은밀하게 역사하는 주체가 바로 하나님이심을 의미한다.[50] 이는 이들의 활동이 온전히 하나님의 주권 아래 있음을 의미한다. 이 점이 초창기 이만희 씨의 저서《요한계시록의 진상》에서는 아이러니하게도 다음과 같이 적절하게(?) 설명되어 있다. "네 천사가 사명의 때를 기다리고 있음이 결박이요, 때가 되어 그의 사명을 수행하게 된 것을 놓였다고 말한다"는 것이다.[51]

신천지는 큰 강 유브라데가 네 천사가 결박당한 흑암, 곧 지옥을 의미한다고 주장한다. 하지만 초창기에는 유브라데를 에덴동산의 물을 흘려보내는 네 근원 중 하나로 긍정적으로 기술했다.[52] 아마도 네 천사가 흑암에서 올라왔다는 유다서 1장 6절 말씀을 나중에 알고 나서 이를 맞추기 위해 유브라데도 지옥으로 변경한 것으로 보인다.

유브라데는 에덴동산인가, 지옥인가? 이를 온전히 이해하려면 유브라데강이 1세기 로마 제국 안에서 갖고 있던 의미를 살펴야 한다. 유브라데강은 1세기 제국의 동쪽 국경이었다. 총 길이 2,680km로 뻗어간 강을 중심으로, 강 서편에는 로마 제국이, 동편에는 파르디아 제국이 대치하고 있었다. 파르디아는 주전 53년, 주후 62년 유브라데강을 건너 제국을 침략해 온 로마를 공포에 떨게 한 적이 있다.[53] 이때 제국을 침략했던 파르디아의 백마 기병대는 이름만 들어도 공포 그 자체였다. 마찬가지로 유브라데강에 놓인 천사들이 이 땅에 재앙을 가져온다는 것은 파르디아 제국의 기병대와 같이 파죽지세로 이 땅을 타격해 수많은 사람에게 해를 입히고 공포를 가져올 것을 상징한다.

☰ 그 년 월 일 시에 죽는 사람 3분의 1과 이만 만의 마병대 (15-16절)

그 년 월 일 시에 사람 3분의 1을 죽인다는 것은 무슨 뜻인가? 신천지에 의하면, 이는 배도한 선민, 곧 장막성전의 성도들을 죽인다는 뜻이다.[54] 이를 초창기 저작에서는 구체적으로 1981년 9월 20일 오후 2시로 규정한다.[55] 이날에 무슨 일이 있었는가? 이날은 멸망자 오평호 씨가 장막성전의 간판을 내리고 이삭중앙교회로 개명한 이후 새롭게 목사안수식을 거행한 날이다. 목사 안수식 때 17명의 목사가 장로교단의 예식을 따라 목사 안수를 거행했는데, 이로써 3분의 1이 죽임을 당한다는 것이다.

이렇게 구체적인 날짜를 자신들의 단체의 상황에 대입해 이것이 성취된 실상이라고 주장하면, 그 본래의 의미가 퇴색된다. 요한계시록의 재앙 자체가 순환적 나선 구조이기에, 이런 재앙의 예고는 예수 그리스도의 초림부터 재림 때까지 반복적이고 유사한 형태로 나타날 수 있음을 염두에 두어야 한다. 중요한 것은 년 월 일 시를 구체적으로 말한 이유다. 이는 천사들이 세상에 가져오는 재앙조차 하나님의 통치 주권과 섭리 아래 있음을 말하기 위해서다.[56]

이렇게 배도한 자들을 치기 위해 이만 만의 마병대가 동원되었다. 이만 만이면 20,000의 10,000배니 2억이다. 신천지는 이만 만을 초창기에는 실제 수 2억으로 해석했다가,[57] 후에는 헤아릴 수 없이 많은 사탄 소속을 나타내는 상징적인 수로 변경했다.[58]

만약 이만 만의 마병대가 첫 장막 성도들을 멸망시키기 위해 동원된다면, 실상으로는 청지기교육원의 사람들이 2억 명이 동원되어야 한다는 계산이 된다. 그러나 당시 청지기교육원 사람들은 대표자 7명과 돕는 간사 몇 명을 제외하고는 없었다. 이들이 2억이라고 하는 말은 전혀 이치에 맞지 않는다. 헤아릴 수 없이 많은 사탄 소속도 아니다. 한 눈을 감고 헤아려도 헤아릴 수 있을 정도로 적은 수다. 더 나아가 청지기교육원이 첫 장막을 멸망시키려고 들어온 적도 없다. 이들은 그 자체의 해석으로 모순점을 여러 곳에서 보여 준다.

29장

하늘에서 온 열린 책
_막간 장면 1
(10:1-11)

내가 천사의 손에서
작은 두루마리를 갖다
먹어 버리니
내 입에는 꿀같이 다나
먹은 후에 내 배에서는
쓰게 되더라

≣ 하늘에서 내려온 천사의 모양 (1절)

요한계시록 10장과 11장 1-14절은 여섯째 나팔 이후 일곱째 나팔을 불기 전까지 삽입된 막간 장면이다. 이를 '삽경'이라 하는데, 이만희 씨는 그의 초창기 저작에서 이 용어를 그대로 사용한다.[59] 아무래도 다른 요한계시록 주석을 참고한 모양이다. 그렇지 않고는 '삽경'이란 전문용어를 쓰기가 쉽지 않다.

삽경의 첫 번째 막간 장면인 10장은 하늘에서 내려온 힘센 다른 천사를 소개한다. 그는 하나님과 예수 그리스도의 신성을 반영하는 특별한 모습을 하고 있는데, 그의 손에는 작은 두루마리가 펼쳐져 있었다. 천사는 이 두루마리를 사도 요한에게 가져가 먹으라고 했다. 요한이 그 말대로 두루마리를 취해 먹자 입에서는 꿀같이 달지만 배에서는 쓰게 되었다. 천사는 요한에게 그가 많은 백성과 나라와 방언과 임금에게 다시 예언해야 할 것이라고 말했다.

본문의 힘센 다른 천사는 누구일까? 신천지는 먼저 힘센 다른 천사의 특별한 모습에 주목한다. 천사가 하늘에서 내려왔다는 것은 영계에서 이 땅으로 온 것이고, 구름을 입었다는 것은 많은 영을 데리고 왔다는 뜻이며, 무지개는 언약의 증표로(창 9:13), 힘센 천사가 하나님의 언약을 가지고 오는 사자임을 말해 준다고 주장한다.[60] 천사의 얼굴이 해 같고 발이 불기둥 같은 것은 하나님과 예수님의 모습과 같음을 말해 준다.

이와 같이 본문의 천사가 다른 천사들과 달리 하나님과 예수님의 형상을 한 특별한 모습인 이유는 그가 하나님과 예수님의 말씀을 대언하는 특별한 사명을 가지고 온 사자이기 때문이라고 이들은 말한다.[61] 신천지는 이 사자가 바로 예수님으로부터 계시를 받아 새 요한에게 전해 주기로 약속한 천사이며(1:1), 진리의 성령 보혜사라고 주장한다.[62]

이들의 이러한 해석은 초기 저작《요한계시록의 진상》과 비교할 때 차이가 난다.[63] 여기서 이만희 씨는 천사가 구름을 입었다는 것은 그리스도의 메시지(소식, 말씀)를 가지고 왔음을 의미하고, 무지개는 언약의 사자를 보내 이룰 약속의 말씀을 상징하는 것으로 해석한다. 또 얼굴이 해 같음은 그가 하나님의 진리의 실체임을 가리키고, 발이 불기둥 같은 것은 사명을 받은 자가 겪은 불 같은 연단의 고난을 상징한다.

이처럼 해석에 차이가 나는 것은 그의 요한계시록 해석이 자의적임을 보여 줄 뿐이다(천사의 모습에 대한 건강한 성경적 해석에 관해서는 필자의 《평신도를 위한 쉬운 요한계시록》을 참조하라).

본문의 힘센 천사가 하나님과 예수 그리스도의 형상과 유사한 모습을 보여 주는 것은 그가 곧 보혜사라는 의미가 아니다. 이런 모습은 이 천사가 하나님과 그리스도의 권세를 가지고 그리스도의 사역을 심부름하는 종이라는 것을 보여 줄 뿐이다. 이와 유사한 모습을 다니엘서에 등장하는 가브리엘 천사에게서도 찾아볼 수 있다(단 10:6).[64]

기억할 것은 천사는 보혜사가 될 수 없다는 사실이다. 천사는 섬기는 영으로 구원받을 상속자, 곧 성도들을 위해 섬기라고 보내심을 받은 존재에 불과하다(히 1:14). 반면, 성령은 삼위일체 하나님의 한 위격으로 단 한 분이시다(엡 4:4). 이런저런 천사들, 심지어는 순교자들까지 하나님께 속한 선한 영이라고 해서 이들이 곧 성령은 아니다. 이런 성령은 이단적 개념의 성령에 불과하다. 성령은 삼위일체 하나님의 한 분으로 하나님이시며, 그분은 특별히 약속한 한 사자에게만 임하시는 분이 아니라 그분의 약속을 기다리고 사모하는 모든 이에게 임하신다(요 14:6, 16:7).

만약 이들의 논리를 따른다면 바울도 보혜사가 된다. 왜? 그에게도 예수님의 영이 머무셨기 때문이다(행 16:7). 그뿐만 아니다. 발람도 보혜사이고(민 24:2), 삼손도 보혜사이고(삿 15:14), 사울도 보혜사이고(삼상 10:10), 아사랴도 보혜사이고(대하 15:1), 에스겔도 보혜사가 된다(겔 11:24). 이러한 주장은 모두 성경의 주장을 왜곡한 것일 뿐이다. 보혜사 성령은 삼위일체 하나님으로 단 한 분이시다. [65]

본문 1절에 등장하는 '힘 센 다른 천사'는 다른 곳에 등장하는 '힘 센 천사'(5:2, 18:21)와 또 다른 천사를 지칭한다. 이는 천상에 힘센 천사 그룹이 있음을 짐작하게 한다. [66] 따라서 힘센 천사는 천사의 한 부류일 뿐 보혜사가 될 수 없다.

≡ 천사의 손에 있는 작은 책, 그가 밟은 바다와 땅 (2절)

천사가 가지고 온 펼쳐진 작은 책은 무엇인가? 이는 원래 봉인되었던 것인데, 어린양이 하나님의 오른손에서 취해 인봉을 떼신 것이다. 그래서 지금 천사의 손에 펼쳐져 있다. 책에는 하나님의 구원 경륜이 기록되어 있다. 주목할 것은 앞서 "책"(5:1, 개역한글)으로 기록된 것이 여기서는 "작은 책"(2절, 개역한글)으로 나온다는 점이다. 왜 여기서는 '작은 책'일까? 여기서 작은 책(헬, 비블라리디온)은 앞의 '책'과 어떤 점에서 다를까?

다른 것은 사명의 차이다. 5장의 책은 예수님이 직접 인을 떼신 사역과 관련된다. 반면, 10장에서는 펼쳐진 책을 증언하는 교회의 사역과 관련된다(참조, 11장). 책이 펼쳐져 있다는 것은 오랫동안 감추어졌던 하나님의 구속 경륜이 예수 그리스도를 통해 복음 안에서 우리에게 나타난 바 되었기 때문이다(롬 16:25; 고전 2:7; 엡 3:9; 골 1:26-27). 교회의 복음 증거 사역과 관련해 이 책은 복음의 증인이 받아먹기에 감당할 만한 크기의 작은 책이다.[67]

이만희 씨는 이러한 차이를 간과하고, 이 책의 말씀은 열린 요한계시록의 말씀으로 멸망자와 배도자를 심판하는 말씀이라 주장한다.[68] 천사가 밟은 바다는 세상이요, 멸망자와 그 교인들을 말하고, 땅은 성령의 역사로 시작했다가 육체가 되어 세상을 따른 배도한 금촛대 장막 성도들을 말한다고 해석한다.[69] 천사가 바다와 땅을 발로 밟고 큰 소리로 외치는 것은 요한계시록 말씀으로 배도자와 멸망자를 심판한다는 뜻이다.

이러한 해석은 그럴듯하지만, 또다시 해석의 일관성을 상실한다. 땅이 첫 장막을 상징하게 되면 다른 곳에서의 땅과 의미의 불일치가 발생한다. 그렇게 되면 순교자들은 첫 장막에서 왕 노릇 하게 되고 (5:10), 두 감람나무는 첫 장막에 서 있어야 하고(11:4), 영원한 복음, 즉 요한계시록 성취의 말씀은 첫 장막에 거주하는 자들에게 전해야 할 말씀이 된다(14:6).

☰ 인봉되는 일곱 우레 소리 (3-4절)

천사가 책을 펼쳐 들고 외칠 때 말하는 일곱 우레는 무엇인가? 신천지에 의하면, 우레는 저주를 퍼붓는 하나님의 진노를 상징한다.[70] 이들의 실체는 예수님이 인봉을 떼실 때 함께 있던 일곱 눈이라고도 하는 일곱 영이다(5:6).[71] 앞서 일곱 영은 일곱 육체, 곧 일곱 사명자를 가리킨 바 있다. 요한은 함께 외칠 일곱 사명자(일곱 뿔, 5:6)를 택해 본문의 천사, 곧 새 요한이 일곱 우레의 영과 하나가 되어 바다와 땅을 밟은 것같이 펴 놓인 책의 말씀으로 멸망자와 배도한 첫 장막 사람들을 심판한다.[72]

신천지는 일곱 우레는 본문의 천사, 즉 보혜사와 함께 펼쳐진 책에 기록된 말씀을 외치는데, 그 소리를 기록하지 말라고 한 이유는 그 책을 새 요한이 받아먹고 가르치기 때문이라고 주장한다. 이는 새 요한이 일곱 사명자와 함께 요한계시록의 실상을 가르치며 배도자와 멸망자를 심판하지만, 펼쳐진 책의 말씀, 곧 요한계시록 실상의 말씀을 받아먹은 것은 새 요한이기에 일곱 우레의 외침은 기록하지 말라는 것이다. 이는 모든 가르침의 최종 권위가 새 요한에게로 집중되는 효과를 준다.

일곱 우레가 일곱 사명자라는 해석은 고개를 갸우뚱하게 만든다. 왜냐하면 앞서 우레, 곧 뇌성은 약속한 목자의 입을 통해 나오는 진노의 하나님 말씀이라 해석했기 때문이다.[73] 이 해석에 따르면, 일곱 우레는 새 요한의 입을 통해 나오는 일곱 개의 진노의 예언 말씀으로 보는 것이 자연스럽다. 그럼에도 굳이 일곱 우레를 일곱 사명자로 해석하는 것은 숫자 일곱을 실제 수로 해석했기 때문이다. 일곱 하면 일곱 뿔, 일곱 영, 일곱 눈(5:6)을 자동적으로 떠올렸을 것이다. 특이한 것은 보통 뿔, 눈과 같은 사물을 사람으로 해석했던 것을, 이제는 보통 말씀으로 해석하던 소리까지 사람으로 해석한 것이다. 이는 이들의 해석이 일관성 없는 자의적 해석임을 보여 준다.

그렇다면 우리가 성경을 통해 알 수 있는 일곱 우레는 무엇일까? 일곱 우레는 시편 29편을 반영하는데, 여기서는 하나님이 일곱 번에 걸쳐 우레와 같은 음성으로 말씀하신다(시 29:3-9).[74] 우레 같은 음성의 내용은 이 땅에 임할 재앙들이다. 이는 인, 나팔, 대접에 더해지는, 취소되거나 계시되지 않은 '일곱 심판 시리즈' 중 하나로 간주할 수 있다.[75] 이렇게 볼 때 일곱 우레는 이 땅에 최종적인 실행이 결정되지 않은 하나님의 심판 계획의 일부다.

우레 심판이 시행되지 않은 이유는 무엇일까? 이 땅의 백성들이 재앙 심판만으로는 회개하고 돌이키지 않기 때문이다(참조, 9:20-21). 이들에게 필요한 것은 복음이다(7절). 복음증거야말로 정말 시급히 요청되는 사역이다. 이는 11장의 두 증인의 사역을 예고하며 기대하게 한다.

☰ 일곱째 나팔의 비밀 (7절)

마지막 일곱째 나팔을 불려고 할 때 '하나님이 그의 종 선지자들에게 전하신 복음과 같이 하나님의 그 비밀이 이루어지리라'는 음성이 들린다. 여기서 마침내 영생의 부활을 주는 구원의 비밀이 드러난다. 이 일곱째 나팔의 비밀이 바로 배도(1:20), 멸망(17:10), 구원(10:7, 11:15) 중 구원의 비밀이다. 사도 바울은 일곱째 나팔의 비밀을 고린도전서 15장 51-54절에서 진술한 바 있고, 요한계시록 11장 15절에서도 다시 한 번 진술된다. 이만희 씨는 모든 인류가 영생과 부활에 이르려면 일곱째 나팔 소리를 들어야 한다고 말한다.[76] 하지만 일곱째 나팔 소리는 1장의 사건부터 여섯째 나팔 소리까지 모두 깨달아야 들을 수 있다고 주장한다.[77] 이는 이만희 씨가 해석하는 배도와 멸망의 실상을 깨달아야 알아들을 수 있다는 것이다.

일곱째 나팔의 실상은 이만희 씨다. 일곱째 나팔 소리를 들어야 한다는 것은 이만희 씨가 외치는 구원의 소식을 들어야 한다는 것이다. 구원의 소식을 깨달으려면 그동안 그가 증거했던 실상을 제대로 깨달아야 이해할 수 있다는 것이다. 이는 요한계시록 전체를 시간 순으로 이만희 씨를 중심으로 벌어진 배도, 멸망, 구원의 실상을 증거하는 책으로 보는 신천지의 요한계시록 이해를 고스란히 드러낸다. 이를 모르면 구원의 비밀을 깨달을 수 없고, 영생의 부활을 얻을 수 없다. 여기서부터 구원은 이만희 씨가 주는 배타적 구원으로 좁아진다. 결국 이 구원은 예수 그리스도와는 아무 상관이 없는, 이만희 씨가 배도와 멸망을 거쳐 구원의 역사를 일으켰다고 믿고 깨닫는 이에게 주어지는 구원이 된다(그가 주장하는 일곱째 나팔의 구체적인 반증에 대해서는 30장의 "일곱째 나팔과 하나님 나라"의 설명을 참조하라).

☰ 책을 받아먹은 사도 요한의 사명 (8-11절)

신천지에 의하면, 사도 요한이 책을 받아먹은 것은 그가 책에 기록된 말씀, 즉 요한계시록 전 장의 말씀을 모두 깨달아 마음에 새겼다는 뜻이다.[78] 그가 받아먹은 말씀을 가르쳐야 할 '백성과 나라와 방언과 임금'은 죄 가운데 있는 모든 교회를 말한다고 한다(참조, 7:9). 본문의 천사는 보혜사 성령의 위치에 있으며, 요한계시록 성취 때는 책을 받아먹고 요한계시록 전 장의 예언과 실상을 깨닫고 통달한 새 요한이 이 말씀을 전하는 역사가 일어난다는 것이다.

하지만 여기서 힘센 천사는 앞서 언급했듯이 보혜사가 아니다. 게다가 천사가 들고 있는 두루마리 책 역시 요한계시록이 아니다. 두루마리 책은 어린양이 일곱 인봉을 뗀, 하나님의 구속 경륜이 들어 있는 책이다. 이 책의 인봉이 떼어 펼쳐졌다는 것은 이제 그동안 감추어졌던 하나님의 구속 경륜이 모두에게 열리게 되었음을 말한다. 이는 본격적으로 복음이 전파되어 열방이 주께 돌아오고, 감추어졌던 하나

님의 비밀 복음이 성취되어 하나님의 나라가 이루어지는 것을 말한
다(7절).

요한이 이 말씀을 받아먹는다는 것은 단순히 인지적 깨달음만을 의
미하지 않는다. 이는 하나님의 말씀이 예언자의 삶의 일부가 되었을
때만 그가 그 말씀을 전할 수 있음을 나타내는 생생한 은유다.[79] 이를
다시 예언한다는 것은 마지막까지 순교당하지 않고 살아남은 사도 요
한이 이 귀한 복음 전파 사역에 쓰임 받을 것을 예고하는 말씀이다. 이
는 여기서만 그치지 않는다. 이어지는 11장의 두 증인으로 대표되는
교회의 사역으로 이어진다.

30장

두 증인의 죽음과
일곱째 나팔
_막간 장면 2

(11:1-14)

그때에 큰 지진이 나서
성 십분의 일이 무너지고
지진에 죽은 사람이 칠천이라
그 남은 자들이 두려워하여
영광을 하늘의 하나님께
돌리더라

≣ 지팡이 같은 갈대 (1절)

10장에서 천사로부터 펴 놓은 두루마리를 받아먹은 요한은 지팡이 같은 갈대를 받고 성전을 측량하며 1,260일간 예언한다. 그가 증거를 마칠 때 무저갱에서 짐승이 올라와 그를 죽인다. 그러나 3일 반 후에 하나님께로부터 생기가 들어가 다시 살아나 하늘로 올라간다. 이런 사건에 대한 이들의 해석을 살펴보도록 하자.

천사가 지팡이 같은 갈대를 요한에게 주며 성전과 제단과 그 안에서 경배하는 자들을 측량하되 이방인에게 준 성전 바깥 마당은 측량하지 말라고 했다. 신천지는 주장하기를, 예언이 실상으로 응할 때 반드시 성전과 제단과 거룩한 성 바깥 마당이 어디인지를 알아야 하는데, 그래야 하나님의 구원이 실상으로 응할 때 이에 참여해 구원에 이를 수 있기 때문이라고 한다.

요한이 받은 지팡이 같은 갈대는 무엇인가? 신천지에 의하면, 지팡이는 문자 그대로 의지하는 물건이고, 갈대는 쉽게 흔들리는 연약한 풀이다. 이 두 가지를 종합할 때 본문의 지팡이 같은 갈대는 예수님을 의심한 세례 요한(마 11:7)처럼 믿음이 연약한 자로, 요한이 의지하며 함께 일하는 일곱 금촛대 장막 성도의 한 사람으로, 홍종효 씨를 가리킨다고 이들은 주장한다(홍종효 씨에 관해서는 본서 4장 "대언의 목자와 일곱 별의 비밀", 부록 "신천지 태동의 배경과 이만희 씨의 신앙 이력"을 참조하라). 신천지의 주장에 따르면, 그는 아담에게 붙여 주신 하와와도 같고 모세에게 데려다 주신 아론과도 같은 영적 배필이다.[80]

신천지는 요한은 천사의 명령대로 이 연약한 갈대(육체)와 함께 하나님의 성전과 제단을 측량했다고 주장한다. 여기서 측량은 '하나님이 거하실 마음의 성전(고전 3:16)을 짓기 위해 믿음과 지식의 분량을 달아 보는 것'이라고 말한다.[81] 이 일을 위해 요한은 천사가 자신에게 붙여 준 영적 배필에게 말씀을 주어 그 심령을 창조한다는 것이다.[82]

이러한 주장을 하나씩 검토해 보자.

첫째, 갈대에 대한 해석이다. 이들은 요한이 받은 갈대가 의지하기는 하지만 쉽게 흔들리는, 다시 말하면 의지할 만하지 못한 연약한 증인, 홍종효 씨를 가리킨다고 한다. 갈대는 사람인가, 말씀인가? 이런 문제를 제기하는 이유는 이만희 씨의 저작《요한계시록의 진상》에서는 갈대를 받는 것을 '하나님으로부터 말씀을 받는 것'으로 해석하기 때문이다. 따라서 갈대로 성전을 측량하는 것은 말씀으로 성전과 제단에 있는 성도들의 믿음과 신앙의 성숙도를 척량하는 것이라고 해석한다.[83] 이런 해석은《요한계시록의 실상》에도 나타난다. 이만희 씨는 요한계시록 21장 15절의 '금 갈대'를 금과 같이 변하지 않는 '하나님의 말씀'으로 해석한다.[84]

이렇게 볼 때 본래의 갈대 해석은 말씀이었음을 짐작할 수 있다. 그랬던 것을 갈대의 연약한 점을 부각시키며 갈대를 배도자인 세례 요한에 빗대어 설명하는 이유는 나중에 홍종효 씨가 이만희 씨와 갈라서서 신천지에서 이탈해 같은 이름의 '증거장막성전'을 새로 설립했기 때문이다. 홍종효 씨는 1987년 8월 1일, 신천지에서 적그리스도 명단으로 발표된다.[85] 신현욱 전 교육장이 신천지를 이탈한 2006년 직후에 발간된 《천지창조》에는 홍종효 씨에 대해 "갈대처럼 마음이 흔들려 배도하고 만다"라고 직설적으로 진술되어 있다.[86]

둘째, 천사가 준 갈대가 영적 배필인가? 요한계시록은 갈대가 배필이라는 말씀을 하지 않는다. 이것은 신천지의 자의적인 해석일 뿐이다. 갈대는 단지 성전을 측량하는 도구일 뿐이다. '지팡이 같은 갈대'는 당시 종종 사물의 길이를 재는 데 사용된, 지팡이처럼 일직선이고 속이 빈 작고 가벼운 갈대를 말한다.[87] 사해 문서는 그 갈대의 길이가 7규빗(45cm×7=약 3.15m)이었다고 한다(4Q554 1 III, 18-19, 5Q15 1 I, 2-4).[88]

셋째, 만약 홍종효 씨가 측량하는 갈대라면, 배도한 사람으로 성전과 성도들을 측량하는 것은 또 다른 배도의 행위로 볼 수 있다. 게다가 갈대로 성전을 측량하는 것이 이만희 씨가 홍종효 씨에게 말씀을 주어 심령을 창조하는 행위가 되는데, 이것은 홍종효 씨가 장차 이만희 씨는 배도한 장막성전이고 자신이야말로 새로운 증거장막성전이라 주장하는 새로운 무리들을 만드는 행위를 의미하는가? 그렇다면 이들의 요한계시록 11장 해석은 장차 있을 홍종효 씨의 배도를 예고하는 것이다.

우리는 하나님의 성전을 측량하는 행위가 무엇인지를 명확하게 이해하고 있어야 한다. 특별히 이러한 행위는 10장과 11장의 문맥의 흐름을 깊이 고려해야 한다. 10장에서는 요한이 펼쳐진 두루마리를 받아먹고, 많은 백성과 나라와 방언과 임금에게 다시 예언할 것을 의탁받았다. 더 나아가 11장 3절에서는 하나님께 권세를 받은 두 증인이 나아가 이 예언의 사명을 감당했다. 이는 복음 증거 사역을 말한다. 따라서 성전 측량의 의미는 복음 증거 사역의 문맥에서 이해해야 한다. 이는 이어지는 다음 단락들에서 좀 더 구체적으로 살펴보기로 한다.

≡ 성전, 제단, 성전 바깥 마당의 측량 (1-2절)

그렇다면 본문에서 측량하는 성전과 제단, 그리고 그 안에서 경배하는 자들은 누구일까? 신천지는 이것이 영적 실체를 빗대어 비유한 것이라 주장한다. 그 실체는 알곡 성도를 추수해 모은 곳, 즉 자신들의 단체를 말하는 것이고, 그 안에서 경배하는 자들은 배도와 멸망의 사건을 피해 나온 자신들의 성도라고 한다.[89] 측량 대상에서 제외된 성전 바깥 마당은 어디일까? 이곳은 솔로몬의 예루살렘 성전 바깥 마당을 빗대어 비유한 것으로, 오늘날의 '배도한 일곱 금촛대 장막'이라고 한다. 결국 하나님의 성전은 이방이 침노한 성전 밖 마당, 곧 무너지는 첫 장막이 되고, 측량하는 성전과 제단은 자신들의 단체, 곧 둘째 장막이 된다는 것이다.[90] 이러한 해석의 타당성을 검토하려면 우선 성막의 구조를 이해할 필요가 있다. 오른쪽의 그림을 살펴보자.

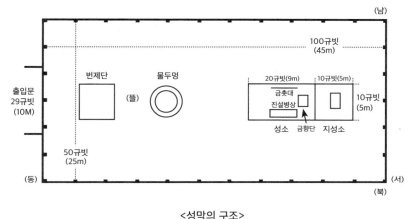

<성막의 구조>

성막, 또는 성전에서는 등잔대와 진설병, 향단이 놓여 있는 성소를 가리켜 첫 장막이라고 하고, 언약궤가 놓여 있는 지성소를 둘째 장막이라고 한다(히 9:2-3). 그리고 번제단 부근의 성소 바깥 마당을 성막 뜰이라고 한다. 성막으로 들어가는 문밖 마당을 바깥 뜰이라고 한다. 이것이 솔로몬 성전 시대를 지나 예수님 시대인 제2성전시대 때는 제사장의 뜰, 유대인의 뜰, 여인의 뜰, 이방인의 뜰 등으로 세분화되었다.

성전 구조에 비추어 볼 때 신천지 주장의 3가지 모순점이 드러난다.

첫째, 이들은 이단 교주가 몸담았던 이전에 세워진 단체를 첫 장막으로 부른다. 그러나 첫 장막은 먼저 세워진 장막이 아니고, 하나님의 지성소에 들어가기 전에 들어가야 할 장막이다. 첫 장막은 시간적 우선순위가 아닌 공간적 우선순위에서 먼저 들어가는 첫 장막이다.

둘째, 둘째 장막은 이단 교주가 이전에 몸담았던 단체에서 나온 사람들과 세운 단체를 말하는 것이 아니라 하나님의 거룩한 임재가 있는 지성소를 가리킨다. 여기서 '둘째'는 시간적으로 이후를 말하는 것이 아니라, 공간적으로 첫 장막 이후 들어가는 장막을 가리킨다.

셋째, 성전 바깥 마당은 성전 외부의 뜰을 가리키는 것이지, 이것이 첫 장막일 수 없다. 이러한 성전은 그 자체로 하나로 있어야지, 그것이 첫 장막과 둘째 장막으로 갈라질 수 없다.

이들 해석의 타당성을 검토하는 두 번째 접근은 신천지가 주장하는 바의 논리적 일관성을 살피는 것이다. 먼저, 이들은 배도 사건 후에 나온 알곡 성도를 추수해 모은 곳이 성전과 제단의 실상, 곧 자신들의 단체라고 한다. 만약 그렇다면 이들의 단체는 장막성전에서 나온 이들로 구성되어야 한다. 이후에 이들 단체에 가입한 자들은 배도와 멸망의 사건을 경험하지 못했기에 자격이 미달된다.

또한 이들은 성전을 측량하는 것을 배도 멸망 사건에서 피해 나온 이들이 말씀으로 마음의 성전을 지어 신천지를 만드는 것으로 주장한다. 그리고 이후에 마흔두 달 동안 열 뿔 일곱 머리 멸망자에 의해 짓밟히게 된다. 그러나 실상의 사건을 대입하면 이상하게 된다. 왜냐하면 이들이 주장하는 실상의 사건 순으로 하면 마흔두 달 동안 짓밟히고 나서 성전을 측량해 자신들의 단체를 만드는 것이 자연스럽기 때문이다. 멸망자가 와서 마흔두 달 동안 짓밟은 후에 자신들의 단체가 생겨나는 것이라면 성전 바깥 마당부터 짓밟히고, 그러고 나서 성전과 제단을 측량하는 것이 맞다. 오른쪽의 그림을 참조하라.[91]

성경에서 성전을 측량한다는 것은 어떤 의미를 갖고 있을까? 이를 알 수 있는 것이 에스겔 40-42장에 나오는 성전 측량 이야기다. 여기

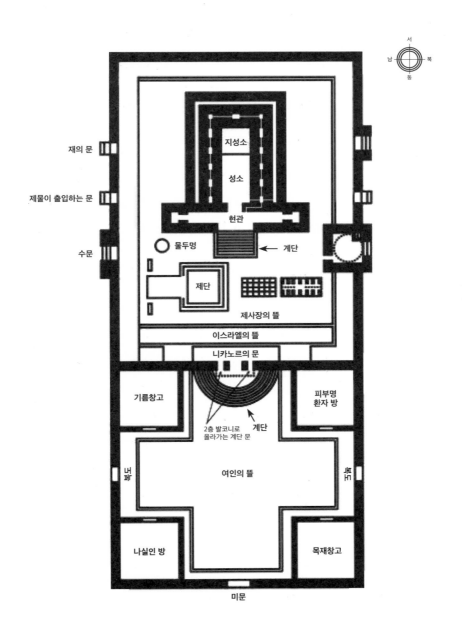

<예수님 시대의 예루살렘 성전 도면>

서는 천사 하나가 손에 측량하는 장대를 가지고 성전을 측량한다. 에스겔서에서 성전 측량은 성전이 하나님의 소유임을 보여 주며, 성전 회복과 우상 숭배와 죄의 오염으로부터 보호하기 위해 시행된 것이다.[92] 그런데 왜 성전 바깥 뜰을 측량하지 말고 두라고 하셨을까? 이는 10-11장의 흐름으로 볼 때 교회가 세상에서 예언(증언)의 사명을 감당할 때 하나님이 보호하시지 않는 부분이 있다는 뜻이다. 하나님은 교회의 믿음을 보호하시고, 우상 숭배의 유혹과 해악으로부터 지켜 주시지만 세상의 물리적인 핍박과 박해로부터는 고난에 직면하도록 허용하신다.[93]

≡ 두 증인과 1,260일 (3절)

본문에서 하나님은 두 증인에게 권세를 주신다. 두 증인은 이 권세로 굵은 베옷을 입고 1,260일을 예언한다. 두 증인은 누구인가? 신천지의 주장에 따르면, 10장에서 하나님의 펼친 두루마리 책을 받아먹은 새 요한, 곧 이만희 씨와 1절에서 '지팡이 같은 갈대로 비유한 육체', 곧 새 요한을 돕는 영적 배필인 홍종효 씨를 말한다. 이들은 요한계시록 사건을 보고 들은 대로 증거할 두 증인이며, 그중에서 성령으로부터 직접 말씀을 받아 역사하는 자는 새 요한 이만희 씨라고 주장한다. 이들은 굵은 베옷, 즉 회개를 촉구하는 말씀의 옷을 입고 1,260일, 곧 3년 반 동안 장래사를 예언하게 된다고 말한다. 이들이 예언을 시작하는 기간은 마흔두 달 안에서 성전을 측량하라는 명령이 난 이후다. 두 증인은 이방인들에게 짓밟히고 있는 배도자들에게 회개를 촉구하는 동시에 장래 일을 알리는 일을 한다는 것이다.

이들의 해석으로는, 이만희 씨와 홍종효 씨의 증언 사역은 첫 장막의 배도를 책망하고 회개를 촉구하며 1,260일, 곧 3년 반을 예언한다. 3년 반의 실상은 이만희 씨와 홍종효 씨가 장막교회 지도자들을 향해 고발 편지를 써 보내기 시작한 1980년 9월이다. 이때부터 3년 반이 되는 1984년 3월까지 계속 회개의 예언 사역을 한 것이다. 그리고 마침내 1984년 3월 14일은 신천지 증거장막성전을 새롭게 세운 날이다.

하지만 실상은 그렇지 않다. 장막교회에 편지를 써 보낸 것은 이만희 씨가 아니라 홍종효 씨였다. 2012년 홍종효 씨가 지병으로 별세하기 전 이만희 씨에게 보낸 친필 편지가 국내 한 언론사에 의해 공개된 적이 있다. 그 내용의 일부는 다음과 같다.[94]

> 밧모라 하는 섬을 서울 반포아파트라 하더니 이제는 첫 장막교회라 하니 우습기도 하다. 요한(이만희) 당신과 나(故 홍종효)와 두 증인이 언제 반포아파트 그들의 사무실에 앉아서 그들(7사자)에게 편지한 일이 있었는지 대답해야만 될 것이며, 또한 첫 장막교회에 있으면서 그들에게 편지한 일이 있는지 입이 있으면 대답해야 할 것이다.

다른 말로 하면 이만희 씨는 일곱 사자에게 편지를 쓴 적도 없고, 두 증인의 예언 사역을 한 적이 없다고 증언한 것이다. 게다가 이만희 씨와 홍종효 씨는 유재열 씨에 의해 명예 훼손으로 고발당해 재판을 받고

1980년 10월 27일 감옥에 갇혔다. 그리고 이듬해인 1981년 2월 2일 집행유예 2년 6개월로 풀려났다. 이 기간에 이들은 집행유예로 인해 아무 활동도 하지 못했다. 결국 3년 반의 예언 활동은 실질적으로 감옥에 가기 전 두세 달의 기간밖에 되지 않는다. 이들의 집행유예는 1984년 2월 7일이 되어야 끝났다.[95] 두 증인이 3년 반을 예언했다는 실상은 요한계시록의 말씀과 전혀 일치하지 않는다.

요한계시록의 두 증인은 누구일까? 실제로 두 사람일까? 이를 이해하려면 성경이 말하는 둘의 의미를 이해해야 한다. 성경에서 둘은 증언의 법적 효력을 발생시키는 최소한의 숫자로(민 35:30; 신 17:6, 19:15; 참조, 마 18:16; 요 8:17; 고후 13:1; 딤전 5:19), 예수 그리스도의 증인으로 부르심을 받은 교회의 사역(행 1:8)이 장차 하나님 앞에 구원과 심판의 법적 효력을 갖는 중요한 사역임을 의미한다.[96]

두 증인이 증거하는 3년 반의 기간은 성전의 바깥마당을 측량하지 않아 보호받지 못하는 기간, 즉 교회의 환난 기간을 의미한다. 하나님은 내적으로 교회의 신앙을 지켜 주시지만, 외적으로는 교회가 환난과 핍박에 처하게 허용하신다. 이 기간이 3년 반이라는 것은 예수 그리스도의 부활로 시작되어 재림 때까지 계속됨을 의미한다(1:7, 12:5-6).

≡ 두 감람나무와 두 촛대 (4절)

본문에서 두 증인은 주 앞에 서 있는 두 감람나무와 두 촛대라 말한다(4절). 이만희 씨에 따르면, 촛대라는 말은 '하나님 보좌 앞 등불의 영

(4:5)이 함께하는 자'요, '빛 된 말씀으로 어두운 심령을 밝혀 깨우치는 사명자'를 가리킨다. [97] 감람나무는 '주를 모시도록 기름 부어 성별한 두 사람'이라고 한다(슥 4:11-14). 두 감람나무가 두 증인이라면, 감람유는 '두 증인이 증거하는 말씀'이라고 해석한다.

이를 마태복음 25장의 '열 처녀 비유'에 적용하자면 기름 파는 자와 같다. 이만희 씨의 열 처녀 비유 해석에 따르면, 어두운 등은 심령을 밝히는 성경을, 등을 켜는 기름은 두 증인이 증거하는 말씀을, 기름 파는 자는 기름을 가진 사람, 곧 두 증인을 의미한다. [98] 등과 기름을 가진 처녀는 두 증인에게 요한계시록 사건을 증거받고 말씀을 지킨 성도이며, 등만 있고 기름이 없는 처녀는 성경은 있으나 성취된 계시 증거를 두 증인에게서 받지 못한 사람을 가리킨다고 한다. 따라서 재림을 앞둔 성도라면 감람유를 가진 두 증인을 반드시 찾아 증거를 받아야 한다고 한다. 그래야 천국 혼인잔치에 참여할 수 있다는 것이다. [99]

이러한 해석에 대한 건강한 이해는 어떤 것일까?

첫째, 두 증인의 위치를 주목할 필요가 있다. 두 증인은 주 앞에 선 사명자이지, 절대 주가 될 수 없다. 두 증인의 사명은 단지 '주를 모시기 위한' 길 예비 사자의 사명에 불과한 것이다(슥 4:14). 이는 두 증인 중 하나인 새 요한을 보혜사요, 주님의 위치로 격상시키려는 시도를 사전에 차단한다.

둘째, 두 증인이 두 촛대라는 것은 둘이라는 숫자의 상징성을 고려할 때 증언하는 촛대, 즉 증언하는 '교회'를 의미한다(1:20). 두 감람나무는 스가랴 4장의 환상에서 제2성전을 건축할 두 사람, 곧 대제사장

여호수아와 유다 총독 스룹바벨을 가리킨다. 이는 교회가 왕과 제사장의 사명을 가졌음을 나타낸다. 하지만 신천지는 이러한 해석을 거부하고 두 증인이 자신들의 단체를 처음 설립할 때 주요한 역할을 감당했던 두 사람, 곧 이만희 씨와 홍종효 씨를 가리킨다고 주장한다. 실제적인 두 사람으로 대입해 해석하려는 것이다.

특히 이들이 두 감람나무를 해석하기 위해 제시하는 마태복음 25장의 '열 처녀 비유' 해석을 주의할 필요가 있다. 등만 있고 기름이 없는 미련한 처녀는 혼인잔치에 들어가지 못했다. 왜? 신천지에 의하면, 기름 파는 두 증인에게 기름, 곧 요한계시록 성취 증거를 받지 못했기 때문이다. 따라서 기름 가진 처녀는 신천지에 속한 성도이고, 기름 없는 처녀는 신천지의 요한계시록 해석을 받지 못한 자가 된다.

하지만 '열 처녀 비유'를 살펴보면 이러한 해석은 잘못되었음을 알 수 있다. 왜냐하면 미련한 다섯 처녀도 결국 기름을 사왔기 때문이다(마 25:9-11). 이들은 기름이 없어서 혼인잔치에 늦게 간 것이 아니다. 기름을 갖고 왔지만 문이 닫혀서 들어가지 못한 것이다. 이들의 주장대로 깨어 있는 것은 말씀이 있는 것이고 졸며 자는 것은 말씀이 없는 것인가? 그렇지 않다. 모두 졸며 잤다(마 25:5). 기름이 있어도 졸고 잔다.

마태복음 25장은 알레고리적 비유 풀이로 접근하면 곳곳에서 이와 같은 논리적 모순점들을 만나게 된다. 중요한 것은 이 비유가 말하고자 하는 한 가지 핵심적인 메시지를 분명하게 깨닫는 것이다. 그것은 마태복음 본문 자체가 증거하는 비유 해석의 기준, 곧 "그런즉 깨어 있으라 너희는 그날과 그때를 알지 못하느니라"(마 25:13)라는 말씀이다.

▤ 두 증인의 권세 (5-6절)

두 증인에게 강력한 하늘의 권세가 부여된다.

첫째, 누구든지 그들을 해하고자 하면 그들의 입에서 불이 나와서 그들의 원수를 삼켜 버릴 것이다(5절). 이만희 씨에 따르면, 두 증인의 입에서 나오는 불은 심판하는 말씀으로, 누구든지 두 증인을 해하려고 하면 자기 영이 죽게 된다.[100] 또 두 증인이 증거하는 요한계시록의 말씀과 사건의 실체를 받아들이지 않으면 자기 안에 있는 악한 영이 죽게 된다고 한다.[101]

하지만 이 말을 가만히 살펴보면 논리적으로 모순된다. 누구든지 두 증인을 해하려고 하면 자기 영이 죽게 된다면, 누구든지 두 증인을 해하려고 하지 않고 가만히 놔둔다면 자기 영은 살아난다는 말이 되기 때문이다. 두 증인이 증거하는 요한계시록을 받아들이지 않을 때 자기 영이 죽는다면, 두 증인이 증거하는 요한계시록을 받아들이면 자기 안에 있는 악령이 살아난다는 말이 된다.

둘째, 두 증인은 권능을 가지고 하늘을 닫아 예언을 하며 비가 오지 못하게 하고, 또 권능을 가지고 물을 피로 변하게 하며, 여러 가지 재앙으로 땅을 칠 것이다(6절). 신천지는 본문의 '하늘'과 '비'를 비유로 푼다. '하늘'은 영계의 천국과 육계의 선민 장막, 곧 자신들의 단체를 모두 가리킨다고 한다. '비'는 채소와 같은 사람의 심령에 내리는 하나님의 말씀을 뜻한다고 해석한다(신 32:2).[102] 신천지에 의하면, 두 증인은 말씀의 비를 '멸망받는 성전 바깥 마당'에는 내리지 않는다. 진주와 같은 귀한 말씀을 개와 돼지처럼 배도한 백성에게는 주지 않기 때문이다. 따라서 두 증인이 있는 곳에 비가 내리고 멸망받는 성전 바깥 마당, 즉 첫 장막에는 말씀의 비가 중단된다. 이들은 성도는 이 두 곳을 구분해야 하늘로부터 내리는 생명수 말씀을 받을 수 있다고 주장한다.

이러한 해석도 논리적인 모순점을 내포한다. 과연 두 증인이 성전 바깥 마당에 말씀의 비를 내리지 않았는가? 그렇지 않다. 앞서 이만희 씨는 두 증인은 성전 바깥 마당에서 짓밟히고 있는 배도자들에게 말씀의 비를 내렸다고 주장한 바 있기 때문이다.[103] 또한 예언하는 날 동안 하늘을 닫아 비가 오지 못하게 한다면 두 증인은 언제 말씀을 증거하는가? 예언하는 사역 자체가 말씀을 증거하는 사역인데, 말씀을 증거하는 사역을 하는 동안 말씀을 증거하지 못하게 한다는 해석은 그 자체로 논리적인 모순을 내포한다.

셋째, 두 증인은 권능을 가지고 물이 변하여 피가 되게 할 것이다(6절). 물이 피가 되게 하는 것은 모세가 애굽의 하수를 지팡이로 쳐서 피가 되게 한 사건을 떠올리게 한다(출 7:20-21). 신천지에 의하면, 이는 두 증인이 요한계시록의 말씀으로 멸망자(짐승)의 교리가 비진리임을 드러내는 사건을 말한다.[104] 물이 피로 변하면 멸망자의 소유가 된 성전 바깥 마당의 첫 장막 성도는 한때 생명수 말씀인 줄 알고 듣던 교리가 영을 죽이는 거짓 교리(짐승의 피)임을 깨닫고 더 이상 듣지 못하게 된다는 것이다.

이러한 해석대로라면, 첫 장막의 성도는 더 이상 유재열 씨의 교리가 거짓된 비진리(피)임을 발견하고 거부했을까? 그렇다면 유재열 씨의 비진리를 이만희 씨가 그대로 배워 실상 교리만을 약간 바꾸어 그대로 가르치는 이유는 무엇일까?

원래 본문에 등장하는 두 증인의 권세는 구약의 두 인물 엘리야와 모세가 행했던 권능을 배경으로 한다. 아하시야왕이 병사들을 보내 엘리야를 체포하려 하자 하늘에서 불이 내려 병사들을 불사르고 엘리야를 보호하는 역사가 일어났다(왕하 1:10, 12). 또 엘리야는 아합왕 때 이스라엘에 3년 반(42개월) 동안 하늘 문이 닫혀 비가 내리지 않을 것을 예언한 바 있다(왕상 17:1). 이러한 엘리야의 활동은 모두 무엇을 위한 것이었는가? 이는 이적을 통해 하나님이 살아 역사하시는 분이고 이스라엘의 주권자가 되심을 보여 주기 위함이었다.

이는 모세의 이적에 있어서도 마찬가지다. 모세는 나일강이 피로 변하게 하고 여러 가지 재앙을 애굽에 내리면서 바로왕에게 오직 여호와만이 참된 하나님이심을 알리고, 하나님의 주권을 세우려 했다(출 8:10, 22, 9:14, 14:4).

결국 두 증인인 교회는 위로부터 내리는 권능으로 초림부터 재림까지 증언의 사역을 통해 하나님의 나라와 주권을 세워 가는 사명을 충실하게 감당하게 된다.

≣ 무저갱 짐승과 두 증인의 죽음 (7절)

두 증인이 증언을 마칠 때 무저갱으로부터 짐승이 올라온다. 이 짐승은 두 증인과 더불어 전쟁을 일으켜 이들을 이기고 무참하게 살해한다(7절). 두 증인의 죽음은 무엇을 의미할까? 이만희 씨에 따르면, 두 증인의 죽음은 주께 받은 권세와 사명, 곧 요한계시록의 실상과 예언을 동시에 전하는 권세(교권)[105]와 사명을 박탈당하는 것이다.[106] 그런데 두 증인은 문자적으로 3일 반 동안 죽임을 당한다. 그렇다면 무저갱에서 올라온 짐승은 누구를 뜻할까? 이들은 무저갱에서 나온 귀신들과 하나 된 거짓 목자들을 가리킨다고 한다.[107] 무저갱 짐승은 두 증인이 자신들이 첫 장막에 행한 일이 성경이 예언한 멸망의 일이라고 증거하는 것이 싫어서 두 증인을 죽이려고 전쟁을 일으켰다고 주장한다. 이 전쟁은 말로 싸우는 영적 전쟁이요, 두 증인은 3일 반 동안 짐승에게 죽임을 당한다고 한다.[108]

이만희 씨의 저작을 보면 3일 반의 기간이 초창기 저작과 차이가 나는 것을 볼 수 있다. 초창기 저작 《요한계시록의 진상》이나 《요한계시록의 진상 2》와 같은 책에는 이 기간이 3년 반으로 제시된다.[109] 왜 이런 일이 일어날까? 이들의 요한계시록 해석을 따라가다 보면 그 자체로 곤혹스러운 모순점에 부딪히기 때문이다.

원래 이들이 주장하는 두 증인이 죽임을 당한 기간은 구속 기간 100일, 선고유예 2년 반을 합한 기간으로, 억지로 맞춘 3년 반, 마흔두 달이다.[110] 죽은 기간에는 논리적으로 예언 활동을 할 수 없다. 그러나 이들의 주장에 따르면, 두 증인은 이 기간에 예언 사역을 하며 멸망자와 싸워 이겼다. 그래서 이긴 자가 된 것이다. 그러나 죽어 있는 동안 어떻게 예언을 하며 이길 수 있는가? 생기가 말씀이 들어가는 것이라면, 죽어 있는 기간은 말씀이 없는 기간이라는 의미다. 그렇다면 죽은 기간이 마흔두 달이 되면 안 된다. 그래서 다급하게 수정한 것이 문자적인 '3일 반'이다. 그렇다면 두 증인은 3일 반 동안 감옥에 갇힌 것인가? 결국 이러지도 저러지도 못하는 논리적인 모순의 덫에 걸린다.

≡ 큰 성과 무덤(8-10절)

두 증인을 죽인 무저갱 짐승은 시체를 큰 성 길에 두고 무덤에 장사하지 못하게 해 사람들이 사흘 반 동안 목도하게 한다(8-9절). 여기서 '큰 성'은 멸망자가 차지하는 첫 장막을 말한다. '무덤'은 무저갱 짐승, 곧 멸망자의 교단을 말한다(참조, 눅 11:44; 마 23:27). 이만희 씨에 따르면, 여기서 무덤은 회칠한 무덤과 같이 겉으로는 거룩하게 보이는 교리와 교법으로 꾸미고 있어 그 실상을 쉽게 알아볼 수 없지만, 그 안에는 사람의 영을 죽이는 온갖 더러운 비진리와 비진리에 영이 죽어 뼈와 같이 된 사람들이 가득하다.[111] 따라서 두 증인의 시체를 무덤에 장사하지 않고 사람들로 구경하게 한다는 것은 두 증인을 자기 교단에 가입시키지는 않으면서 그들이 증거도, 예언도 못하게 된 것을 교인들이 조롱하며 보게 한다는 뜻으로 해석한다.

백성들과 족속과 방언과 나라는 무엇이며, 두 증인의 죽음을 목도하는 사람들은 누구인가(9절)? 신천지에 의하면, 백성들과 족속과 방언과 나라는 멸망자들이 치리하고 있는 '교단'을 뜻한다. 두 증인을 목도하는 자들은 장막 성도들과 일반 교인들이다. 또 두 증인의 죽음을 기뻐하며 서로 예물을 보내는 '땅에 사는 자들'은 성령이 떠난 육체뿐인 장막 성도들을 말한다. 이들은 두 증인이 자신들을 심판하는 말을

그치게 되자 기뻐하는 말을 마치 선물처럼 주고받는다.[112]

이들의 논리를 따르다 보면 혼동스러운 부분이 생긴다. 그것은 무저갱과 큰 성과 백성들과 족속과 방언과 나라가 거의 같은 의미를 말하는 것 같기 때문이다. 무덤이 교단이라고 하면서, 백성들과 족속과 방언과 나라도 멸망자들이 치리하는 교단을 가리킨다고 한다. 또 큰 성은 무저갱 짐승, 곧 멸망자가 차지하는 첫 장막이라고 한다. 이러한 해석을 따르면, 큰 성은 멸망자가 차지하는 첫 장막이고, 이 멸망자가 차지하고 치리하는 교단은 백성들과 족속과 방언과 나라가 되고, 동시에 무덤이 된다. 이렇게 되면 첫 장막과 교단이 거의 같은 의미가 된다.

그런데 고대 로마와 같은 도시를 보면, 무덤은 성 외곽에 위치하는 경우가 많았다. 큰 경우, 도시 안에도 성전이나 신전 부근에 굴을 파 무덤을 설치하기도 했다. 결국 무덤과 큰 성, 그리고 그 안에 사는 백성들과 족속과 방언과 나라에 대한 구분이 혼란스럽게 된다.

'큰 길'(헬, 플라테이아)이란 고대 도시 중앙에 난 중앙대로를 가리킨다.[113] 두 증인의 시신이 중앙대로에 있다는 말은 두 증인이 죽임을 당하고 '큰 성' 안에 있다는 말이다. 이러한 신천지의 논리라면, 이만희, 홍종효 씨는 재판에서 패소한 후에 첫 장막 한가운데 통로에 널브러져 있어야 한다. 그리고 첫 장막을 드나드는 성도들에게 조롱을 받아야 한다. 그러나 실상에는 이런 일이 없었다. 이들의 언약 노정을 기록한 《신천지 발전사》를 보면 이만희 씨는 1981년 2월 2일 선고유예로 출감한 이후 동년 3월 14일부터 소수의 무리와 함께 청계산과 비산동 관악산으로 피난하면서 선고유예 기간까지 집 없이 산에서 예배를 드렸다고 한다.[114] 요한계시록대로 이루어지려면, 두 증인은 죽고서 청계산, 관악산 등으로 피해 다닐 것이 아니라 첫 장막에 있으며 조롱을 받아야 한다. 이런 이유로 《신천지 발전사》는 요즈음 더 이상 성도들에게 판매가 허락되지 않는다.

신천지에 따르면, 무저갱에서 올라온 짐승은 청지기교육원의 일곱 목자를 가리킨다. 무저갱 짐승이 두 증인과 일으키는 전쟁은 말로 싸우는 말 전쟁이라고 한다. 어떻게 말로 전쟁을 일으킬까? 일곱 목자가 두 증인을 고소해 이들이 구속시킨 것이라 주장하는데, 두 증인은 법정 소송으로 인해 1980년 10월 27일, 100일의 구금 기간과 2년 6개월의 선고유예 기간을 받게 된다. 이들을 무덤에 장사하지 못하게 한다는 것은 교단, 곧 장막성전에 가입시키지 않으면서 교인들로 조롱하며 보게 한다는 뜻이다.

무저갱이 지옥이자 사탄이 처소로 삼고 있는 육체의 집단인 교단이라고 한다면, 하나님은 종말에 사탄을 교단에 결박해 천 년 동안 감금하신다는 말인가(20:1-3)? 두 증인을 무덤에 장사하지 못하게 한다는 해석도 깊이 생각해 볼 필요가 있다. 두 증인이 죽으면 무덤에 마땅히 묻혀야 하는데 장사하지 못하게 하는 것이라면, 두 증인이 구속되면 교단에 가입시켜야 하는 것이 원래는 마땅하다는 말인가? 그렇다면 교단은 범죄자를 가두는 곳이라는 말인가? 무덤에 장사되어야 마땅한데 장사하지 못했다는 것은 이만희 씨와 홍종효 씨가 교단 가입을 희망했다는 말인가? 앞서 언급했듯이 또 두 증인의 시체가 큰 성 길에 있으려면 두 증인이 말 전쟁에서 패배한 이후 장막성전 부근에 널브러져 있어야 한다. 과연 이런 일이 일어났을까? 더 나아가 명예 훼손으로 법정 시비를 가리는 것이 과연 전쟁일까? 본문에 나오는 전쟁을 '말 전쟁'이라고 해석할 근거는 본문에서 찾아보기 어렵다.

이는 요한계시록 본문을 온통 장막성전 사건에 끼워 맞추려는 자의적인 해석임을 알 수 있다. 또한 두 증인을 고소한 것이 일곱 목자와 청지기교육원이었을까? 사실 법정 싸움에서 이들을 고소한 것은 오평호 씨가 아니라 배도자로 일컫는 유재열 씨다. 결국 실상이 뒤죽박죽되는 것이다. 게다가 첫 장막 교단에 속한 성도들은 이만희 씨가 구속된 것을 목도했을 것 같지 않다.

본문을 엄밀하게 보면, 여기서 두 증인은 두 인물이 아님을 알 수 있다. 왜냐하면 본문의 '시체'(헬, 프토마 8, 9절)가 단수로 사용되었기 때문이다. 두 증인이 왜 단수일까? 이는 두 증인이 한 존재를 상징하기 때문이다. '시체', 곧 '죽은 몸'(dead body)은 그리스도의 몸 된 교회가 핍박받는 모습을 극적으로 표현한 것이다.[115] 12장에서도 유사한 패턴을 발견할 수 있는데, 복수형인 '예수의 증거를 가진 자들'이 단수형 '여자의 아들'로 표현되었다.[116] 이렇게 볼 때 큰 성, 그 성에 사는 백성들과 족속과 방언과 나라 중에 있는 이들은 교회를 핍박하는 로마 제국과 제국 안에 사는 다양한 출신들로 이루어진 백성을 말한다.

큰 성은 영적으로 소돔 혹은 애굽으로 불리는데, 이는 큰 성이 죄악과 반역이 가득했던 소돔과 애굽의 특징을 고스란히 지니고 있기 때문이다. 이 큰 성을 주께서 십자가에 못 박히신 곳이라고 하면서 독자들이 다 아는 '예루살렘'을 언급하지 않은 것은 예루살렘이 갖는 상징성을 부각하기 위함이다. 예루살렘은 주님이 십자가에 못 박히신 곳이지만, 반대로 패역한 백성이 그리스도를 십자가에 못 박은 곳이기도 하다. 이는 '큰 성'이라는 표현에서도 나타나는데, 요한계시록에서 '큰 성'은 '바벨론'과 함께 지국의 수도인 로마를 가리키는 전문용어다 (14:8, 16:19, 17:18, 18:2, 16, 18, 19, 21). 큰 성은 두 증인을 죽인 곳이다. 두 증인의 죽음을 구경하는 이들은 하나님의 백성들을 박해하고 우상 숭배에 빠진 이들이다.

이들은 두 증인이 회개를 촉구하는 굵은 베옷을 입고 하는 증언에 괴로워하다가, 이들이 죽자 그 죽음을 즐거워하고 기뻐하며 서로 예물을 보낸다(10절). 이는 로마의 농신제 축제의 풍습을 배경으로 한다.[117] 로마에서는 새해 첫날에 서로를 축하하며 선물을 교환하곤 했다. 이런 역사적 배경을 배제하고, 이만희 씨는 단순히 땅에 거하는 성령이 떠난 육체뿐인 장막 성도들이 기뻐하는 말을 선물처럼 주고받는다고 해석한다. 이것은 성경이 말하는 것과 다르다. 성경은 분명 '예물'을 주고받는다고 했지, '기뻐하는 말'을 '선물처럼' 주고받는다고 하지 않기 때문이다. 이러한 당황스러움과 함께 신천지가 실상을 제시하는 데 곤혹스러워하는 부분은 두 증인에게 생기가 들어가 3일 반 만에 부활하는 장면이다.

≡ 생기 받은 두 증인 (11절)

두 증인의 죽음 후 하나님께로부터 생기가 이들 속에 들어가자 이들이 살아난다(11절). 두 증인의 죽음에 대한 실상은 앞서 살펴보았던 것처럼 이만희, 홍종효 씨가 100일간의 옥살이와 2년 반의 집행유예 기간을 선고받은 것을 의미한다. 이후 두 증인이 하늘로 올라갔다는 것은 무엇을 의미할까? 이는 두 증인이 옥살이를 하고 나서 둘째 장막, 곧 신천지를 일으킨 사건을 의미한다. 이들이 하늘로 구름을 타고 간 것은 영으로 영계 하늘에 가서 계시를 받은 사건을 말한다고 한다. 이들은 영계 하늘에서 계시를 받고 이 땅의 하늘, 곧 신천지로 갔다.[118] 이 때 이 땅에 나는 지진은 두 증인의 죽음을 목도한 사람들의 마음이 크게 흔들리는 것을 말한다고 해석한다.[119] 이들에 의하면, 이 지진으로 첫 장막이 무너지고 배도한 장막 성도들 7천 명이 죽게 된다.

여기서 두 증인의 영적 죽음의 기간은 문자 그대로 '3일 반'이다. 이만희 씨에 따르면, 이는 다니엘 9장 27절의 '한 이레의 절반'과는 다른 3일 반이다. 다니엘 9장 24-27절의 일은 예수님 초림 때 다 성취된 것이기 때문이라고 한다.[120] 이만희 씨가 이렇게 말한 것은 이전의 저작에 대한 자기 부인이다. 그는 분명히 이전의 책에서 "이 3일 반은 문자 그대로의 기간이며 다니엘 9장 24-27절에 기록된 칠십 이레 중 마지막 한 이레의 절반"이라고 명시했기 때문이다.[121] 왜 이전에는 3일 반이 다니엘 9장 24-27절에 나오는 3일 반이라고 했다가 후에는 이것이 다니엘서와 아무런 상관이 없다고 했을까?

이들이 근거로 삼고 있는 다니엘 9장 24절 이하에 따르면, 하나님이 정하신 일흔 이레가 지난 후 기름 부음을 받은 자가 끊어져 없어질 것이고, 이레의 절반에 제사와 예물을 금지할 것이라고 한다. 여기서 신천지는 기름 부음 받은 자를 신천지의 두 증인 가운데 하나로 보고, 여기서 이레의 절반, 곧 3일 반 동안이 두 증인이 죽은 기간이라고 주장하는 것이다. 이들은 이 기간을 두 증인이 감옥에서 옥고를 치른 기간이라고 해석한다. 두 증인이 감옥에서 나온 날은 《신천지 발전사》에 따르면 1981년 2월 2일이다.

그런데 이날을 기준으로 일흔 이레, 즉 490일을 역산하면 신천지 역사에 치명적인 오류가 발생한다. 1981년 2월 2일부터 490일을 역산하면 대략 1979년 9월 30일이 된다. 이때는 이만희 씨가 백만봉 씨의 재창조교회에 다니면서 열두 사도로 활동하던 시절이다. 첫 장막 멸망자와 싸우기 시작한 때가 되어야 하는데, 도리어 다른 신천지의 교주 밑에서 열두 사도를 하던 당황스런(?) 시절로 돌아가게 되는 것이다. 여기서 반 시(6개월 동안) 동안 고요한 시간을 계산하고 1장의 안수 받은 것까지를 계산하다 보면 1장 17절에서 예수님께 안수 받고 책 받아 먹은 시기가 1977년까지 올라가게 된다. 이렇게 되면 이들의 요한계시록 해석 전체에 커다란 오류가 발생하게 된다.

이런 계산이 가능하기에 결국은 다니엘서의 3일 반은 이미 성취된 구약의 예언이고 요한계시록의 3일 반은 자신들의 단체를 통해 성취된 다른 것이라고 《요한계시록의 실상》 2011년 개정판에서 수정하기에 이른다. 하지만 이를 자세히 살펴보면 이전에 주장했던 마흔두 달의 흔적을 다 지우지 못했다. 앞에서는 두 증인의 죽음의 기간이 문자 그대로의 '3일 반'이라고 했다가 다음 페이지에서는 멸망의 기간을 다시 마흔두 달로 이야기하고 있기 때문이다.[122]

흥미로운 것은 이들이 초창기에는 3일 반이 마흔두 달, 곧 3년 반을 상징한다고 주장했다는 점이다.[123] 이는 두 증인이 받은 실제 형기와 선고 유예 기간을 합친 기간이다.[124] 두 증인이 죽임을 당한 기간에는 예언을 할 수 없으므로, 이 기간 새로운 단체를 만들어 싸워 이기는 것은 불가능하다. 그러나 이들은 마흔두 달이 싸워 이긴 기간이라고 모순된 주장을 하기에, 이 둘이 상충하게 되어 결국은 이후 이것이 3일 반이라고 수정하기에 이른다. 3일 반은 죽었다 살아나는 기간이고, 이후 하늘에 올라가 자신들의 단체를 만들었다고 한다.

결국 이러한 해석의 변천, 곧 3일 반을 마흔두 달로, 마흔두 달에서 문자적 3일 반으로, 다니엘이 말한 한 이레 반을 성취한 예언으로, 그랬다가 다니엘과는 별도의 3일 반(한 이레 반)으로 변경한 것은 자의적인 해석으로, 실상을 맞추려다 일어난 오류들이다.

▤ 하늘로 올라간 두 증인과 지진으로 무너지는 큰 성 (12-13절)

3일 반 후에 하나님께로부터 생기가 이들 속에 들어가 이들은 다시 살아나고, "이리로 올라오라"는 하늘의 음성을 듣고 구름을 타고 하늘로 올라간다(12절). 이들은 생기는 하나님의 말씀이므로 하나님의 말씀을 받아 영계 하늘로 갔다가 이 땅의 새 하늘인 자신들의 단체로 간 것으로 해석한다. 이때 큰 지진이 나서 장막성전 조직 10분의 1이 무너지고 7천 명이 죽게 된다(13절). 큰 지진은 두 증인의 죽음을 목도했던 장막성전 사람들의 마음이 크게 흔들리는 것이라고 주장한다.

이들의 해석에 따르면, 두 증인은 다른 하늘을 두 번 방문한 것이 된다. 그러나 본문은 하늘을 별도로 구분하지 않는다. 게다가 마음이 흔들리는 것이 지진이라고 한다면, 지진으로 7천 명이 죽었다는 것은 마음이 흔들려서 7천 명의 영이 죽었다는 뜻이 된다. 그러나 현실성 없는 해석이다. 왜냐하면 당시 첫 장막에 있는 성도들의 숫자는 다 해도 7천 명이 되지 않기 때문이다.

7천 명은 북이스라엘 아합왕 시대에 바알에게 무릎 꿇지 않은 7천 명을 상기시키는 상징적인 숫자다(왕상 19:18). 하지만 본문에서는 상황이 역전된다. 열왕기상에서는 바알에게 무릎 꿇지 않은 7천 명인 반면, 여기서는 우상 숭배와 하나님을 대적하는 7천 명으로 나타난다. [125]

여기서 두 증인이 살아나 구름 속으로 올려진다는 것은 그리스도가 죽음과 부활, 승천하심으로 승리하신 것처럼 교회 또한 그리스도의 발자취를 따라 죽음과 부활 승천으로 결국 최후 승리를 거두어 하나님께 영광 돌릴 것을 상징한다.

감사한 것은 그 와중에 이런 교회의 영광을 목도한 불신자 중에 살아남은 일부 사람들이 하나님을 두려워하며 영광 돌리는 일이 일어난다는 사실이다(13절). 여기서 살아남은 사람들은 신천지가 주장하는 대로 두 증인에게 측량 받은 자신들의 단체의 사람, 짐승에게 속하지 않고 배도하지 않은 둘째 장막에 속한 사람들이 아니다. 이들은 불신자들이었지만, 교회의 고난과 부활과 승천의 영광을 보고 하나님을 경외하고 회개하게 된 사람들이다.

≡ 일곱째 나팔과 하나님 나라 (15절)

마지막 일곱째 나팔을 불자 하늘에서 큰 음성들이 나와서 세상 나라
가 하나님 나라가 될 것을 알린다(15절). 일곱째 나팔은 지금까지의 여
섯 나팔과 다르다. 그동안의 여섯 나팔은 배도한 장막 성도에게 심판
과 형벌을 가져왔으나, 마지막 일곱째 나팔은 구원을 가져오기 때문
이다. 신천지에 의하면, 이 나팔은 두 증인이 죽었다가 살아난 때부터
불리게 된다.[126] 여기서 일곱째 나팔의 실상은 이만희 씨로 이 나팔로
인해 새로운 둘째 장막, 곧 새 하늘 새 땅의 시대가 펼쳐진다고 주장한
다. 다시 말하면, 일곱째 나팔을 들은 이들은 둘째 장막, 곧 신천지의
성도들을 가리킨다는 것이다.

이들에 따르면, 일곱째 나팔은 사도 바울도 증거하고 있다. 고린도
전서 15장 51-54절대로 마지막 나팔 소리에 성도들이 순식간에 홀연
히 변화될 것인데, 죽은 자들이 썩지 아니할 것으로 다시 살 것이고,
살아 있는 자들도 썩을 몸이 썩지 아니함을 입고 죽을 몸이 죽지 아니
함을 입을 것이다. 이는 곧 부활과 영생의 신인합일을 말한다는 것이
다.[127] 종합하면, 일곱째 나팔은 구원의 나팔로서, 이 나팔로 인해 신천
지가 생겨나 왕 노릇 하게 되고, 나팔 소리를 들은 이들은 모두 영생을
얻고 부활이 이루어져 신인합일을 한 상태로 살아가게 된다.

이러한 해석에 대해서 좀 더 자세히 검토해 보자.

첫째, 세상 나라가 새 하늘 새 땅이 되는 시기에 관한 문제다. 신천
지의 실상에 따르면, 이때는 1984년 3월로 신천지가 본격적으로 시작
되는 때다. 이때부터 두 증인 중 하나인 이만희 씨는 일곱째 나팔을 불

었다. 여기서 나팔을 분다는 것은 말씀을 가르치는 것을 뜻한다.

하지만 나팔을 부는 것이 과연 1984년 3월일까에 대해 고민할 필요가 있다. 두 증인의 죽음 기간 3일 반(9, 11절)을 42개월로 해석할 때는 나팔을 부는 시기가 얼추 맞아 들어가지만, 이를 다시 문자적인 3일 반으로 해석하면 죽음 이후 나팔을 불기 때문에 그 시기가 훨씬 앞당겨져야 한다. 두 증인이 감옥에 갇힌 것이 1980년 10월 27일이라면 3일 반 후인 10월 30일 내지는 31일부터 나팔을 불어야 마땅하다.

둘째, 일곱째 나팔의 효과 문제다. 일곱째 나팔이 불면 정말 세상 나라가 그리스도의 나라가 되고, 산 자와 죽은 자의 부활, 곧 신인합일이 이루어질까? 만약 이들의 주장대로 일곱째 나팔을 불고 이들 단체가 1984년부터 시작되었다면 새 하늘 새 땅이라고 하는 이들 단체에 들어온 이들은 모두 썩지 아니할 몸으로 변화되어야 한다. 그러나 확실히 신인합일했다고 주장하는 지파장부터 시작해서 수없이 많은 이들 단체의 신도들이 죽었다. 게다가 세상 나라가 이들로 바뀌기는커녕, 도리어 피해자들로부터 가정 파탄의 주범으로 고발을 당하고 언론에 보도되기도 했다. 또한 육적 천계라고 하는 이들은 기존의 교회와 기관들을 향해 무차별로 법적 고소를 남발했다. 왕 노릇은커녕 많은 사람의 경계의 대상이 된다.

게다가 신인합일이라는 개념 자체가 성경적이지 않다. 성도는 후에 이 땅을 살다 썩어 묻힌 자기의 몸이 다시 살아나 부활의 몸을 입게 된다. 고린도전서 15장 51-54절의 말씀도 마지막 때 일어날 몸의 부활을 말한 것이지, 자기 몸에 다른 순교자나 이질적인 영이 들어오는 것을 말하는 것이 아니다(이에 관한 구체적인 논의는 필자의 《바이블 백신 1》 228-238쪽을 참조하라).

본래 본문의 일곱째 나팔은 죄와 패역으로 가득 찬 이 땅이 결국 사라지고 하늘의 보좌가 이 땅에 내려와 세세토록 영원한 통치가 이루어질 것을 보여 준다(참조, 단 7:13-14, 18, 22, 27).[128] 여섯째 나팔까지가 계속적 재앙이었던 것에 반해 일곱째 나팔이 재앙이 아닌 완성된 하나님의 나라를 보여 주는 것은 다른 한편으로 이 땅의 악이 일곱째 나팔로 완전히 소멸되었음을 선언하는 것이기도 하다.

여기서는 4장에서 보았던 천상의 예배가 보다 웅장한 장면으로 펼쳐지는데, 자기 보좌에 앉아 있던 24장로가 이제는 엎드려 얼굴을 땅에 대고 하나님께 경배한다(16절). 이들은 하나님께 "감사하옵나니"(헬, 유카리스투멘)라고 외치며 찬양을 드린다. 여기서의 감사는 하나님이 기도에 응답하셨을 때 드리는 감사로, 이는 그동안 많은 성도가 불의한 이 땅을 심판하고 하나님의 공의가 회복되게 해 달라고 기도한 것에 대한 응답을 의미한다(6:9-11, 8:3-5).[129] 이는 앞서 24장로들이 천상에서 드린 찬송(4:11)과 대조된다. 먼저는 하나님이 세상을 창조하시고 유지하고 계심을 찬양한 반면, 이제는 하나님이 세상을 종결하시고 큰 권능으로 자신의 영원한 통치를 시작하심을 찬양한다. 이런 웅대한 하나님 나라의 회복을 한낱 자신들의 단체가 설립된 이야기로 해석하는 것은 성경의 웅대함을 너무나도 과소평가하는 것이다.

☰ 주님의 상과 멸망받을 자, 열린 성전과 큰 우박 (18-19절)

신천지에 의하면, 일곱째 나팔이 불 때 짐승과 싸워 이기는 자에게는 2-3장에 기록된 복을 상으로 주신다(18절). 이는 이스라엘 열두 지파를 다스리는 권세다(눅 22:28-30). 또 일곱째 나팔이 울릴 때 하늘에 있는 하나님의 성전이 열리게 되는데, 여기서 하늘 성전은 영계에 있는 하나님의 장막이 임한 이긴 자(3:12)가 인도하는 신천지를 가리키며, 성전이 열린다는 것은 이 단체의 가르침이 전파되어 새 요한의 선포되는 가르침을 통해 많은 사람이 들어올 수 있도록 그 존재가 세상에 알려진다는 뜻이다.[130]

성전 안에 있는 언약궤는 언약의 말씀을 상징한다. 그러므로 이 성전은 새 언약의 말씀으로 약속한 장막이다.[131]

신천지는 성전 안에 있는 번개는 번개처럼 빠른 영들의 움직임을, 음성과 뇌성은 하나님이 정사를 하시는 소리를, 지진은 사람의 마음이 흔들리는 것을, 우박은 진노의 말씀과 그 말씀을 받은 목자를 가리킨다고 해석한다.[132] 우박은 배도자와 멸망자 위에 떨어진다. 여기서 우박은 대언의 목자라 칭하는 이단 교주를 가리키기도 하는데, 16장 21절에 따르면 그 무게가 1달란트(100근)로, 이는 말씀 받은 새 요한의 몸무게를 말한 것이라고 주장한다.[133]

일곱째 나팔이 불 때 주의 이름을 경외하는 자들에게 주시는 상은 과연 열두 지파를 다스리는 권세일까? 그런 것 같지 않다. 만약 그렇다면 지금 신천지에 있는 성도 모두가 상급, 곧 열두 지파를 다스리는 권세를 받아야 했기 때문이다.

여기서 생각해야 할 것은 일곱째 나팔이 교훈을 상징한다면, 과연 두 증인 중 한 사람만의 교훈이 일곱째 나팔이 아니라 다른 증인의 가르침도 고려해야 한다는 점이다. 그러나 이런 주장은 찾아볼 수 없다. 모든 중심을 신천지를 설립한 새 요한에게 집중하기 때문이다.

하늘 성전이 열린 것이 신천지의 가르침이 널리 알려져 세상에 그 존재가 알려지는 것이라고 이들은 주장한다. 단, 하늘 성전으로 알려지는 것이 아니라 신천지로 알려진다. 성전 안에 있는 언약궤가 새 언약의 말씀이라고 하지만, 이들은 이미 나팔도 말씀, 우박도 말씀이라고 주장했다. 그럴듯하게 들리지만 갈수록 해석의 자의성을 뚜렷하게 볼 수 있다.

게다가 우박의 무게 1달란트가 100근으로 교주의 무게라는 것은 더더욱 근거가 희박하다. 왜냐하면 1달란트는 약 35kg 정도이기 때문이다. 100근은 1근을 600g으로 볼 때 60kg이 된다. 이만희 씨는 달란트의 무게와 근의 무게를 정확하게 파악하지 못하고 있다.

더 나아가 우박인 새 요한은 요한계시록 예언이 응할 때 배도자와 멸망자 위에 진노의 말씀인 우박을 떨어뜨린다고 이들은 주장한다.[134] 자신이 자신을 떨어뜨리는가? 설사 다른 우박이라 하더라도 우박을 떨어뜨리는 시기가 이상하다. 왜냐하면 하늘 성전이 열린 때는 이미 배도자와 멸망자가 심판받아 없을 때이기 때문이다. 어떻게 배도자와 멸망자가 사라진 상태에서 또 다른 우박이 나오는가? 이러한 부자연스러운 해석은 본문이 의도하는 바를 온전히 파악하지 못한 데서 비롯된다.

첫째, 상 받는 이들은 선지자들, 성도들, 하류층에 있는 가난한 자(작은 자), 상류층 부자(큰 자)를 막론하고 주, 곧 예수 그리스도의 이름

을 믿고 그 이름을 경외하는 자들이다(18절). 하나님이 상 주시는 것
은 순교자들의 신원이 응답되는 것이기도 하다(6:9-11, 18:24-19:5). **135**

둘째, 하늘 성전이 열린다는 것은 앞서 4장 1절에서 '하늘에 열린 문'
을 소개한 장면에서 더 나아간 것이다. 본문에서는 성전 문을 통해 하
나님의 언약궤가 보인다. 언약궤는 하나님의 임재가 거하는 가장 내밀
한 지성소로, 역사적으로는 주전 587년 바벨론 느부갓네살왕이 예루
살렘 성전을 침공하며 무너졌고 언약궤는 사라진 것으로 알려졌다. **136**
그런데 다시 지성소 문이 열리고 언약궤가 보인다는 것은 이스라엘의
참된 회복이 이루어졌음을 암시한다. 아담으로부터 시작된 하나님의
언약이 마침내 예수 그리스도의 언약의 피를 통해 이루어진 것이다.

셋째, 하나님의 성전에서 나는 번개와 음성과 우레와 지진은 하나
님의 충만한 임재를 상징한다(참조, 4:5, 8:5). 큰 우박은 새롭게 추가된
항목인데, 이는 하나님의 임재와 강력한 심판이 함께함을 의미한다.
이는 하나님의 나라가 완성될수록 반대로 완전한 패배를 경험하는 악
의 세력을 향한 심판의 강도가 강해짐을 의미한다. 우박은 사람이 될
수 없다. 게다가 새 요한이 재앙이 되어 사람들에게 내려 이들로 하나
님을 비방하게 하는가?

결국 본문을 통해 우리는 하나님의 나라가 반드시 승리하고 완성될
것을 본다. 이런 역사를 확신하고 끝까지 주님의 신실한 제자로 순종
하고 충성하며 나아가도록 하자.

신천지 요한계시록의 핵심

신천지가 주장하는 요한계시록 해석은 신천지 교육 센터의 교육과정에서 초등, 중등 과정을 수료한 후 고등과정에서 배운다. 초등, 중등 과정에서는 신천지식 요한계시록 이해를 돕기 위해 사전적인 교육과정들이 진행되는데, 이것을 모르는 상태에서 이들의 요한계시록 해석을 접하면 이들이 말하는 바를 이해하는데 어려움을 겪는다. 여기에서는 이들이 주장하는 요한계시록의 독특성이 무엇인지를 전반적으로 살펴보고자 한다.[1]

1. 요한계시록은 어떤 책인가?

신천지가 정의하는 요한계시록은 "사도 요한이 성령에 감동되어 예수님으로부터 장래사를 환상(이상) 계시를 통해 보고 들은 것을 기록한 예언서"다.[2] 이와 같은 정의는 언뜻 들을 때 교회가 이해하는 요한계시록 이해와 크게 다르지 않은 것 같다. 그럴듯하다. 그러나 이들이 의미하고자 하는 바를 좀 더 깊이 살펴보면 다른 점들이 나타나기 시작한다.

우리는 요한계시록이 1) '장래사'를, 2) '환상 계시'를 통해, 3) '보고

들은 것을 기록한' 책이라고 정의 내린 3가지 사항을 제대로 이해해야 한다. 그래야만 비로소 이들이 정의하는 '예언서'가 무엇인지에 대한 정확한 이해에 도달할 수 있다.

첫째, 이들은 요한계시록을 '장래사'를 기록한 책으로 본다. '장래사'란 '장차 있을 일'이다. 따라서 요한계시록의 역사성을 무시한다. 1세기 소아시아 일곱 교회를 향한 진술이 아니라 장래의 일곱 금촛대 장막, 즉 이만희 씨의 전임자가 세웠던 유재열 씨의 첫 장막이 배도하고 멸망당한 사건을 두고 기록한 것으로 본다. 그래서 이들에게는 요한계시록의 역사성이 중요하지 않고, 그렇기에 역사적 해석을 배제한다.

둘째, 신천지는 사도 요한이 장래사를 '환상 계시'를 통해 받았다고 본다. '환상 계시'란 '장래 이룰 일을 환상을 통해 받은 것'이다. 그러나 환상 계시만을 받고서는 그것이 무슨 뜻인지, 실제로 언제, 어디서, 무엇을, 어떻게, 왜 성취되는지를 알 길이 없다. 환상 계시는 반드시 오늘날 어떻게 성취되는지를 깨닫고 알려주어야 하는데, 이것을 깨달은 이가 바로 이들이 주장하는 약속한 언약의 목자, 요한계시록 책을 받아먹은 교주다.

셋째, 따라서 신천지는 사도 요한은 밧모섬에서 보고 들은 것을 기록만 해 두었을 뿐, 그것이 실제로 무엇을 의미하는지, 어떻게 성취되는지를 모른 채로 있었다고 주장한다.

이상의 3가지 특징을 고려할 때 신천지가 주장하는 요한계시록은 오늘날까지 그 인봉이 봉함된, 그 실상이 공개되지 못한 예언서다.

예수님이 사도 요한에게 계시를 주신 이유는 무엇인가? 신천지는 요한복음 16장 12절을 근거로 댄다. 이에 따르면, 예수님은 제자들에게 "내가 아직도 너희에게 이를 것이 많으나 지금은 너희가 감당하지 못하리라"라고 하시며 많은 것을 말씀하시지 않았다. 그리고 하늘로 올라가신 후 요한에게 전에 요한에게 이르지 못한 계시를 주셨는데, 바로 요한계시록 1-22장의 내용이라는 것이다.[3] 당시는 제자들이 감당할 수 없었기에 환상 계시를 통해서만 기록해 두게 하셨다는 것이다.

그러나 이러한 주장은 요한복음 본문의 진의를 왜곡한 것이다. 요한복음 16장 12절의 '지금'은 '예수님이 십자가를 지시기 전'을 의미한다. 지금 제자들은 예수님이 십자가를 지시고 부활하실 것이라는 말씀을 제대로 이해하지 못하고 있다. 십자가도 제대로 이해하지 못하는데 부활과 이후의 일을 어떻게 받아들일 수 있을까? 그래서 예수님은 지금 이르지 못한 말은 '진리의 성령'이 오셔서 알려주실 것이라고 약속하셨다. 진리의 성령이 오실 때 성령은 "스스로[자의로] 말하지 않고 오직 들은 것을 말하며 장래 일을" 알리실 것이다(요 16:13).

보혜사 성령이 주시는 계시의 특징이 있다.

첫째, 스스로 말하지 않고 오직 들은 것만 말씀하신다. '스스로 말하지 않는다'는 것은 자의적으로 성경이 말하지 않는 내용을 '새로운 비밀한 계시' 또는 '성취될 계시'라는 이름으로 말하지 않는다는 것이다.

둘째, 오직 들은 것을 말씀하신다. '들은 것'이란 예수님이 제자들에게 주신 말씀을 의미한다. 보혜사 성령은 성경에 없는 말씀을 하시는 분이 아니라 예수님의 말씀과 함께 역사하시는 분이다.

셋째, 보혜사는 '장래 일'을 알리신다. 여기서 '장래 일'은 신천지가 주장하는 '장래사'(첫 장막의 배도 멸망과 신천지의 출현으로서 구원)가 아니라, 특별히 요한복음 16장 문맥에서 볼 때 예수 그리스도가 지실 십자가와 부활, 그리고 이후에 오실 보혜사 성령의 사역을 말한다. 곧 복음의 온전한 의미를 알려 주시는 것이다. 성령은 예수 그리스도의 십자가와 부활의 복음을 증거할 때 그 의미와 능력이 드러나게 하시는 분이다. 그래서 제자들은 온전한 복음을 붙들기 위해 예루살렘을 떠나지 말고 성령으로 세례를 받고자 마가의 다락방에서 기다려야 했다(행 1:4).

2. 요한계시록의 목적

신천지에 따르면 성경 66권의 최종 목적지는 요한계시록이고, 요한계시록은 성경 전체를 푸는 핵심 열쇠다. 성경 66권을 '나무'로 비유하면 '나무의 씨앗'은 창세기에 해당하고, '자라나는 나무'는 구약과 신약이며, 그 나무를 통해 맺히는 '최종 열매'는 요한계시록이다. 결국 성경을 알려면 열매인 요한계시록을 깨달아야 한다고 주장한다. 또한 신천지는 성경 66권을 '사람'으로 비유한다. 65권이 '살'이면 요한계시록은 '뼈'이고, 65권이 '혈'이면 요한계시록은 '맥'이며, 65권이 '사람'이면 요한계시록은 '호흡'에 해당한다고 한다. 이러한 비유가 보여 주는 것처럼 신천지의 모든 성경 해석은 요한계시록을 향한다. 뒤집어 말하면, 이들의 요한계시록 해석을 알면 나머지 신천지의 성경 해석은 쉽게 풀린다.

이들이 이토록 요한계시록에 집중하는 이유는 무엇일까? 그것은 성경의 최종 열매인 요한계시록을 성취한 것이 바로 자기네 단체임을 부각하기 위함이다. 신천지가 요한계시록이 실현된 곳이고, 교주가 바로 요한계시록을 성취한 대단한(?) 인물임을 주장하기 위해서다.

따라서 신천지가 수강생들을 섭외해 센터에서 가르치는 6개월간의 성경 공부 과정의 최종 목적지는 요한계시록이고, 그 배후에 감추어진 최종 목적지는 요한계시록이 실제로 성취되어 나타난 '신천지 증거장막성전'이다. 신천지는 요한계시록을 이들이 주장하는 방식대로 이해시키기 위해 성경 개론부터 시작해 비유 풀이, 언약 노정 등을 공부해 마침내 본격적으로 요한계시록 전 장을 공부시킨다.

이렇게 공부한 신천지 요한계시록 해석의 최종 목적은 무엇일까? 그것은 하나님과 성경이 6천 년간 외치며 알려 온 최종 목적지가 요한계시록에 약속된 나라인 새 하늘 새 땅, 즉 신천지임을 주장하기 위한 것이다.[4] 요한계시록을 약속한 대로 다 이루면 모든 것이 회복되어 영생하게 되는데, 이 역사가 바로 요한계시록에 기록된 대로 신천지에서 이루어지게 된다는 것이다(계 22:6-7).

신천지에 따르면, 요한계시록이 궁극적으로 보여 주는 것이 바로 신천지다. 따라서 요한계시록은 2천 년 전의 아시아 일곱 교회를 위해 기록된 것이 아니라 신천지를 위해 기록된 것이고, 1장부터 22장까지의 모든 내용이 신천지가 약속의 목자 이만희 씨를 통해 이 땅 가운데 이루어지고 완성되는 과정을 보여 준다고 주장한다. 따라서 신천지의 주장을 바로 이해하는 것은 이들이 해석하는 요한계시록을 제대로 이해하지 않고는 불가능하다.

3. 계시란 무엇인가?

이러한 요한계시록의 목적을 달성하기 위해 끼워야 하는 첫 단추가 신천지식 계시의 정의를 이해하는 일이다. '계시'(啓示)란 '열 계'(啓), '보일 시'(示), 즉 '열어서 보여 주는 것'이다. 이들의 정의에 따르면 계시는 묵시와 다른데, 묵시란 비밀을 비유로 봉함해 열어 보이기 전의 상태를 말한다(단 12:4). 계시가 봉함되면 누구도 그 계시의 내용을 알 수 없다. 그래서 계시는 봉함을 떼고 열어서 보여 주어야 한다. 요한계시록은 요한이 봉함된 계시를 열어 보여 준 책이다. 그런데 열어 보여 주는 계시라 하더라도, 그 보여 주는 것을 깨닫지 못하면 아무 소용이 없다.

신천지에 따르면, 계시에는 보고도 깨닫지 못하는 계시가 있고, 보고 깨닫는 계시가 있다. 이것이 바로 '환상계시'와 '실상계시'다.[5] '환상계시'란 장래에 이룰 예언을 보여주는 것으로(사 1:1; 겔 1:1; 단 8:1), 이것은 환상과 이상을 통하여 열려진 계시를 보고, 듣고, 기록하는 것이다. 실상계시란 환상계시가 이 땅에 실제 성취되는 사건, 즉 실상을 통해 어떻게 이루어지는가를 나타내는 것이다.[6]

환상계시의 예로, 메시아와 그의 길을 예비하는 사자 엘리야의 출현을 예언한 이사야 7장 14절과 말라기 4장 5절을 들 수 있다. 이것이 육적 세계에 실상으로 성취되어 나타나는 실상예언이 마태복음 1장 18-25절과 11장 14절이다.

이런 유형으로 볼 때 사도 요한이 밧모섬에서 환상 가운데 보고, 듣고, 기록한 것은 환상계시다. 하지만 사도 요한은 열심히 기록했지만, 그것이 실상으로 어떻게 성취되는지를 몰랐다. 계시가 참된 계시가 되려면 실상으로 성취되어야 하는데, 이 실상계시를 받은 자가 오늘날 새 요한인 이만희 교주다.

계시에는 참 계시가 있고 거짓 계시가 있다(렘 14:14). 신천지의 주장에 따르면, 참 계시와 거짓 계시를 가르는 기준이 있다. 그 계시가 실상으로 나타나 성취되느냐 하는 것이다. 거짓 계시는 증험도 없고, 성취도 없고, 그 선지자가 방자히 말한 것이다(신 18:22). 따라서 환상계시보다 훨씬 중요한 것이 실상계시이고, 실상을 바로 깨닫고 알아야 요한계시록의 계시를 제대로 깨닫는 데 이르게 된다. 신천지가 기성교회의 요한계시록 해석을 무시하는 이유는 기성교회에는 자신들과 같은 요한계시록의 성취 실상이 없다고 주장하기 때문이다.

예수 그리스도의 계시를 기록한 요한계시록은 장래 일을 미리 알린 예언서이므로, 그 성취 때 약속하신 말씀대로 실상이 나타나야 한다. 요한은 환상계시만을 기록했을 뿐 그 실상은 깨닫지도, 알지도 못했다. 이만희 씨에 따르면, 요한계시록의 말씀은 그동안 기록한 실상이 나타나지 않았기 때문에 그 누구도 참뜻을 해석하지 못했다.[7] 그러나 이제는 성취 때가 되어 요한계시록의 예언이 이루어졌고, 이만희는 그 실상을 직접 보고 성령에게 설명을 들어 계시를 받은 자이기에 그가 전하는 실상계시가 참된 요한계시록 말씀이 된다.

4. '실상'의 정체

여기서 잠시 '실상'이란 용어에 대해 생각해 보자. '실상'이라는 단어는 성경에 등장하지만, '실상'과 '계시'가 결합된 '실상계시'란 용어는 성경에 없다. 신천지가 의미하는 예언의 성취로서의 '실상'이란 용어는 성경에 단 한 번도 사용된 적이 없다.

개역한글 성경에 '실상'이란 단어는 총 17회 사용된다. 여기서 사용된 용례는 크게 3가지로 분류된다.

첫째, '실상'이 조사 '은'과 결합되어 '실상은'이란 부사로 사용되는데, 그 의미는 '사실은' 또는 '원래는', '본래는' 등의 의미를 갖는다. 성경에 총 11회 사용되었고, 대표적인 용례는 다음과 같다.

> 네 하나님 여호와께서 그들을 네 앞에서 쫓아내신 후에 네가 심중에 이르기를 나의 의로움을 인하여 여호와께서 나를 이 땅으로 인도하여 들여서 그것을 얻게 하셨다 하지 말라 <u>실상은</u> 이 민족들이 악함을 인하여 여호와께서 그들을 네 앞에서 쫓아내심이니라(신 9:4)

> 그 사람들이 어두워 성문을 닫을 때쯤 되어 나갔으니 어디로 갔는지 알지 못하되 급히 따라가라 그리하면 그들에게 미치리라 하였으나 <u>실상은</u> 그가 이미 그들을 이끌고 지붕에 올라가서 그 지붕에 벌여놓은 삼대에 숨겼더라(수 2:5-6)

> 산발랏과 게셈이 내게 보내어 이르기를 오라 우리가 오노 평지 한 촌에서 서로 만나자 하니 <u>실상은</u> 나를 해코자 함이라(느 6:2)

내가 네 환난과 궁핍을 아노니 실상은 네가 부요한 자니라 자칭 유대인이라 하는 자들의 훼방도 아노니 <u>실상은</u> 유대인이 아니요 사단의 회라(계 2:9)

성경에 이런 의미로 사용된 '실상은'이란 표현은 '사실은'이란 뜻으로, 이외에도 욥기를 비롯한 성경 여러 곳에 등장한다(욥 31:18, 30; 시 55:21; 사 53:12; 렘 5:2).

둘째, '실상'은 '실제의 모양'이나 '상태', '사정', '정황' 또는 '있는 그대로의 본모습' 등을 의미하며, 목적격 조사인 '을'과 함께 사용되어 '실상을 본다', '실상을 보고하다', '실상을 알다' 등으로 사용된다.

그가 숨어 있는 모든 곳을 탐지하고 <u>실상을</u> 내게 회보하라(삼상 23:23)

그러하나 내가 너희에게 <u>실상을</u> 말하노니 내가 떠나가는 것이 너희에게 유익이라 내가 떠나가지 아니하면 보혜사가 너희에게로 오시지 아니할 것이요 가면 내가 그를 너희에게로 보내리니(요 16:7)

무리 가운데서 어떤 이는 이 말로, 어떤 이는 저 말로 부르짖거늘 천부장이 소동을 인하여 그 <u>실상을</u> 알 수 없어 그를 영문 안으로 데려가라 명하니라(행 21:34)

이러한 의미의 용례는 이외에도 사무엘상 14장 41절, 사도행전 22

장 30절 등이 있다.

셋째, '실상'은 '확실한 것', '보증'(assurance, NRSV) 또는 '확신'(conviction, ESV) 등의 의미로 단 1회 사용되었다.

믿음은 바라는 것들의 <u>실상</u>이요 보지 못하는 것들의 증거니(히 11:1)

이상으로 살펴보았듯이, 성경에는 신천지가 주장하는 예언의 실재적 성취로서의 '실상'이란 단어는 사용되지 않았음을 알 수 있다. 그렇다면 '실상'(實狀)이란 단어는 어디서 왔을까? 이는 이만희 씨가 젊을 때 몸담았던 전도관에서 사용했던 용어다. 특히 전도관에서 조작해서 만든 것으로 판명된 《격암유록》에 자주 등장하는 단어다.[8] 이렇게 볼 때 실상계시라는 용어뿐만 아니라 요한계시록의 실상을 주장하는 것 자체가 성경적이지 않음을 알 수 있다.

5. 신천지 요한계시록의 해석 원리

신천지 실상계시를 이해하려면 먼저 신천지가 갖고 있는 독특한 해석 방식을 이해해야 한다. 그렇지 않고는 이해가 잘 가지 않고 신천지식 요한계시록 해석이 다소 어색하고 황당하게 느껴질 때가 많다. 신천지는 교육 센터에서 요한계시록을 가르치기 전에 성경 개론, 비유 풀이, 언약 노정 등 크게 3단계의 과정을 거치도록 한다. 이런 사전 과정을 거쳐야 이들이 주장하는 요한계시록에 비로소 제대로 접근할 수 있기 때문이다. 각 단계 과정에서는 요한계시록을 이해하기 위한 기본적인 교리와 성경관을 형성시키는데, 여기서는 그 핵심을 간략하게 살피도록 하겠다.[9]

1) 신천지의 성경 개론

성경 개론은 신천지식 성경 풀이의 뼈대를 세우는 작업이다. 이 작업을 통해 신천지식 성경 해석의 기본 틀을 익히고, 이들이 주장하는 요한계시록 해석, 더 나아가 요한계시록의 성취가 신천지일 수밖에 없다는 견고한 확신에 사로잡히게 한다. 이러한 성경 개론을 통해 배우는 성경 보는 관점의 큰 틀은 다음과 같다.

구약은 신약으로 성취되었고, 신약은 요한계시록으로 성취된다

성경은 약속의 책이다. 신천지는 구약의 약속이 신약에 모두 성취되었고, 예수님의 약속은 요한계시록에 성취되는 것으로 획일화한다. 아직 성취되지 않은 구약의 종말에 대한 묵시 예언들을 무시하고, 신약의 약속은 무조건 요한계시록에 성취되어야 할 것으로만 몰아가는 것이다.

그러나 구약은 메시아를 보낼 것을 약속한 책이고, 신약은 구약을 성취하러 오신 예수님에 대해, 그리고 장차 다시 오실 예수님을 약속한 책이다. 성경의 약속은 반드시 성취된다. 구약의 약속이 예수님을 통해 성취된 것처럼 신약의 약속, 곧 예수님의 재림에 대한 약속 또한 반드시 성취된다. 오늘날 그리스도인들이 이 약속의 말씀인 성경을 제대로 깨닫지 못하면 하나님과 예수님은 믿을 수 있으나 재림하시는 예수님은 맞이할 수 없게 된다.

성경은 선과 악의 세계로 나뉘어 있다

성경에는 영계와 육계가 있고, 하나님을 중심으로 한 선의 세계와 사탄을 중심으로 한 악의 세계로 나누어져 있다. 선의 세계는 진리의 세계이고, 악의 세계는 비진리의 세계다. 영의 세계에서 하나님은 선(善)이시고, 사탄은 악(惡)이다. 하나님께 속한 천군, 천사들, 순교자들의 영은 모두 하나님, 즉 선에 속한 영들이고, 이러한 선령이 곧 하나님께 속한 영인 성령(聖靈)이다. 반면 사탄에게 속한 옛 뱀, 마귀, 범죄한 천사들, 귀신은 모두 악에 속한 악령들이다. 성경을 진리, 비진리, 하나님, 사탄, 영계, 육계 등으로 나누어 보는 이러한 이원적 성경관은 신천지 성경 해석의 두드러진 특징이다.

영은 반드시 육을 들어 역사한다

영은 육을 들어 역사한다는 것은 신천지식 성경 해석의 중요한 전제다. 물론 성경에는 하나님께 쓰임 받은 사람들이 등장한다. 이들은 성령으로 충만해 하나님께 쓰임 받았는데, 하나님께 쓰임 받을 때는 항상 내면의 변화와 인격적 교제가 동반되었다. 그러나 신천지에서는 영과 육의 관계가 기계적이다.[10] 자동차로 비유하면 영은 운전기사이고, 육은 자동차라 할 수 있다. 운전기사가 핸들을 돌리는 대로 자동차가 방향을 트는 것처럼, 영이 육체 속에 들어가면 영이 주관하는 대로 육체가 움직인다.[11] 마치 무당이 신접하는 것과 같다.

여기서 신천지는 '영'을 삼위일체 하나님의 삼위 되신 성령이 아니라, 선령이라는 개념으로 대체한다. 이는 요한계시록에서 이들이 주장하는 신인합일의 비성경적 근거를 제공하는데, 일차적으로는 영이신 예수님이 이만희 씨의 육체 속에 들어가서서 이만희 씨가 예수님의 영과 신인합일한 육신을 입은 보혜사, 곧 재림 예수라 주장한다. 비록 겉으로는 고운 모양도 없고 풍채도 없어 흠모할 만한 아름다운 것이 없지만, 예수님의 영이 임했기에 보혜사 재림주라 주장한다. 이만희 씨는 자신의 육체를 내어 준 육체 사명자라는 것이다.

여기서 더 나아가 신천지는 하늘의 순교자인 14만 4천의 영이 신천지 신도 14만 4천의 육체에 깃들어 신인합일한다고 주장한다.[12] 여기서 순교자의 영은 하나님께 속한 선령, 즉 성령이고, 신인합일을 하는 신천지의 신도는 자신의 육체를 내어 주는 육체 사명자다. 이렇게 신인합일을 하면 이들은 영생불사하는 존재가 된다고 주장한다. 이러한 비성경적인 주장에는 잘못된 삼위일체와 인간관에 대한 이해가 자리 잡고 있다.[13]

육(목자)의 분별을 통해 배후의 영을 분별할 수 있다

영은 육을 들어 쓴다. 다른 말로 하면, 영은 '목자'를 들어 쓴다. 따라서 그 육(목자)이 어떤 영에 쓰임 받는지를 알려면 육의 분별을 통해 배후의 영을 분별해야 한다. 육, 곧 목자의 분별이란 외모나 그가 속한 조직의 규모로 알 수 있는 것이 아니다. 육의 분별은 오직 목자의 입에서 나오는 말씀으로 구별해야 한다. 하나님이 들어 쓰시는 참 목자는 진리의 말씀을 전하고, 사탄이 역사하는 거짓 목자는 비진리를 전하기에 성도는 분별의 기준이 되는 성경을 갖고 구별해야 한다.[14] 진리를 전하는 참 목자를 따르는 것은 그 위에 하나님의 성령이 역사하시기에 생명과 복에 이르지만, 비진리를 전하는 거짓 목자를 따르는 것은 그 위에 사탄의 악령이 역사하기에 사망과 저주에 이른다.

이러한 교리는 결국 기성교회의 목자(목사)를 불신하고 약속한 언약의 택한 목자라 주장하는 교주의 가르침을 따르게 하려 함이다.

성경의 내용은 역사, 교훈, 예언, 실상이다

이는 성경의 내용을 자의적으로 분류한 것으로, 분류한 의도의 핵심은 예언과 실상에 초점을 맞추기 위함이다. '역사'는 이미 지난 과거사이고, '교훈'은 현재를 살아가는 우리를 유익하게 하는 가르침이지만, '예언'은 장래사에 관한 일이다. 성경의 예언은 반드시 성취가 있다. 구약의 예언은 신약에 성취되었고, 신약의 예언은 장래사로 아직 그 실상이 밝혀지지 않았으며, 인명과 지명을 빙자해 '비유'로 기록되어 있다. 따라서 신약의 성취가 이루어지는 것을 깨달으려면 신약의 예언, 그중에서 특별히 비유로 감추어져 있는 것을 깨달아야 한다고 주장한다. 비유를 깨닫지 못하면 장래사를 알 수 없고, 재림하실 예수님을 만날 수도 없고, 따라서 구원을 얻을 수 없다. 성경의 천국 비밀은 모두 비유로 봉함되었다.

신천지가 이토록 비유를 강조하는 것은 결국 요한계시록의 역사성을 무시하고 인명과 지명을 빙자해 이만희 교주가 세운 신천지의 역사를 비유적으로 풀어내기 위함이다. 비유의 필요성이 설득되고, 이들이 주장하는 식의 비유 풀이를 받아들이기 시작하면 요한계시록은 곧 신천지 집단이 세워진 역사를 드러내는 비유로 된 암호 책이 된다.

하지만 바른 성경의 내용 구분은 이런 식으로 하지 않는다. 성경의 바른 내용 구분은 구약은 율법서(모세오경), 역사서, 예언서, 시가서이고, 신약은 복음서, 역사서, 서신서, 예언서다. 물론 성경에는 역사적인 내용도 나오고 교훈적인 내용도 나온다. 그러나 여기에 예언과 비유, 그리고 실상을 더하는 것은 겉으로는 그럴듯해 보이지만, 사실 여러 가지 분류법들을 자의적으로 마구 뒤섞는 것이다.

'역사'와 '교훈'이 내용상의 구분이라면, '비유'는 문학 장르적인 구분이다. 만약 비유를 말한다면 다른 문학 양식인 내러티브, 시, 서신 등 다양한 양식들을 함께 고려해야 한다. 만약 비유를 복음서 내의 문학 양식으로 본다면 복음서 내에는 비유를 포함해 설교, 연설, 시, 찬양, 구약 인용, 풍유, 우화 등 다양한 양식들이 들어 있음을 함께 고려해야 한다. 만약 비유를 문학 기법의 하나로 본다면 성경 안에 나타난 다양한 문학 표현 기법들인 봉투기법(인클루지오), 교차대구법(키아즘), 샌드위치기법 등도 함께 열거해야 한다.

'예언'도 마찬가지다. 만약 '예언'을 성경의 내용상 분류 기준으로 넣는다면 이는 바른 성경 구분의 관점에서 볼 때 토라(율법), 예언, 시 등의 분야들과 함께 분류해야 한다.

이러한 자의적인 구분에 '실상'을 추가하면 이것은 기괴스러운 분류가 된다. 《격암유록》이 말하는 '실상'은 사실상 바른 성경 구분에 위배되기 때문이다.

하지만 이들의 분류에는 제일 중요한 것이 빠졌다. 바로 믿는 모든 사람에게 구원을 주시는 하나님의 능력, 바로 복음이다(롬 1:16)! 우리는 구약에서도 복음을 발견하고, 신약에서도 복음을 발견해야 한다. 이는 요한계시록에서도 마찬가지다. 요한계시록의 주요한 핵심 주제는 바로 "예수 그리스도와 복음"이다.

<u>성경의 모든 예언은 배도, 멸망, 구원의 순리로 기록되었고 성취된다</u>
이들은 성경의 구원 역사를 배도, 멸망, 구원의 순리로 본다. 하나님의 택한 선민의 무리가 배도를 하면, 멸망자가 와서 멸망시키고, 구원자가 와서 멸망자를 무너뜨리고 새로운 구원의 역사를 일으킨다는 것이다. 이들은 이것을 '창조 노정' 또는 '언약 노정'이라고 하여 좀 더 구체적으로 분류한다. ① 목자 선택, ② 나라 창조, ③ 선민과의 언약, ④ 선민 언약 배도, ⑤ 이방에 의한 선민 멸망, ⑥ 새 목자 선택, ⑦ 배도자와 멸망자 심판, ⑧ 구원, ⑨ 새 나라 창조, ⑩ 새 언약과 안식의 순서로 진행된다.[15] 이는 구약 시대에 아담, 노아, 아브라함, 모세, 여호수아 등을 통해 일어났고, 신약 시대에는 예수님을 통해 일어났고, 이제 계시록 시대에는 자칭 약속한 새 언약의 목자, 이만희 씨를 통해 일어난다고 해석한다.

각 시대마다 배도자, 멸망자, 구원자가 등장하며, 이는 종말의 시대에도 마찬가지다. 요한계시록 성취 시대에 나타나는 실상은 배도자는 유재열 씨와 그의 장막성전, 멸망자는 오평호 씨와 청지기교육원, 구원자는 이만희 씨와 신천지 증거장막성전이다. 결국 이를 통해 요한 계시록의 모든 사건은 첫 장막성전, 청지기교육원, 그리고 신천지에서 다 일어나고 성취되었다고 해석한다.

2) 비유 풀이

비유는 앞서 살펴본 것처럼 요한계시록을 푸는 핵심 열쇠다. 이들은 예수님이 "비유가 아니면 아무것도 말씀하지 아니하셨으니"(마 13:34)라는 말씀을 문자적으로 인용해 예수님은 비유만을 말씀하셨다고 주장한다. 그러나 이 말씀은 그날 가르치신 내용이 비유였다는 뜻이지 성경 전체를 비유로 말씀하셨다는 뜻이 아니다.

그렇다면 이들이 제시하는 비유 풀이의 방식은 어떠한가? 가장 큰 특징은 문맥을 고려하지 않는 단어 중심의 문자적, 알레고리적 해석이다. 이들은 각 단어가 무엇을 의미하는지에 중점을 두고 공식 풀듯 비유를 풀어낸다.

이들이 비유 풀이를 가르칠 때 가장 먼저 배우는 마태복음 13장의 비유는 신천지식 비유 전체를 이해하는 기초를 제공한다. 그중 가장 대표적인 것이 '겨자씨 비유'로 알려진 씨, 밭, 나무, 새의 비유다(마 13:31-32). 천국은 한 알의 겨자씨와 같은데, 이는 모든 씨보다 작지만 자란 후에는 모든 풀(나물)보다 커서 나무가 되고, 공중의 새들이 와서 그 가지에 깃들인다는 내용이다.

이들의 비유 풀이 공식에 따르면, 씨는 말씀, 밭은 마음 또는 교회, 나무는 사람, 새는 영을 의미한다. 이들은 이러한 비유 풀이를 발전시켜 두 종류의 나무로 논리적 비약을 시도한다. 좋은 씨(하나님의 말씀)로 자란 좋은 나무(참 목자)와 사탄의 씨(비진리)로 자란 나쁜 나무(거짓 목자)다. 각각의 나무는 임하는 새가 다르다. 좋은 나무에는 성령이 임하시지만, 나쁜 나무에는 악령과 가증한 새가 임한다는 것이다. 이들이 주장하는 두 가지 나무를 그림으로 나타내면 아래와 같다.[16]

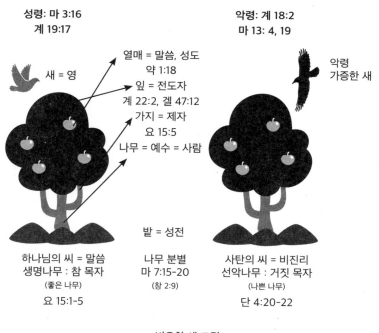

<비유한 새 그림>

결국 이들은 이 비유 풀이를 통해 어떤 씨로 된 나무냐에 따라 임하는 영이 다르고, 목자가 다르다고 해석한다. 하나님의 씨로 된 좋은

새(성령)

열매(성도)

나무(사람)

밭(마음)

<비유한 나무>

나무는 진리의 말씀으로 거듭난 사람, 즉 참 목자다. 좋은 나무에 새가 와서 깃들인다는 것은 말씀으로 거듭난 사람(목자)에게 성령이 임해 함께하신다고 본다. 이들은 복잡한 이단교리를 아래 그림과 같이 단순화시켜서 가르친다.[17]

이러한 해석은 신천지가 좋은 나무이고, 교주가 좋은 목자이며 그는 성령이 머무르시는 신인합일을 한 목자라는 주장을 할 토대를 마련한다. 더 나아가 이러한 심상은 신천지 신도들도 나중에 좋은 씨로 자라 하나님의 영이 깃드는 신인합일을 하는 14만 4천, 왕 같은 제사장 무리에 들어가야 할 소망을 품게 하는 토대를 마련한다.

이들은 비유론 공부를 통해 단어를 약 70-80개 풀이한다. 이들이 비유론 과정에서 배우는 단어들을 열거하자면 대략 다음과 같다. 괄호 안에 있는 것은 비유가 상징하는 내용이다.

비유론 2과: 비유한 씨, 밭, 나무, 새 - 씨(말씀), 밭(마음), 나무(사람),
새(영), 잎(전도자), 열매(말씀, 성도), 가지(제자)

비유론 3과: 비유한 양식과 누룩 - 양식(말씀), 누룩(교훈, 말씀)

비유론 4과: 비유한 그릇, 저울, 지팡이 - 그릇(마음), 저울(말씀), 지
팡이(말씀)

비유론 5과: 비유한 불, 향로, 가마 - 불(심판의 말씀), 향로(마음), 향(기
도), 향연(상달), 가마(교회)

비유론 6과: 비유한 빛과 등대와 소경, 귀머거리, 예복 - 빛(진리의 말
씀), 어둠(비진리), 눈, 등대, 촛대(영과 사람), 등불(말씀),
소경(보고도 깨닫지 못하는 자-서기관, 바리새인), 귀머거
리(들어도 알지 못하는 자), 예복(옳은 행실)

비유론 7과: 비유한 보물, 부자, 노래 - 보물(말씀), 부자(사람), 노래(복
음), 새 노래(실상의 복음)

비유론 8과: 비유한 물, 샘, 강 - 물(말씀), 샘(목자), 강(전도자)

비유론 9과: 비유한 바다, 어부, 그물, 고기, 배 - 바다(세상), 어부(전도
자), 그물(말씀), 고기(성도), 배(교회)

비유론 10과: 비유한 짐승과 머리, 뿔, 꼬리 - 짐승(하나님의 말씀을 알
지 못하는 자)

짐승 1) 배도의 짐승 - 바다짐승, 개, 돼지

2) 멸망의 짐승 - 용, 악어, 이리, 들짐승, 타조, 들

양, 들개, 사나운 산짐승, 들짐승

    3) 구원의 짐승 - 어린양, 사자, 송아지, 사람, 독
     수리, 백마

머리(지도자), 뿔(권세자), 꼬리(거짓 선지자)

비유론 11과: 비유한 어린양의 피와 살, 포도주, 감람유 - 어린양(예
       수님), 피와 살(말씀), 포도주(말씀), 감람유(증거의 말씀)

비유론 12과: 비유한 산 - 산(교회), 배도의 산, 멸망의 산, 구원의 산

비유론 13과: 비유한 인, 나팔 - 인(말씀과 말씀 받은 사람), 나팔(사람)

비유론 14과: 비유한 돌, 우상 - 돌(심판의 말씀과 사람), 우상(거짓 목자)

비유론 15과: 비유한 생물과 바람 - 생물(천군), 네 생물(천사장), 바람
       (전쟁과 심판)

비유론 16과: 비유한 죽음과 부활 - 생기(생명의 말씀), 죽음(영 죽음),
       무덤(육체), 부활(영 부활)

비유론 17과: 비유한 신랑, 신부, 과부, 고아 - 신랑(영), 신부(육), 과부
       (영이 떠난 목자), 고아(영적 부모가 없는 자식)

비유론 18과: 비유한 예루살렘, 바벨론과 전쟁 - 예루살렘(선민의 나
       라), 바벨론(이방), 전쟁(영적 대적 증거), 병기(증거의 말씀)

비유론 19과: 비유한 하늘, 땅, 해, 달, 별 - 하늘(장막, 지도자), 땅(성도,
       백성), 해(목자), 달(전도자), 별(성도)

비유론 20과: 비유한 이스라엘 - 이스라엘(이긴 자의 이름, 육적 이스라
       엘, 영적 이스라엘, 영적 새 이스라엘)

비유론 21과: 비유한 시온 - 시온(이긴 자, 배도 멸망 이후 이긴 자와 구

원받은 성도가 있는 성읍)

비유론 22과: 비유한 천국과 지옥의 열쇠와 비밀 - 천국의 열쇠(천국
　　　비밀을 여는 지혜), 지옥의 열쇠(사탄의 비밀을 아는 지
　　　혜), 천국 비밀(생명의 씨로 된 나라), 지옥 비밀(가라지
　　　로 된 나라)

　　약 한 달 반 동안 매일 비유를 이런 식으로 공부하다 보면, 그다음부
터는 성경 전체가 비유로 보이기 시작한다. 성경에 나오는 단어를 보
면 이것에 해당하는 비유 풀이의 공식의 무엇에 해당하는가를 먼저 생
각하게 된다. 서서히 성경을 보는 관점이 왜곡되기 시작하는 것이다.

　　이렇게 많은 비유 풀이를 하는 까닭은 성경을 신천지가 의도하는
바로 볼 수 있게 틀을 형성하기 위함이다. 이러한 단어들은 "영은 육을
들어 쓰고, 육의 배후를 통해 영을 분별할 수 있다"는 신천지의 대명제
를 기준으로 다음과 같이 분류할 수 있다.

　　첫째, 비유에는 '영'을 비유한 것이 있다. 영은 전형적인 신천지식
이원적 성경관에 따라 성령(선령)과 악령으로 나눈다. 영은 새로 비유
하고, 새는 성령을 비유하는 비둘기, 악령을 비유하는 까마귀가 있다.

　　둘째, 비유에는 영이 들어 쓰시는 사람, 즉 목자가 있다. 여기에는 하
나님 소속의 목자, 그리고 사탄 소속의 목자, 그리고 하나님께 속했다
가 떠난 목자, 즉 배도자가 있다. 사탄에게 속한 목자는 멸망자를 나타
내고, 하나님께 속한 목자는 구원자를 나타낸다. 그래서 사람을 나타내
는 비유 단어는 배도자, 멸망자, 구원자의 세 부류로 나누어진다. 예를

들어, 나무는 사람, 곧 목자인데, 생명나무는 참 목자, 선악나무는 거짓 목자, 극상품 포도나무였지만 들포도를 맺는 나무(사 5:2)는 배도자다.

셋째, 목자가 쓰임 받는 것은 입의 말을 통해서다. 말에도 두 종류가 있다. 진리와 비진리다. 이들은 전형적으로 씨를 말씀으로 해석한다. 이 씨에는 하나님의 씨와 사탄의 씨가 있다고 분류한다. 물도 말씀이다. 물은 생명의 말씀이고, 물에는 상수(진리)와 하수(비진리)가 있다. 이는 생명의 떡과 불의의 떡, 천국 누룩과 괴악하고 악독한 누룩으로도 대조된다.

넷째, 목자(사람)가 속한 조직에 대한 비유다. 조직도 세 종류로 나눈다. 하나님의 교회(구원의 교회-신천지), 사탄에게 속한 교회(멸망의 교회-바벨론, 청지기교육원), 배도의 교회(첫 장막)다. 이를 표로 나타내면 다음과 같다.

	하나님 소속	사탄 소속	
영	성령	악령	
말씀	진리	비진리	
사람(목자)	구원자	배도자	멸망자
조직	구원의 교회	배도의 교회	멸망의 교회

신천지 비유론에 등장하는 수많은 비유의 대부분은 이 범주 안에 들어간다. 이러한 비유 풀이를 통해 수강생들은 성경을 신천지식 해석으로 받아들일 준비를 하게 된다.

3) 언약 노정

신천지 초등 과정인 비유론을 통해 중등 과정으로 들어가면 언약 노정에 관해 총 21과를 배우게 된다. 여기서는 이들이 성경을 해석하는 배도, 멸망, 구원의 언약 노정의 큰 틀을 강화시켜 준다. 수강생들은 창세기부터 출애굽기, 이사야, 예레미야, 에스겔, 다니엘, 스가랴 등을 검토하며 배도, 멸망, 구원의 언약 노정을 구체적으로 살펴본다. 또한 신약 마태복음 13장과 24장을 통해 주 재림과 말세의 징조를 어떻게 분별하고, 어떻게 준비해야 하는가를 배우게 된다. 이 과정의 끝부분에 이르러 이들은 요한복음 14장을 통해 또 다른 보혜사(교주)의 존재를 드러내며 그가 와서 오늘날 마지막 때에 성취한 3가지 천국 비밀의 실상, 즉 배도와 멸망과 구원의 실상을 드러낼 것이라 강조한다.

그러면서 참된 사이비와 정통이 무엇인가를 재정립한다. 정통과 이단을 나누는 기준은 무엇인가? 그것은 부분적으로 알려 준 한시적으로 감추어진 예언과 지식(도의 초보)이 아니라, 완전하고 영원한 진리인 단단한 식물, 곧 비유를 깨닫고 실상이 드러나는 성취의 말씀을 이해하는 것에 도달하는 데 있다고 주장한다. 결국 이러한 언약 노정을 통해 비유와 비유가 말하는 실상을 깨달아야 한다는 것이다. 이러한 결론에 도달한 후 이들은 고급 과정인 요한계시록 해석에 도달한다. 그리고 그동안 공부했던 내용을 기초로 요한계시록의 전 장을 절별로 세세하게 공부한다.

이러한 내용들은 수강생들로 하여금 요한계시록을 배도, 멸망, 구원의 언약 노정의 관점에서 비유 풀이로 쉽게 접근하도록 하는 왜곡된 렌즈를 씌우는 준비를 갖추는 과정이다. 이러한 과정 없이는 이들의 요한계시록 해석에 결코 접근할 수 없다.

6. 요한계시록의 핵심: 신천지 배도, 멸망, 구원의 실상

요한계시록에는 신천지가 주장하는 실상의 복음이 있다. 단순히 예언한 것이 아니라 실제로 성취된 것들이 들어 있다는 것이다. 그렇다면 이들이 주장하는 요한계시록 해석의 실상, 곧 배도, 멸망, 구원의 복음은 무엇인가?

이를 알아보기 전, 먼저 신천지 총회장 이만희 씨의 신앙 이력과 신천지가 태동된 배경을 알 필요가 있다.

1) 신천지 태동의 배경과 이만희 씨의 신앙 이력

신천지를 설립한 이만희 씨는 27세 청년 때 가족력인 한센병을 치료하기 위해 1957년 5월 박태선의 전도관에 들어갔다.[18] 그곳에서 벽돌 굽는 기술과 미장을 배워 천년성을 시작한다고 10년간 역군으로 손마디가 뭉개질 정도로 일하며 지내다가, 당시 18세인 젊은 유재열 씨의 설교에 매료되어 1967년 37세의 나이에 과천 청계산에 있는 그의 장막성전에 입교했다.[19]

장막성전은 1966년 3월 14일 시작된 단체로, 이때 유재열 씨는 17세였으며 신구약성경을 넘나들며 비유로 짝을 맞추며 풀었다. 그는 1969년 11월 30일까지 마흔두 달, 3년 반 있다가 이후 종말이 온다고 주장했다. 처음에는 초막을 쳤다가 나중에 예배당을 건축했는데, 초막을 '장막'이라 부르고, 뒤에 건축한 예배당을 '성전'이라 하다 이 둘을 합쳐 '장막성전'이라고 했다. 유재열 씨의 아버지 유인구 씨는 자신을 임마누엘 왕이라 칭하고, 아들 유재열을 삼손, 나머지 사람들에게는 임마누엘 왕, 모세, 미가엘, 사무엘, 솔로몬, 여호수아, 디라 등의 영명을 주고 일곱 사자로 삼았다.[20] 이후 유재열 씨는 아버지 유인구 씨와 갈등을 일으키고 아버지를 장막성전에서 내쫓기에 이른다.

유재열 씨가 선언했던 시한부 종말론의 마지막 때가 다가올 무렵, 장막성전에 통일교 출신의 목영득 씨가 잠입해 들어와 자칭 하나님으로 주장하기 시작했고, 이만희 씨는 그를 따랐다. 이에 장막성전의 교주였던 유재열 씨는 이들을 당을 지은 배도자로 규정해 공개적으로 출교했다. 이후 이만희 씨는 이들과 함께 6개월 정도 함께하다 이탈해 1970년 경북 청도로 낙향했다. 이때 이만희 씨는 삼손 유재열 씨와 심하게 다투었다.[21] 유재열 씨의 장막성전 시한부 종말론은 불발했고, 이후 많은 사람이 이탈하는 중에 목영득 씨는 제8일교회를 시작했다.

이만희 씨는 고향 청도에서 1970-1977년까지 머물렀고, 1977년 목영득 씨의 제8일교회에서 강사를 하던 백만봉 씨가 재창조교회를 설립할 때 합류했다. '재창조'라는 것은 유재열 씨가 시작했던 장막성전이 처음 창조이고, 자신이 시작한 교회가 재창조된 교회라는 의미에서다. 그래서 '제8일교회'라고 했다. 여기서 '제8일'은 하나님의 7일간의 창조 역사를 마친 후의 새날을 의미한다.

백만봉 씨는 전에 유재열 씨의 장막성전에서 솔로몬 영명을 받았던 바 있다. 자신이 보혜사, 이긴 자, 두 증인임을 선포하고, 1977년 말 이만희 씨를 서울로 불러들였다. 백만봉 씨는 재창조교회에서 현재 신천지의 베드로 지파장인 지재섭 씨를 일곱 사자 중 하나로, 이만희 씨와 그의 형 이만춘 씨 등을 열두 사도에 임명했다. 이만희 씨는 백만봉 씨를 주님으로 부르며 따랐다. 백만봉 씨는 1977년 1월부터 시작해 3년 반인 1980년 3월 13일 자정 12시가 지나고 14일이 되면 휴거가 일어나고 천국이 임할 것이라는 시한부 선언을 했다. 그리고 신도들에게 종말의 증거로 14일 아침 청계산에 떠오르는 해가 멈출 것이라고 공언했다.[22] 하지만 이 선언이 이루어지지 않자 이만희 씨와 백만봉 씨는 심하게 다투었다. 이만희 씨가 추종했던 사람들을 요약하면 다음과 같다.[23]

1980년 3월 14일 이후부터 당시 50세였던 이만희 씨는 장막성전 동료였던 홍종효 씨를 비롯해 소수의 이탈자들과 함께 인덕원에 있는 자신의 집에서 모임을 갖기 시작했고, 이것이 바로 신천지의 모태였다. 홍종효 씨는 백만봉 씨의 재창조교회에서 이만희 씨와 함께 12사도로 활동했다. 이만희 씨는 1980년 10월 27일 한때 자신이 신봉했던 유재열 씨를 비난하다 홍종효 씨와 함께 명예훼손죄로 구속되기도 했다.[24] 이들은 이듬해 1981년 2월 2일에 출소했으며, 3년간의 선고유예 기간이 끝나자 이만희 씨는 1984년 3월 14일에 신천지증거장막성전을 시작했다.[25]

이때 홍종효 씨는 이만희 씨와 함께 증거장막성전을 시작했고, 이만희 씨와 더불어 두 증인 중 하나로 불렸다. 하지만 후에 통일교에서

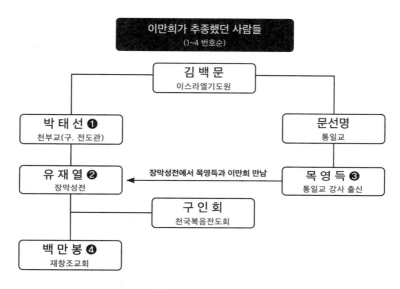

<이만희가 추종했던 사람들>

갈라져 나온 교주 진진화 씨의 생령교회 출신인 김건남, 김병희 씨가 이만희 씨의 장막성전을 배경으로 한 이야기를 듣게 되었다. 이들은 이 이야기에 매료되어 통일교 교리와 생령교회 교리에 실상교리를 접목해 교리서인 《신탄》(1985. 6.)과 요한계시록 해설서인 《요한계시록의 진상》(1985. 12.)을 저술했다. 《요한계시록의 진상》은 이만희 저, 대필자 김병희로 출간했다. 이 책들이 초기 신천지를 일으키는 뼈대가 되었다. 김건남 씨는 1985년에 신천지에 입교해서 명강사로 소문이 났지만, 이만희 씨를 겪어 보고 1년 후 탈퇴했다.

 《신탄》이 나오자 홍종효 씨는 보혜사는 이만희 씨가 아니라 자신이라고 주장하며 이만희 씨와 다투다 나가 별도로 동일한 이름의 '증거장막성전'을 설립했다. 홍종효 씨는 유재열 씨의 장막성전이 무너지고 이만희 씨의 장막성전이 세워졌고, 이만희 씨의 장막성전도 무너져 자신의 새로운 장막성전이 세워졌으며, 자신이야말로 새로 계시받은 보혜사임을 주장하기도 했다.

2) 신천지가 주장하는 언약 노정의 실상

신천지의 요한계시록의 핵심 줄거리는 배도, 멸망, 구원의 언약 노정을 통해 신천지가 새 하늘과 새 땅으로 세워졌다는 것이다. 이것은 단순히 요한계시록 환상으로 그치는 것이 아니라 실상으로 이루어졌다. 배도의 실상은 일곱 별과 일곱 금촛대의 비밀(1:20), 멸망은 일곱 머리 열 뿔의 비밀(17:7), 구원은 일곱째 나팔의 비밀(10:7)을 통해 이루어졌다고 주장한다. 이에 대한 구체적인 실상은 다음과 같다.

먼저 배도의 사건이다. 이는 일곱 별의 비밀과 일곱 촛대의 비밀(1:20)로 감추어져 있던 것이 유재열의 장막성전 실상으로 이루어진 것이다. 일곱 금촛대는 유재열 씨가 설립한 첫 장막성전을 상징하고, 일곱 사자는 후에 유재열 씨의 종말론이 불발해 장막성전을 이탈한 일곱 목자를 말한다. 세례 요한이 예수님의 길을 예비했던 사자였던 것처럼, 첫 장막과 일곱 사자들은 후에 나타날 신천지의 앞길을 예비하는 길 예비 사자의 역할을 한다고 주장한다. 그러나 유재열 씨의 장막성전은 시한부 종말론으로 인해 무너졌고, 유인구 씨로부터 받은 일곱 사자들은 장막성전에서 나와 흩어졌다. 이것이 배도의 사건이다.

멸망의 사건은 무엇인가? 이는 유재열 씨의 장막성전이 무너지도록 멸망시킨 사건을 말한다. 구체적으로는 유재열 씨가 장막성전을 담임하다 후임으로 온 오평호 목사가 장막성전 문을 닫고 이를 '대한 기독교장로교 이삭중앙교회'로 명칭을 바꾼 사건이다.[26] 유재열 씨는 시한부 종말론이 불발된 이후 일부 핵심 멤버들의 이탈이 있었지만, 이후로도 계속해서 장막성전을 이끌고 가다가 1975년 사기, 공갈, 무고, 폭력 행위 등으로 구속되었다. 그가 그간 신도들의 재산을 사취하고 폭행, 공갈 등을 해 온 혐의가 검찰에 인정되어 서울지검에 구속된 것이다.

이후 그는 5년 집행유예로 풀려났고, 더 이상 장막성전에서 예전처럼 활동할 수 없었다. 그래서 그는 장막성전 출신이면서 기성교회에서 신학을 수학했던 오평호 목사를 후임자로 임명하고는 종적을 감추었다.

장막성전의 후임으로 임명된 오평호 목사는 장막성전의 붕괴를 선언했다. 유재열 씨가 사라진 장막성전에서 끝까지 유재열 씨를 따르려는 자는 더 이상 남아 있을 수 없다고 생각했다. 그는 장막성전의 전국 지부를 13개 노회, 60여 교회로 정리하고, 교단명도 '대한예수교장로회총회본부'로 정하고, 전국에 있는 장막성전 지부장들을 개종시키기 시작했다. 하지만 유재열 씨를 보혜사로 믿던 신도들이 이를 받아들이는 것이 쉽지 않았다. 이 과정에서 오늘날 또 다른 장막성전을 만든 여러 교주들이 파생했고, 이들은 하나같이 오평호 목사를 거룩한 성전에 들어온 사탄이라고 몰아세우며 멸망자, 니골라당의 교훈을 가져온 자 등으로 비방하기 시작했다.

여기서 나온 이들이 세운 새로운 장막성전들이 이만희 씨의 신천지 예수교증거장막성전(1984년), 홍종효 씨의 증거장막성전(1988년), 심재권 씨의 무지개증거장막성전(1989년), 정창례 씨의 성남장막성전 등이다. 이들은 유재열 씨의 성경 해석 영향을 고스란히 물려받아 요한계시록 해석과 시한부 종말론에 몰두하는 특징을 갖고 있다.

오평호 목사의 개혁 작업은 안정적으로 진행되어 1981년 9월 20일에는 17명의 목사를 교단 자체적으로 배출하기에 이른다. 이것은 이단 단체가 볼 때 언약을 받은 장막성전이 언약이 없는 이방 교법에 의해 무너진 것이며, 이방과 언약하고 안수 받아 이방 목자가 된 것이다. 이는 언약을 배도한 일이다. 《신천지 발전사》는 이들이 목사 안수식을 위해 오른손을 들어 선서하고 안수 받은 것은 오른손과 짐승에 표 받은 일이라고 해석한다.[27]

오평호 목사는 이때 기성교회 목회자들을 훈련시키는 청지기교육원에 참여했는데, 신천지의 주장에 따르면 청지기교육원은 이삭중앙교회 교인들을 훈련시키는 사역에도 참여했다고 한다. 신천지는 청지기교육원을 악을 도모하는 니골라당으로 규정하고, 여기에 참여했던 탁성환, 원세호, 탁명환, 김정두, 백동섭, 김봉관, 한의택 씨를 니골라당의 교훈을 가르친 일곱 머리라고 주장한다.[28] 참고로 열 뿔은 무엇일까? 오평호 목사가 이삭중앙교회 당회장이 된 후 장로교 법에 따라 세운 열 명의 장로를 말한다.[29]

하지만 신천지에서 탈퇴한 신현욱 목사의 증언에 따르면, 일곱 머리는 장막성전에 마흔두 달은커녕 한 달도 있었던 적이 없고, 백동섭 목사의 경우에는 청지기교육원은커녕 장막성전하고도 아무 상관이 없던 인물이다.[30] 청지기교육원은 목회자 재교육을 위해 만들어진 사설 단체일 뿐 목사와 장로를 임명할 수 없고, 마흔두 달 동안 장막성전에 들어온 적도, 침노한 적도 없다.[31]

끝으로 구원의 사건은 무엇인가? 배도와 멸망의 사건으로 무너진 첫 장막을 이만희 씨가 다시 일으켜 세운 사건을 말하는데, 이는 그가 새로 시작한 신천지 증거장막성전을 말한다. 이들은 이것이 요한계시록의 일곱 나팔이 차례로 불리고, 마지막 일곱째 나팔이 불릴 때 이루어지는 사건이라 주장한다(계 10:7). 구원의 사건은 일곱째 나팔로 상징되는 교주 이만희의 등장으로 실현되었다는 것이다. 구체적인 내용은 본서 10장에서 살펴보도록 하겠다.

3) 실상의 허구성

신천지는 요한계시록의 실상이 이루어지는 때는 1980년 9월 14일부터 1984년 3월 14일까지, 42개월, 1,260일, 3년 반이라 주장한다. 실상이 이루어지는 순서는 1980년 9월부터 배도-멸망-구원의 순서로 이루어진다. 이만희 씨가 현장에서 이 사건을 직접 보고 듣고서 이를 성도들에게 증거했다는 것이다.

먼저 배도의 사건을 살펴보자. 유재열 씨는 처음에 성령을 받아 진리를 말했으나 진리를 배도하고 이방 교리를 받아들였다. 신천지에서 발간한 《종교 세계의 관심사》에 따르면, 유재열 씨의 장막성전은 배도 사건 이전까지는 하나님의 성령이 역사하던 거룩한 곳이었다.[32] 이만희 씨는 이곳에 1967년에 들어갔다. 그는 이곳에서 1980년 9월까지 과연 성령의 역사를 보며 양육받았을까?

그런 것 같지는 않다. 경향신문 1975년 9월 6일 보도에 따르면 검찰이 유재열 씨의 비행을 공개했는데, 유 씨는 경기도 시흥군 과천면 막계 2리에 '대한기독교 장막성전'이라는 사이비 종교단체를 만들어 자신을 천사, 군왕, 선지자라고 부르면서 교회 건물과 자신의 호화 주택을 신도들의 헌금과 강제 노역으로 신축했고, 1971년 8월에는 서울 청계 7가에 서울시 지회를 건립하면서 신도 소유의 가옥을 근저당 설정을 하고 돈을 받은 뒤 유흥비 등으로 탕진한 것으로 드러났다.[33]

또 경향신문 1976년 2월 14일 보도에 따르면, 서울지검 영등포지청 진용치 검사는 유재열 씨를 사기, 공갈, 무고, 폭력 행위 등 처벌에 관한 법률위반죄를 적용해 징역 15년을 구형했다.[34] 이러한 일들이 일어나는 것을 보았을 이만희 씨는 이런 역사를 성령의 역사라고 하는 것인가?

결국 장막성전은 1977년 12월 과천 막계리 132-5번지의 성전 소유권을 서울시로 이전하기에 이른다. 신천지는 이것이 청지기교육원의 일곱 머리 중 하나인 당시 '국제종교문제연구소' 소장 탁명환 씨가 1980년 초, 제5공화국의 이단 척결 지시를 받고 '사이비 종교 정화'라는 정부의 지시 아래 청지기교육원을 끌어들여 장막성전을 짓밟음으로써 본격적으로 무너지게 되었다고 주장한다.[35]

하지만 이때 장막성전은 무너지지 않았고, 서울시의 보상을 받아 막계리 위쪽 문헌동으로 이주해 계속 명맥을 유지했으며, 1983년 1월

7일에 헌당 예배를 드렸다. 등기부 등본 기록상으로 장막성전은 1998년도부터 '이삭중앙교회'라는 명칭을 변경해 사용했고, 2001년 이름을 '소망교회'로 바꾸어 현재에 이르고 있다.

신천지는 장막성전이 제5공화국의 지시와 탁명환 소장이 소속된 청지기교육원으로 인해 무너졌다고 주장하지만, 사실 장막성전이 무너진 것은 이 때문이 아니다. 진짜 원인은 장막성전의 교주 유재열 씨가 1975년 9월 구속된 사건 때문이었다.[36] 동아일보 1975년 9월 6일 기사에 의하면, 유 씨를 사기 사건에 고소한 고소인들은 교주 이만희 씨를 비롯한 장막성전의 신도들이었다.[37] 이 사실에 기초하면, 진짜 배도자요 멸망자는 이만희 교주다. 당시의 정황을 탁명환 소장은 이렇게 진술한다.

> "1967년 2월 경북 청도 출신 이만희 씨는 장막성전에 들어가 재산을
> 다 털리고 사기를 당했다고 하면서 이탈했으며, 1971년 9월 7일에는
> 이만희 씨에 의해 40여 개 항목의 혐의로 고소를 당한 유 교주와 김창
> 도(미카엘 천사)는 법정에 서기까지 했다."[38]

여기에 장막성전 부지가 서울대공원 부지에 편입되면서 장막성전은 사라진 것이 아니라 다른 곳으로 이주하게 되었다. 만약 신천지가 주장하는 장막성전의 이주를 무너진 것으로 본다면, 장막성전은 1977년에 무너져야 했다. 이것은 신천지가 주장하는 장막성전이 무너진 시기인 1980년 9월 14일과 다르다.

그렇다면 신천지는 장막성전이 무너진 시기를 왜 1980년 9월 14일로 잡을까? 이는 신천지가 창립된 날이 1984년 3월 14일이기 때문이다. 이때를 기준으로 42개월, 1,260일, 3년 반을 역산하면 1980년 9월 14일이 된다. 자신들이 주장하는 42개월의 기간을 통과해 신천지가 설립되었다는 가짜 실상을 그럴듯하게 만들어 내기 위함이다. 신천지의 설립일을 기준으로 모든 것이 성취되었다는 주장을 하기 위해 실상을 조작한 것이다. 신천지가 실상을 서둘러 조작한 흔적은 곳곳에 나타난다.

　　예를 들어, 이만희 씨는 그의 책 《요한계시록의 진상》(1985)에서 장막성전이 무너진 날이 1980년 9월 14일이라 주장한다.[39] 이날은 오평호 씨가 장막성전을 무너뜨리고 청지기교육원 일곱 목자 앞에서 목사 안수식을 거행해 짐승의 표를 받은 날이다. 그러나 《신천지 발전사》(1997)에 소개된 목사 임직식 주보에는 그 날짜가 1981년 9월 20일로 되어 있다. 두 날짜 중 무엇이 진실일까? 게다가 청지기교육원과 같은 사설 단체가 장로와 목사의 임직을 함부로 할 수도 없다. 이는 노회의 허락 아래 노회 임원 목사들을 중심으로 이루어져야 한다. 따라서 청지기교육원 목자들에게 짐승의 표를 받고 임직을 거행했다는 말은 현실성이 없다.

　　또 이만희 씨는 배도자들을 향해 회개를 촉구하는 편지를 첫 장막의 일곱 사자에게 보냈다고 주장한다. 이들이 짜 맞춘 날짜로는 《신천지 발전사》에 따르면 1980년 9월이어야 하지만, 그가 쓴 《천지창조》[40]와 신현욱 전 신천지 교육장과 권남궤 전 신천지 금천교회 담임 외 다른 간부들의 이탈로 인한 혼란을 방지하기 위해 성급하게 쓴《대적자 교리반증》에는 1979년에 쓴 것으로 되어 있다. 신천지에서 발간하는 초창기 실상 자료 중 하나인《첫 열매 6호》에는 1980년 3월로,《계시록 완전해설》에는 1980년 봄으로 나온다.[41]

이상으로 볼 때, 신천지가 주장하는 실상은 조작된 허구의 실상임이 드러나고 있다. 결국 실상계시란 신천지가 창립된 날짜를 기준으로 그 이전의 역사를 모두 신천신지가 이루어지기까지의 요한계시록을 성취한 것처럼 꿰어 맞춘 것이다. 이는 요한계시록을 자신들의 조작된 배도, 멸망, 구원의 역사에 끼워 맞추기 위한 교묘한 조작에 불과하다. 이러한 요한계시록 실상계시의 허구는 본문을 하나하나 살펴볼 때 더욱 선명하게 드러난다.

1부

1 대표적인 사례로 신천지에서 발간한 신천지문화부, 《신천지 발전사》와 한순찰 편, 《종교세계의 관심사》(과천: 도서출판 신천지, 1984)를 보라.

2 이만희, 《요한계시록의 실상》(과천: 도서출판 신천지, 2011), p. 25.

3 같은 책.

4 이만희, 《천국비밀 계시》, p. 25.

5 같은 책, p. 18, 406.

6 송주열, "영생 주장 교주가 억대 굿판을?", CBS 노컷뉴스, 2013.06.11; "대법원, '신천지 이만희 교주 죽음 대비 굿판 허위 사실 아냐', CBS 최종 승소", CBS 노컷뉴스, 2017.11.30.

7 증인 이만희 보혜사, 《천국비밀 계시》, p. 38.

8 이만희, 《천국비밀 요한계시록의 실상》(2011), p. 32.

9 같은 책, p. 32; 이만희, 《천국비밀 계시》, p. 41.

10 같은 책, p. 32.

11 양형주, 《평신도를 위한 쉬운 요한계시록》(서울: 브니엘, 2020), p. 69-70.

12 양형주, 《평신도를 위한 쉬운 요한계시록》, p. 68.

13 양형주, 《바이블 백신 2》(서울: 홍성사, 2019), p. 191-193

14 신천지예수교증거장막성전, "[신천지, 한기총 교리 비교] 계 1장의 '일곱 교회'의 참 의미는?", https://www.youtube.com/watch?v=btdThz6dfh0.

15 양형주, 《평신도를 위한 쉬운 창세기 1》(서울: 브니엘, 2018), p. 9.

16 김건남, 김병희, 《신탄》, p. 354; 이만희, 《천국비밀 계시》, p. 42.

17 이만희, 《천국비밀 계시》, p. 43.

18 진용식, 《하나님의 교회 길자교 안상홍 증인회의 실체는?》(백승프린트, 2010), p. 63-65.

19 이만희, 《요한계시록의 실상》(1993), p. 55.

20 같은 책, p. 56.

21 이에 관한 자세한 설명은 양형주, 《평신도를 위한 쉬운 요한계시록》을 참조하라.

2부

1   양형주, 《평신도를 위한 쉬운 요한계시록》, p. 72.

2   이만희, 《요한계시록의 실상》(2005), p. 59.

3   이만희, 《요한계시록의 실상》(2011), p. 38.

4   같은 책, p. 40.

5   같은 책, p. 41.

6   자세한 내용은 《평신도를 위한 쉬운 요한계시록》을 참조하라.

7   이만희, 《요한계시록의 실상》(2011), p. 41.

8   같은 책.

9   이만희, 《요한계시록의 실상》(2011), p. 42.

10   이만희, 《천국비밀 계시》, p. 47-50.

11   양형주, 《평신도를 위한 쉬운 요한계시록》, p. 109-112.

12   양형주, 《바이블 백신 1》(서울: 홍성사, 2019).

13   이만희, 《천지창조》(과천: 도서출판 신천지, 2010), p. 72-189.

14   양형주, 《평신도를 위한 쉬운 창세기 1》, p. 152-153.

15   양형주, 《바이블 백신 1》, p. 68-72.

16   이만희, 《요한계시록의 실상》(2005), p. 62.

17   백상현, "신천지가 반드시 가르치는 그림 ⑱ 구원의 노정 순리", 국민일보, 2016. 10. 31.

18   Bullinger, *The Apocapypse or the Day of the Lord* (1909), p. 68; 그랜트 오즈번, 김귀탁 역, 《요한계시록》 ECBNT (부흥과개혁사, 2012), p. 144에서 재인용.

19   같은 책.

20   이만희, 《요한계시록의 실상》(2011), p. 49.

21   같은 책.

22   같은 책.

23   같은 책.

24   오즈번, 《요한계시록》, p. 162.

25   이만희, 《요한계시록의 실상》(2011), p. 50-51.

26   이필찬, 《신천지 요한계시록 해석 무엇이 문제인가?》(새물결플러스, 2015), p. 48.

27   같은 책, p. 50.

28   이만희, 《요한계시록의 실상》(2011), p. 52.

29   같은 책.

30   박수암, 《신약주석 요한계시록》 개정증보 2판 (대한기독교서회, 2018), p. 152.

31   양형주, 《평신도를 위한 쉬운 요한계시록》, p. 135-136.

32   Grundmann, W. (1964-). **ste,fanoj, stefano,w**; G. Kittel, G. W. Bromiley, & G.

Friedrich (Eds.), Theological dictionary of the New Testament (electronic ed., Vol. 7, p. 631). Grand Rapids, MI: Eerdmans.

33 양형주, 《바이블 백신 2》(홍성사, 2019), p. 210.

34 이만희, 《천국비밀 계시》, p. 295.

35 같은 책, p. 385.

36 이만희, 《요한계시록의 실상》(2011), p. 54.

37 같은 책, p. 55.

38 같은 책.

39 같은 책.

40 정윤석, "장막성전 개혁자라는 오평호 목사 실상 (1): '진리의 성령은 인간이다' 등 그의 핵심 사상 집중 분석", 교회와신앙, 2011.03.14. http://www.amennews.com.

41 같은 기사.

42 이만희, 《천지창조》, p. 466.

43 같은 책.

44 같은 책, p. 219.

45 이만희, 《요한계시록의 실상》(2011), p. 56.

46 같은 책, p. 57.

47 같은 책.

48 이만희, 《천지창조》, p. 464.

49 같은 책.

50 양형주, 《평신도를 위한 쉬운 요한계시록》, p. 146.

51 이만희, 《천지창조》, p. 219.

52 "신천지 증거장막 연혁", 《신천지 발전사》, p. 4.

53 역사적 상황 설명은 양형주, 《평신도를 위한 쉬운 요한계시록》을 참조하라.

54 이만희, 《요한계시록의 실상》(2011), p. 59.

55 같은 책.

56 같은 책.

57 같은 책, p. 59-60.

58 G. K. Beale, *The Book of Revelation: A Commentary on the Greek Text* (Grand Rapids: Eerdmans, 1999), p. 263.

59 이만희, 《요한계시록의 실상》(2011), p. 60.

60 같은 책.

61 같은 책.

62 같은 책, p. 61; 이만희, 《천국비밀 계시》, p. 65.

63 이만희, 《요한계시록의 실상》(1993), p. 82; 이만희, 《요한계시록의 실상》(2011), p. 61.

64 양형주, 《평신도를 위한 쉬운 요한계시록》, p. 157.

65 Beale, *The Book of Revelation: A Commentary on the Greek Text*, p. 269.

66 이만희, 《요한계시록의 진상》(과천: 도서출판 신천지, 1985), p. 59.

67 이만희, 《요한계시록의 실상》(2011), p. 67.

68 양형주, 《평신도를 위한 쉬운 요한계시록》, p. 165.

69 이만희, 《요한계시록의 실상》(2011), p. 68.

70 이만희, 《요한계시록의 진상》, p. 60.

71 이만희, 《계시록 완전해설》, p. 107.

72 같은 책, p. 40.

73 "실상 상담-밀 한 되 보리 석 되의 비밀", 신천지전문 이단상담실 부산상담소, http://busw.kr/g5/bbs/board.php?bo_table=fact&wr_id=16&page=1.

74 정윤석, "'육체 영생 믿는다면 이만희 씨 사후 대비 왜 필요한가': 임웅기·신현욱 상담소장·지명한 전 강사 신천지 실상 폭로 기자 회견", 교회와신앙, 2012.01.27.

75 양형주, 《평신도를 위한 쉬운 요한계시록》, p. 163.

76 이만희, 《요한계시록 실상》(2011), p. 70.

77 이만희, 《요한계시록의 진상》, p. 61.

78 신천지문화부, 《신천지 발전사》, p. 46.

79 이만희, 《요한계시록의 진상》, p. 61.

80 같은 책, p. 61-62.

81 이만희, 《요한계시록의 실상》, p. 73.

82 양형주, 《평신도를 위한 쉬운 요한계시록》, p. 177.

83 같은 책.

84 이만희, 《천국비밀 계시》, p. 74.

85 양형주, 《평신도를 위한 쉬운 요한계시록》, p. 178-179.

86 이만희, 《요한계시록의 실상》, p. 74.

87 같은 책.

88 같은 책.

89 양형주, 《바이블 백신 2》, p. 23.

90 같은 책, p. 29-30.

91 이에 대한 구체적인 설명은 양형주, 《평신도를 위한 쉬운 요한계시록》을 참조하라.

92 이만희, 《요한계시록의 실상》(2011), p. 76-77.

93 이만희, 《요한계시록의 진상 2》, p. 79-80.

94 양형주, 《평신도를 위한 쉬운 요한계시록》, p. 190.

95 이만희, 《요한계시록의 진상 2》, p. 77.

96 같은 책, p. 78.

97 양태론적 삼위일체에 대해서는 양형주, 《바이블 백신 1》을 참조하라.

98 이필찬, 《내가 속히 오리라》(이레서원, 2006), p. 220.

99 양형주, 《평신도를 위한 쉬운 요한계시록》, p. 194.

100 길성남, 《에베소서 어떻게 읽을 것인가》(성서유니온, 2005), p. 154.

101 이만희, 《요한계시록의 실상》(2011), p. 77.

102 같은 책.

103 같은 책, p. 79.

104 양형주, 《평신도를 위한 쉬운 요한계시록》, p. 191.

105 이만희, 《요한계시록의 진상》, p. 66.

106 이만희, 《천국비밀 계시》, p. 82.

107 이만희, 《요한계시록의 실상》(2011), p. 80.

108 이만희, 《요한계시록의 진상》, p. 66.

109 같은 책, p. 80-81.

110 이만희의 《요한계시록의 진상》, p. 361-364에 나와 있는 실상의 요약 부분, 《신천지 발전사》, p. 4-5에 요약된 "신천지 증거장막성전 창립 연혁", 같은 책, p. 28-47에 요약된 "첫 장막성전의 시작과 끝" 부분을 참조하라.

111 이만희, 《요한계시록의 실상》(2011), p. 47.

112 이만희, 《천지창조》, p. 216.

113 신천지문화부, 《신천지 발전사》, p. 4.

3부

1 이만희, 《요한계시록의 실상》, p. 87.

2 같은 책, p. 86.

3 이만희, 《천국비밀 계시》, p. 88.

4 오즈번, 《요한계시록》, p. 296.

5 양형주, 《평신도를 위한 쉬운 요한계시록》, p. 25-26.

6 신천지문화부, 《신천지 발전사》, p. 4.

7 이만희, 《계시록 완전해설》, p. 7.

8 이만희, 《요한계시록의 실상》, p. 87.

9 이만희, 《천국비밀 계시》, p. 95.

10 이만희, 《요한계시록의 실상》, p. 87.

11 양형주, 《평신도를 위한 쉬운 요한계시록》, p. 208.

12 같은 책.

13 같은 책.

14 이만희, 《요한계시록의 실상》, p. 88-89.

15 신천지문화부, 《신천지 발전사》, p. 22-24.

16 주남바라기 NAVER 블로그, "신천지 24장로의 허구: 신천지 실상 완전정복", http://blog.naver.com/PostView.nhn?blogId=knw1022&log-No=10067075072&parentCategoryNo=38&categoryNo=&viewDate=&isShow-PopularPosts=true&from=search.

17 양형주, 《평신도를 위한 쉬운 요한계시록》, p. 213-214.

18 이만희, 《요한계시록의 실상》, p. 89.

19 이만희, 《천국비밀 계시》, p. 91.

20 이만희, 《요한계시록의 실상》, p. 91.

21 같은 책.

22 양형주, 《평신도를 위한 쉬운 요한계시록》, p. 217-219.

23 이만희, 《요한계시록의 실상》, p. 92.

24 같은 책.

25 같은 책, p. 92-93.

26 신천지에서는 종종 몇몇 성경 구절들을 인용한 비유 풀이를 통해 새를 영으로 풀이하는데, 여기서는 새는 곧 영이라는 전제가 들어 있다(참조, 마 3:16, 13:4, 31, 32; 눅 8:12; 18:2, 19:17).

27 이만희, 《성도와 천국》, p. 58.

28 이만희, 《요한계시록의 진상》, p. 74.

29 총회장 이전에는 네 생물 중 하나가 이종호 씨였던 것이 이후에 계시를 받아 이만희 씨로 변경되었다. 이에 대해서는 신·예·모(사이비 신천지 예방 대책 모임) 홈페이지의 반증 자료 "사이비 신천지 자칭 네 생물 실상, 신천지 가르침 기준으로 보아도 오락! 가락!"을 참조하라. http://www.sinyemo.org/board_tKUG08/209698.

30 전정희, "이만희 계시는 신현욱 계시다(1탄): 신대연, 신천지 '네 말(馬)의 실상' 교리 얽힌 내막 폭로", 교회와신앙, 2013.03.12.

31 이만희, 《요한계시록의 실상》, p. 92.

32 이만희, 《천지창조》, p. 199.

33 신·예·모 홈페이지, http://www.sinyemo.org/board_tKUG08/209698.

34 이만희, 《천지창조》, p. 199.

35 양형주, 《평신도를 위한 쉬운 요한계시록》, p. 218.

36 신천지 홈페이지, http://www.shincheonji.kr/?ch=about01_04.

37 이만희, 《요한계시록의 실상》, p. 93.

38 양형주, 《바이블 백신 2》, p. 188.

39 이만희, 《요한계시록의 실상》, p. 99.

40 이만희, 《요한계시록의 진상》, p. 79.

41 양형주, 《평신도를 위한 쉬운 요한계시록》, p. 232.

42 이만희, 《요한계시록의 실상》, p. 99.

43 같은 책, p. 99-100.

44 이만희, 《천국비밀 계시》, p. 101.

45 같은 책, p. 102.

46 이만희, 《천지창조》, p. 219.

47 신천지문화부, 《신천지 발전사》, p. 5.

48 이필찬, 《신천지 요한계시록 해석 무엇이 문제인가?》, p. 83.

49 양형주, 《평신도를 위한 쉬운 요한계시록》, p. 232.

50 같은 책.

51 같은 책, p. 236.

52 이만희, 《요한계시록의 실상》, p. 100-101.

53 같은 책, p. 101.

54 같은 책.

55 양형주, 《바이블 백신 1》, p. 124.

56 이만희, 《요한계시록의 실상》(1993), p. 127.

57 '에콘테스'는 남성 복수 분사형으로, 남성 복수형 관사를 사용한 24장로를 받는다. 이는 중성 복수로 사용된 네 생물과는 구별되는데, 분사형이 갖는 동시적인 부대 상황의 의미로 인해 여기서 24장로가 거문고와 금 대접을 갖는 것은 어린양을 예배하기 위한 동시적 동작임을 알 수 있다. 참조, 양형주, 《평신도를 위한 쉬운 요한계시록》.

58 이필찬, 《신천지 요한계시록 해석 무엇이 문제인가?》, p. 88.

59 이만희, 《요한계시록의 실상》(2011), p. 104.

60 이만희, 《요한계시록의 실상》(1993), p. 128.

61 이필찬, 《신천지 요한계시록 해석 무엇이 문제인가?》, p. 90.

62 이만희, 《천국비밀 계시》, p. 107.

63 이만희, 《요한계시록의 실상》(2011), p. 104.

64 양형주, 《평신도를 위한 쉬운 요한계시록》, p. 233.

65 양형주, 《바이블 백신 1》, p. 44.

66   이만희,《요한계시록의 실상》, p. 111.

67   같은 책, p. 99.

68   같은 책, p. 110.

69   양형주,《평신도를 위한 쉬운 요한계시록》, p. 232.

70   크레이그 R. 쾨스터, 최홍진 역,《앵커바이블: 요한계시록 I》(CLC, 2019), p. 648-
     649.

71   이만희,《요한계시록의 실상》, p. 92, 111.

72   양형주,《평신도를 위한 쉬운 요한계시록》, p. 260.

73   이만희,《요한계시록의 실상》(2011), p. 111.

74   양형주,《평신도를 위한 쉬운 요한계시록》, p. 265-266.

75   이만희,《요한계시록의 실상》(2011), p. 111.

76   이만희,《천국비밀 계시》, p. 113-114.

77   이만희,《요한계시록의 실상》, p. 111.

78   이만희,《요한계시록의 진상》, p. 91.

79   같은 책, p. 92.

80   같은 책.

81   이만희,《요한계시록의 실상》(2011), p. 112.

82   같은 책.

83   양형주,《평신도를 위한 쉬운 요한계시록》, p. 257-259.

84   이만희,《천국비밀 계시》, p. 113.

85   양형주,《평신도를 위한 쉬운 요한계시록》, p. 262.

86   이만희,《요한계시록의 실상》(2011), p. 115.

87   이만희,《계시록 완전해설》(1986), p. 107.

88   이만희,《요한계시록의 실상》(2011), p. 116.

89   같은 책, p. 117.

90   같은 책.

91   이만희,《예수 그리스도의 행전》, p. 157.

92   양형주,《평신도를 위한 쉬운 요한계시록》, p. 264-265.

93   이만희,《요한계시록의 실상》, p. 119.

94   같은책.

95   이만희,《천국비밀 계시》, p. 122.

96   이만희,《요한계시록의 실상》, p. 119.

97   이필찬,《신천지 요한계시록 해석 무엇이 문제인가?》, p. 111.

98   같은 책, p. 119.

99 한국기독교 이단사이비 정보센터 홈페이지, "이만희의 계시록 실상 인물에 대하여 알아봅시다", http://www.kcjsm1972.or.kr/.

100 이 내용은 대전예안교회 인터넷 카페의 실상 상담 글, "이만희의 여러 역할이 성경적인가?"에서 발췌해 재정리한 것이다.

101 이만희, 《요한계시록의 실상》, p. 120.

102 이만희, 《계시록 완전해설》, p. 108.

103 양형주, 《평신도를 위한 쉬운 요한계시록》, p. 273.

104 이만희, 《요한계시록의 실상》, p. 121.

105 이만희, 《요한계시록의 진상》, p. 98;《계시록 완전해설》, p. 108.

106 이하의 해석은 이만희, 《요한계시록의 실상》, p. 123-126을 참조하라.

107 양형주, 《평신도를 위한 쉬운 요한계시록》, p. 281, 283.

108 이만희, 《요한계시록의 실상》, p. 132.

109 이필찬, 《신천지 요한계시록 해석 무엇이 문제인가?》, p. 124.

110 이만희, 《요한계시록의 실상》, p. 133.

111 이만희, 《요한계시록의 진상》, p. 108;《요한계시록의 실상》, p. 133.

112 이만희, 《요한계시록의 실상》, p. 135.

113 신천지문화부, 《신천지 발전사》, p. 42.

114 이만희, 《요한계시록의 실상》, p. 135.

115 같은 책.

116 양형주, 《평신도를 위한 쉬운 요한계시록》; H. W. Smyth, *Greek Grammar* (revised Harvard University Press, 1984), p. 289-290.

117 진용식, 《안상홍 증인회의 실체는》(기독교포털뉴스, 2018), p. 47-54.

118 이만희, 《계시록의 완전해설》, p. 114.

119 양형주, 《평신도를 위한 쉬운 요한계시록》, p. 289.

120 이만희, 《요한계시록의 실상》, p. 136.

121 같은 책.

122 양형주, 《평신도를 위한 쉬운 요한계시록》, p. 288.

123 같은 책.

124 장인희, "신천지 12지파 인 맞음 확인 시험의 모순", 〈현대종교〉, 2018.03.18.

125 조민음, "신천지, '국제법 개정과 종교 대통합 전에는 영생 없다!'", 〈현대종교〉, 2015.07.20.

126 조민음, "신천지가 평화 행사를 개최하는 이유", 바른미디어, 2018.09.11.

127 이만희, 《요한계시록의 실상》, p. 137.

128 같은 책, p, 138.

129 양형주, 《바이블 백신 2》, p. 245.

130 이만희, 《요한계시록의 실상》, p. 139.

131 같은 책, p. 140.

132 같은 책.

133 같은 책, p. 139.

134 양형주, 《평신도를 위한 쉬운 요한계시록》, p. 297.

135 이필찬, 《내가 속히 오리라》, p. 382.

136 앞의 책, p. 382의 도표를 참조하라.

137 이만희, 《요한계시록의 실상》, p. 141.

138 같은 책, p. 142.

139 같은 책.

140 D. A. 카슨, 박문재 역, 《요한복음》 PNTC 주석 (솔로몬, 2017), p. 956.

141 이에 대한 자세한 논의는 양형주, 《바이블 백신 1》 III. 인간론 편을 참조하라.

142 양형주, 《평신도를 위한 쉬운 요한계시록》, p. 300.

143 같은 책.

144 이만희, 《요한계시록의 실상》, p. 143.

145 이인창, "신천지 쇠퇴기 진입? 교세 20만 안 될지도", 아이굿뉴스, 2019.01.10.

4부

1   양형주, 《평신도를 위한 쉬운 요한계시록》, p. 312.

2   이만희, 《요한계시록의 실상》, p. 150.

3   같은 책, p. 149.

4   이만희, 《천국비밀 계시》, p. 157.

5   같은 책.

6   이만희, 《요한계시록의 진상》, p. 120.

7   박수암, 《신약주석 요한계시록》, p. 244-245를 참조하라.

8   이만희, 《요한계시록의 실상》, p. 152.

9   양형주, 《평신도를 위한 쉬운 요한계시록》, p. 309-310.

10 이만희, 《요한계시록의 실상》, p. 152.

11 이 실상 자료는 대전예안교회 상담 카페의 실상 상담 자료, "이만희의 여러 역할이 성경적인가?"에서 인용한 것이다.

12 이만희, 《요한계시록의 실상》, p. 153.

13 같은 책, p. 154.

14 양형주,《평신도를 위한 쉬운 요한계시록》, p. 317.

15 이만희,《요한계시록의 실상》, p. 154.

16 위키백과, "장막성전", https://ko.wikipedia.org/wiki/장막성전.

17 양형주,《평신도를 위한 쉬운 요한계시록》, p. 319.

18 이만희,《요한계시록의 실상》, p. 157.

19 같은 책, p. 158.

20 이만희,《요한계시록의 실상》, p. 87과 비교하라.

21 같은 책, p. 133과 비교하라.

22 양형주,《평신도를 위한 쉬운 요한계시록》, p. 320.

23 이 도표는 이필찬,《내가 속히 오리라》, p. 310의 도표를 수정 보완한 것이다.

24 이만희,《요한계시록의 실상》, p. 159.

25 같은 책, p. 160.

26 양형주,《평신도를 위한 쉬운 요한계시록》, p. 321.

27 같은 책.

28 이만희,《요한계시록의 진상》, p. 131.

29 이만희,《요한계시록의 실상》, p. 166.

30 같은 책.

31 같은 책, p. 167.

32 같은 책.

33 같은 책, p. 168.

34 같은 책.

35 양형주,《평신도를 위한 쉬운 요한계시록》, p. 329.

36 이만희,《요한계시록의 실상》, p. 169.

37 같은 책, p. 168.

38 같은 책, p. 154.

39 같은 책, p. 119.

40 양형주,《평신도를 위한 쉬운 요한계시록》, p. 331.

41 오즈번,《요한계시록》, p. 479.

42 같은 책, p. 482.

43 이만희,《요한계시록의 실상》, p. 173.

44 이만희,《요한계시록의 진상》, p. 140.

45 양형주,《평신도를 위한 쉬운 요한계시록》, p. 337.

46 같은 책.

47 같은 책, p. 140.

48 데이비드 E. 아우네, 《요한계시록 6-16》 WBC 주석(솔로몬, 2004), p. 321.

49 양형주, 《평신도를 위한 쉬운 요한계시록》, p. 338.

50 같은 책, p. 103-104.

51 이만희, 《요한계시록의 진상》, p. 140.

52 같은 책.

53 양형주, 《평신도를 위한 쉬운 요한계시록》, p. 338.

54 이만희, 《요한계시록의 실상》, p. 174.

55 이만희, 《요한계시록의 진상》, p. 140.

56 양형주, 《평신도를 위한 쉬운 요한계시록》, p. 339.

57 이만희, 《요한계시록의 진상》, p. 140.

58 이만희, 《요한계시록의 실상》, p. 175.

59 이만희, 《요한계시록의 진상》, p. 145.

60 이만희, 《요한계시록의 실상》, p. 185.

61 같은 책.

62 같은 책, p. 185-186.

63 이만희, 《요한계시록의 진상》, p. 145-146.

64 양형주, 《평신도를 위한 쉬운 요한계시록》, p. 348.

65 양형주, 《바이블 백신 1》 "보혜사는 누구인가?", p. 139-148을 참조하라.

66 양형주, 《평신도를 위한 쉬운 요한계시록》, p. 347.

67 Beale, *The Book of Revelation: A Commentary on the Greek Text*, p. 526.

68 이만희, 《요한계시록의 실상》, p. 187.

69 같은 책.

70 이만희, 《요한계시록의 진상》, p. 147.

71 같은 책, p. 187.

72 이만희, 《천국비밀 계시》, p. 187.

73 이만희, 《요한계시록의 실상》, p. 153.

74 양형주, 《평신도를 위한 쉬운 요한계시록》, p. 346.

75 R. Bauckham, *The Climax of Prophecy* (Edinburgh: T&T Clark, 1993), p. 259;
이필찬, 《내가 속히 오리라》, p. 458.

76 이만희, 《요한계시록의 실상》, p. 188.

77 같은 책, p. 189.

78 이만희, 《요한계시록의 실상》, p. 190.

79 톰 라이트, 이철민 역, 《모든 사람을 위한 요한계시록》(IVP, 2015), p. 135.

80 이만희, 《요한계시록의 실상》, p. 198.

81   같은 책, p. 199.

82   같은 책.

83   이만희, 《요한계시록의 진상》, p. 155.

84   이만희, 《요한계시록의 실상》, p. 436-437.

85   네이버 블로그 michael 1450, "신천지 실상 상담 - '두 증인의 허구'", https://m.blog. naver.com/PostView.nhn?blogId=michael1450&logNo=220359611880&proxy- Referer=https%3A%2F%2Fwww.google.com%2F.

86   이만희, 《천지창조》, p. 215.

87   오즈번, 《요한계시록》, p. 524.

88   크레이그 R. 쾨스터, 최홍진 역, 《앵커바이블: 요한계시록 II》(CLC, 2019), p. 896을 참조하라.

89   이만희, 《요한계시록의 실상》, p. 200.

90   같은 책, p. 201.

91   예수님-시대-성전의-성소와-구조도면. biblia.co.il.

92   양형주, 《평신도를 위한 쉬운 요한계시록》, p. 357.

93   같은 책, p. 113.

94   김덕원, "신천지 두 증인, 이만희 '아니다'", CTS뉴스, 2012.12.12. http://www.cts. tv/news/view?ncate=&dpid=148876.

95   신천지문화부, 《신천지 발전사》, p. 4.

96   양형주, 《평신도를 위한 쉬운 요한계시록》, p. 362.

97   이만희, 《요한계시록의 실상》, p. 202.

98   같은 책, p. 203.

99   같은 책, p. 204.

100   이만희, 《계시록의 실상》, p. 204.

101   같은 책.

102   같은 책, p. 206.

103   이만희, 《요한계시록의 실상》, p. 202.

104   이만희, 《요한계시록의 실상》(2011), p. 207.

105   이만희, 《요한계시록의 실상》(2011), p. 233.

106   같은 책, p. 208.

107   같은 책, p. 207.

108   같은 책, p. 208.

109   이만희, 《요한계시록의 진상》, p. 165-166, 167; 《요한계시록의 진상 2》, p. 206.

110   이만희, 《요한계시록의 진상》, p. 165-166.

111 같은 책, p. 209.

112 같은 책.

113 쾨스터, 《앵커바이블: 요한계시록 II》, p. 927.

114 신천지문화부, 《신천지 발전사》, p. 4.

115 양형주, 《평신도를 위한 쉬운 요한계시록》, p. 369.

116 같은 책.

117 데이비드 E. 아우네, 《요한계시록 6-16》, p. 459.

118 이만희, 《요한계시록의 실상》(2011), p. 212.

119 같은 책.

120 이만희, 《요한계시록의 실상》(2011), p. 211.

121 이만희, 《요한계시록의 실상》(2005), p. 236.

122 이만희, 《요한계시록의 실상》(2011), p. 212.

123 이만희, 《요한계시록의 진상 2》, p. 209; 《요한계시록의 진상》, p. 167.

124 이만희, 《요한계시록의 진상》, p. 167.

125 양형주, 《평신도를 위한 쉬운 요한계시록》, p. 372.

126 이만희, 《요한계시록의 실상》(2011), p. 214.

127 같은 책, p. 215.

128 양형주, 《평신도를 위한 쉬운 요한계시록》, p. 377.

129 같은 책, p. 120.

130 이만희, 《요한계시록의 실상》(2011), p. 217.

131 같은 책, p. 218.

132 같은 책.

133 이만희, 《천국비밀 계시》, p. 212.

134 이만희, 《요한계시록의 실상》(2011), p. 218.

135 양형주, 《평신도를 위한 쉬운 요한계시록》, p. 379.

136 같은 책.

부록

1 정통교회의 건강한 요한계시록에 대한 이해는 양형주, 《평신도를 위한 쉬운 요한계
시록》, p. 20-51의 개론 부분을 참조하라.

2 《신천지 고등 과정 강사 교재》, p. 91.

3 이만희, 《요한계시록의 실상》, p. 14.

4 《신천지 고등 과정 강사 교재》, p. 91.

5   이만희, 《천지창조》, p. 26.

6   같은 책.

7   이만희, 《요한계시록의 실상》, p. 14.

8   김하원, 《위대한 가짜 예언서 격암유록》 (서울: 만다라, 1995); 전상철, 《에덴동산의 회복: 성경과 격암유록과 우리나라 민속, 그리고 한자 속에 감춰진 놀라운 비밀!》 (서울: 좋은땅, 2014).

9   여기서 간략하게 살피는 내용은 《신천지 강사 교재》 초등, 중등, 고등 과정에 기초했다.

10   강성호, "초등에서 신천지식 성경 구조 주입된다", 기독교포털뉴스, 2014. 6. 30.

11   같은 글.

12   이만희, 《요한계시록의 실상》, p. 409-410.

13   바른 삼위일체와 인간관에 대해서는 양형주, 《바이블 백신 1》의 "신론", "인간론" 편을 참조하라.

14   강성호, 앞의 글.

15   이만희, 《천지창조》, p. 71.

16   《신천지 초등 과정 강사 교재》, 14.

17   백상현, "신천지가 반드시 가르치는 그림① 비유한 나무", 국민일보, 2016. 5. 25.

18   한센병력은 한때 두 증인으로 활동했던 홍종효 씨의 증언에 근거했다. 송주열, "신천지 이만희 교주 고향서 은밀한 신격화 작업", 노컷뉴스, 2015. 3. 17.

19   백상현, "이만희 교주 사이비들이 써먹은 거짓 교리 짜깁기… 신천지, 더 이상 방치 안된다", 국민일보, 2013. 4. 2; 정윤석, "신천지의 실상, 장막성전의 실체는 영적 사기극: 신천지 7대접 김대원 장로 인터뷰, 이만희 교주, 거짓말 중단하라", 2017. 6. 12.

20   한순찰 편, 《종교세계의 관심사》, p. 3.

21   정윤석, "백○○의 12제자로 막차 탄 이만희 교주의 실상: 신천지 출신 김대원 장로 인터뷰[2] 성경 안 보고 함께 놀고 먹고 마셔", 기독교포털뉴스, 2017. 6. 29.

22   앞의 기사.

23   한국기독교이단상담소협회 구리상담소. www.antiscj.or.kr.

24   백상현, "이만희 교주 사이비들이 써먹은 거짓교리 짜깁기… 신천지, 더이상 방치 안된다", 국민일보, 2013. 4. 2.

25   신천지 문화부, 《신천지 발전사》, p. 48.

26   장운철, "장막성전의 후예들: 원조 유재열은 사업가로 변신, 자칭 후신들은 살아서 성업 중", 교회와신앙, 1995. 4. 1.

27   신천지문화부, 《신천지 발전사》, p. 42.

28   한순찰 편, 《종교세계의 관심사》, p. 35.

29   신천지문화부, 《신천지 발전사》, p. 44.

30 한국기독교이단상담소협회 구리상담소, "신천지 이만희 총회장은 신도들을 상대로 30년간 사기를 쳤다." http://www.antiscj.or.kr/technote7/board.php?board=e-board4&page=1&command=body&no=66.

31 진용식, 《이만희 실상교리의 허구》 (서울: 기독교포털뉴스, 2019), p. 57.

32 한순찰 편, 《종교세계의 관심사》, p. 3, 7, 60.

33 진용식, 《이만희 실상교리의 허구》, p. 51-52.

34 같은 책, p. 51.

35 한순찰 편, 《종교세계의 관심사》, p. 22.

36 진용식, 같은 책, p. 57.

37 진용식, 같은 책, p. 58.

38 탁명환, 《한국의 신흥종교 III》 (서울: 국종출판사, 1992), p. 56; 진용식, 《이만희 실상교리의 허구》, p. 58에서 재인용.

39 이만희, 《요한계시록의 진상》, p. 362.

40 이만희, 《천지창조》, p. 219.

41 한국기독교이단상담소협회 구리상담소.

참고문헌

성경

개역개정
개역한글
새번역
공동번역
메시지
BHS: Biblia Hebraica Stuttgartensia.
ESV: English Standard Version.
NA[27]: E. Nestle, B. Aland, et at. Novum Testamentum Graece. 27th ed.
NIV: New International Version.
NRSV: New Revised Standard Version.

신천지 자료

• 국내도서 및 강의안

김병희. 김건남. 《신탄》. 과천: 도서출판 신천지. 1985.
무공. 《격암유록: 마지막 해역서》. 서울: 좋은땅. 2013.
세계기독교통일신령협회. 《원리강론》. 서울. 성화사. 1978.
신천지문화부. 《신천지 발전사》. 과천: 도서출판 신천지. 1997.
이만희. 《요한계시록의 진상》. 과천: 도서출판 신천지. 1985.
_____. 《요한계시록 완전해설》. 과천: 도서출판 신천지. 1986.
_____. 《요한계시록의 진상 2》. 과천: 도서출판 신천지. 1988.
_____. 《성도와 천국》. 과천: 도서출판 신천지. 1995.
_____. 《천국비밀 계시》. 과천: 도서출판 신천지. 1998.
_____. 《요한계시록의 실상》. 과천: 도서출판 신천지. 2005.
_____. 《예수 그리스도의 행전》. 과천: 도서출판 신천지. 2006.

———. 《대적자 교리반증》. 과천: 도서출판 신천지. 2007.

———. 《천지창조》. 과천: 도서출판 신천지. 2007.

———. 《요한계시록의 실상》. 과천: 도서출판 신천지. 2011.

———. 《요한계시록의 실상》. 과천: 도서출판 신천지. 2014.

한순찰 편집. 《종교세계의 관심사》. 과천: 도서출판 신천지. 1984.

《신천지 강사교재》 (성경론. 비유론. 중등. 고등 과정).

• 인터넷 자료

선천지 홈페이지. www.shincheonji.kr.

선천지 유튜브 채널. "[신천지. 한기총 교리비교] 계1장의 '일곱 교회'의 참 의미는?"
https://www.youtube.com/watch?v=btdThz6dfh0.

신천지 반증 자료

• 국내도서 및 강의안

김하원. 《위대한 가짜 예언서 격암유록》. 서울: 만다라. 1995.

백상현. 《이단 사이비, 신천지를 파헤치다》. 서울: 국민일보기독교연구소. 2013.

양형주. 《바이블 백신 1》. 서울: 홍성사. 2019.

———. 《바이블 백신 2》. 서울: 홍성사. 2019.

이필찬. 《신천지 요한계시록 해석 무엇이 문제인가?》. 서울: 새물결플러스. 2015.

전상철. 《에덴동산의 회복: 성경과 격암유록과 우리나라 민속. 그리고 한자 속에 감춰진 놀라운 비밀!》. 서울: 좋은땅. 2014.

진용식. 《이만희 실상 교리의 허구》. 서울: 기독교포털뉴스. 2019.

———. 《계시록 반증 세미나 강의안》. 한국이단상담소협회 미간행자료. 2019.

———. 《하나님의 교회 길자교 안상홍 증인회의 실체는?》 증보판. 서울: 백승프린트. 2010.

탁명환. 《한국의 신흥종교 III》. 서울: 국종출판사. 1992.

• 인터넷 자료

한국기독교이단상담소협회 구리상담소. www.antiscj.or.kr.

한국기독교이단상담소협회 구리상담소. "신천지 이만희 총회장은 신도들을 상대로 30년간 사기를 쳤다.” http://www.antiscj.or.kr/technote7/board.php?board=e-board4&page=1&command=body&no=66.

신천지 전문 이단상담실 부산상담소. http://busw.kr/g5.

교회와신앙 홈페이지. http://www.amennews.com.

네이버 블로그 주님바라기. “신천지 24장로의 허구: 신천지 실상완전정복.” http://blog.naver.com/PostView.nhn?blogId=knw1022&logNo=10067075072&parentCategoryNo=38&categoryNo=&viewDate=&isShowPopularPosts=true&from=search.

네이버 블로그 michael 1450. “신천지 실상상담 - ‘두 증인의 허구’.” https://m.blog.naver.com/PostView.nhn?blogId=michael1450&logNo=220359611880&proxyReferer=https%3A%2F%2Fwww.google.com%2F.

사이비 신천지 예방 대책 모임. “사이비 신천지 자칭 네 생물 실상. 신천지 가르침 기준으로 보아도 오락! 가락!” http://www.sinyemo.org/board_tKUG08/209698.

대전예안교회 상담카페. “이만희의 여러 역할이 성경적인가?”

네이버 블로그 소행성. “청지기 교육원 설립 배경 및 설립 목적.”

한국기독교 이단사이비 정보센터 홈페이지. “이만희의 계시록 실상인물에 대하여 알아봅시다.” http://www.kcjsm1972.or.kr.

유튜브 채널. 윤재덕의 종말로 사무소.

위키백과. “장막성전.” ko.wikipedia.org.

나무위키. “루시펠.” namu.wiki.

다음 한국어사전. dic.daum.net.

• 성경 주석(요한계시록 관련)

그랜트 오즈번. 김귀탁 역. 《요한계시록》 BECNT. 서울: 부흥과개혁사. 2012.

그레고리 K. 빌. 김귀탁 역. 《그레고리 빌 요한계시록 주석》. 서울: 복있는사람. 2015.

데이비드 E. 아우네. 김철 역. 《요한계시록 1-5》 WBC 성경주석 52 상. 서울: 솔로몬. 2003.

――――――. 《요한계시록 6-16》 WBC 성경주석 52 중. 서울: 솔로몬. 2004.

――――――. 《요한계시록 17-22》 WBC 성경주석 52 하. 서울: 솔로몬. 2005.

크레이그 R. 쾨스터. 최흥진 역. 《앵커바이블: 요한계시록 I》. 서울: CLC. 2019.

――――――. 《앵커바이블: 요한계시록 II》. 서울: CLC. 2019.

톰 라이트. 이철민 역. 《모든 사람을 위한 요한계시록》. 서울: IVP. 2015.

Bauckham. R. *The Climax of Prophecy.* Edinburgh: T&T Clark. 1993.

Beale. G. K. *The Book of Revelation: A Commentary on the Greek Text.* Grand Rapids.

Eerdmans Publishing Co. 1999.

길성남. 《에베소서 어떻게 읽을 것인가》. 서울: 성서유니온. 2005.

박동현. 《예레미야 II》. 대한기독교서회 창립 100주년 기념주석 23-2. 서울: 대한기독교서회. 2006.

박수암. 《신약주석 요한계시록》 개정증보 2판. 서울: 대한기독교서회. 2018.

송병헌. 《엑스포지멘터리 이사야 I》. 서울: 국제제자훈련원. 2012.

이필찬. 《내가 속히 오리라》. 서울: 이레서원. 2006.

이희학. 《다니엘》. 대한기독교서회 창립 100주년 기념주석 25. 서울: 대한기독교서회. 2004.

양형주. 《평신도를 위한 쉬운 창세기 I》. 서울. 브니엘. 2018.

───. 《평신도를 위한 쉬운 로마서》. 서울. 브니엘. 2019.

───. 《평신도를 위한 쉬운 요한계시록》. 서울. 브니엘. 2020.

D. A. 카슨. 박문재 역. 《요한복음》 PNTC 주석. 서울: 솔로몬. 2017.

• 사전

ABD - Anchor Bible Dictionary.

TDNT - Theological Dictionary of the New Testament.

Stern. E. ed. *The New Encyclopedia of Archaeological Excavations in the Holy Land* Vol. 3. Israel Exploration Society & Carta. 1993.

• 기사 및 보도자료

강성호. "초등에서 신천지식 성경 구조 주입된다." 기독교포털뉴스. 2014. 6. 30.

김덕원. "신천지 두증인, 이만희 '아니다'." CTS 뉴스. 2012. 12. 12.

박민균. "천안기독교총연합 '신천지, 공개토론에 응하라'." 기독신문. 2019. 3. 25.

백상현. "이만희 교주 사이비들이 써먹은 거짓교리 짜깁기 … 신천지 더 이상 방치 안된다." 국민일보. 2013. 4. 2.

───. "신천지가 반드시 가르치는 그림 ⑱ 구원의 노정순리." 국민일보. 2016. 10. 31.

송주열. "영생주장 교주가 억대 굿판을?" CBS 노컷뉴스. 2013. 6. 11.

───. "대법원 '신천지 이만희 교주 죽음 대비 굿판 허위사실 아냐." CBS 노컷뉴스. 2017. 11. 30.

심우영. "'장막성전에 유재열은 이제 없습니다': 20년만에 입을 연 어린 종 유재열." 현대종교. 2002. 2.

이용원. "예언서 〈격암유록〉 신앙촌서 위조." 서울신문. 1970. 1. 1.

이인창. "신천지 쇠퇴기 진입? 교세 20만 안 될지도." 아이굿뉴스. 2019. 1. 10.

_____. "어이없는 신천지, '토론은 하되 성경은 덮고 하자?'" 2019. 5. 25.

임웅기. "[한국 개신교 이단의 발생과 교리 특징](17): 재림주 이단의 뿌리를 찾아서." 기독신문. 2014. 5. 9.

장인희. "신천지 12지파 인 맞음 확인 시험의 모순." 현대종교. 2018. 3. 18.

정윤석. "장막성전 개혁자라는 오평호 목사 실상(1): '진리의 성령은 인간이다' 등 그의 핵심사상 집중 분석." 교회와신앙. 2011. 3. 14.

_____. "'육체영생 믿는다면 이만희씨 사후대비 왜 필요한가': 임웅기. 신현욱 상담소장. 지명한 전 강사. 신천지 실상 폭로 기자회견." 교회와신앙. 2012. 1. 27.

_____. "이만희 교주측. CBS와 30억원대 소송에서 진자." 기독교포털뉴스. 2017. 4. 3.

_____. "신천지의 실상. 장막성전의 실체는 영적 사기극: 신천지 7대접 김대원 장로 인터뷰 '이만희 교주. 거짓말 중단하라'." 기독교포털뉴스. 2017. 6. 12.

_____. "백○○의 12제자로 막차 탄 이만희 교주의 실상: 신천지 출신 김대원 장로 인터뷰 [2]:'성경 안 보고 함께 놀고 먹고 마셔'." 기독교포털뉴스. 2017. 6. 29.

장운철. "장막성전의 후예들: 원조 유재열은 사업가로 변신, 자칭 후신들은 살아서 성업 중." 교회와신앙. 1995. 4. 1.

정예기. "자칭 구원자 신천지 이만희 교주, 척추수술 후 입원치료 중: 7년 전 수술 이후 두 번째 수술진행." 현대종교. 2017. 7. 26.

조민음. "신천지, '국제법 개정과 종교 대통합 전에는 영생 없다!'" 현대종교. 2015. 7. 20.

_____. "신천지가 평화행사를 개최하는 이유." 바른미디어. 2018. 9. 11.

조재훈. "계시록 실상 장막사건 귀신론: 요한계시록 13장(1)-7머리 10뿔 짐승." 한국기독교 이단사이비 정보센터. http://www.kcjsm1972.or.kr.

지명한. "신천지 탈퇴 기자회견문." 2012. 2. 23. https://ikccah.org/scj/2256.

진정희. "이만희 계시는 신현욱 계시다(1탄): 신대연, 신천지 '네 말(馬)의 실상' 교리 얽힌 내막 폭로." 교회와신앙. 2013. 3. 12.

황윤태. "신천지가 '공개토론 하자' 도발해올 때…." 국민일보. 2019. 5 24.

CBS 특별취재팀. "신천지 교주 이만희 광주서 극비리 중증 수술." 노컷뉴스. 2017. 7. 24.